刘余莉细讲
群书治要系列

群書治要

孔子家語講記

Kong Zi Jia Yu
Jiang Ji

刘余莉

◎

著

出版社

图书在版编目（CIP）数据

《群书治要·孔子家语》讲记 / 刘余莉著 . -- 北京：
世界知识出版社， 2024.12

ISBN 978-7-5012-6612-8

Ⅰ．①群… Ⅱ．①刘… Ⅲ．①孔丘（前 551- 前 479）
—生平事迹　②《孔子家语》—研究 Ⅳ．① B222.25

中国版本图书馆 CIP 数据核字（2022）第 248451 号

《群书治要·孔子家语》讲记

Qunshuzhiyao Kongzi Jiayu Jiangji

作　　者　刘余莉
责任编辑　薛　乾
责任出版　李　斌
出版发行　世界知识出版社
地　　址　北京市东城区干面胡同 51 号（100010）
网　　址　www.ishizhi.cn
联系电话　010-65265919
经　　销　新华书店
印　　刷　廊坊市海涛印刷有限公司
开本印张　710 毫米 ×1000 毫米　1/16　20.75 印张
字　　数　250 千字
版次印次　2024 年 12 月第一版　2024 年 12 月第一次印刷
标准书号　ISBN 978-7-5012-6612-8
定　　价　35.00 元

（凡印刷、装订错误可随时向出版社调换。联系电话：010-65265919）

目 录

第一讲　建国君民，教学为先

根据司马迁在《史记·孔子世家》中的记载，孔子去世之后，孔子家就成为弟子们演习、讲礼、缅怀恩师的场所。后来，在孔子的孙子子思的主持之下，他们共同编纂了《孔子家语》。

"语"，根据《说文解字》注释："语，论也。"《广雅》说："语，言也。"《孔子家语》就是在孔子家的言论集。正如孔安国在序文中所言："既而诸弟子各自记其所问焉，与《论语》《孝经》并时。弟子取其正实而切事者，别出为《论语》，其余则都集录之，名之曰《孔子家语》。"可见，《孔子家语》是一部记录孔子及孔门弟子思想言行的著作。

今传本《孔子家语》是由孔安国整理撰集，魏王肃作注，经历了一个很长的编纂、增补的过程。在《王肃注本》问世之后，出现了很多对《孔子家语》的质疑，乃至认定这部书是"伪书"。1973 年，河北定县八角廊西汉墓出土的竹简《儒家者言》，内容与今传本《孔子家语》相近。1977 年，安徽阜阳双古堆西汉墓也出土了篇题与《儒家者言》相应的简牍，内容同样与《孔子家语》有关。上海博物馆馆藏的战国楚竹书问世，使得战国时期的《孔子家语》呈现在世人面前。现（残）存 73 行的英藏敦煌写本《孔子家语》也证明了今传本《孔子家语》的真实存在，其编号是 S.1981。这些新发现说明，今传本《孔子家语》早在西汉即已有原型和流传，并非伪书，是孔氏家学的产物，对于学习孔子和孔门弟子的思想具有重要价值。

在《群书治要》中，《孔子家语》被列于经部，附于《论语》之后。《群书治要》从王肃注的《孔子家语》中辑录 22 篇，约 8500 字，集中阐释了孔子的治国思想。例如，如何进行伦理道德教育，如何慎用人才，如何观人、用人，以及圣主明君所应具备的品德，治理国家的理想境界等。

学习《孔子家语》，对于理解"中国之治"非常有帮助。习近平总书记到曲阜考察时拿起了两本书，一本是《论语诠解》，另一本是《孔子家语通解》。他说："这两本书我要仔细看看。"这其实也是向党政领导干部发出号召，要好好学习古圣先贤治国的经验。

第一篇《始诛》主要节录的是孔子审判的两个案件。因为篇中有"夫子为政而始诛"，所以名为"始诛"。第一段讲的是这样一件事：

【孔子为鲁大司寇，朝政七日而诛乱法大夫少正卯，戮之于两观之下，尸于朝三日。子贡进曰："夫少正卯，鲁之闻人也。今夫子为政而始诛之，或者为失之乎？"孔子曰："天下有大恶者五，而盗窃不与焉。一曰心逆而险，二曰行僻而坚，三曰言伪而辨，四曰记丑而博，五曰顺非而泽。此五者，有一于人，则不免于君子之诛，而少正卯皆兼有之。其居处足以撮徒成党，其谈说足以饰褒荧众，其强御足以反是独立。此乃人之奸雄也，不可以不除。"】

孔子为鲁大司寇，朝政七日而诛乱法大夫少正卯，戮之于两观之下，尸于朝三日。"大司寇"是古代官名，《周礼·秋官》记载，属于六卿之一，掌理刑狱，相当于现在的最高人民法院院长。"少正卯"，"少正"是官名，"卯"是人名。官居少正，名卯，鲁国大夫。"戮"，杀而陈尸于众。"观"，阙。"两观"，古代宫门外两边供瞭望的楼台，中有通道。"朝"，君王听政的地方。孔子被任命为鲁国的大司寇，上朝理政七天，就处死了扰乱礼法制度的大夫少正卯，将他在两座观台下杀掉，陈尸于朝三日。

历史上有学者提出异议：孔子的学说以仁为主，也被称为"仁学"，"仁者，爱人"，既然爱人，为什么还要杀人？

孔子强调，治国要按照天理来行事，顺应天道。而天道有个特点，就是"好生而勿杀"。为什么孔子还要杀人？不仅诛杀了少正卯，还陈尸于朝三日，以示警诫。这样做，是否不够仁慈？

事实上，儒家也讲究权变，两害相权取其轻。如果不诛杀少正卯，少正卯所散播的言论让人迷惑，让人分不清孰是孰非、孰正孰邪、孰善孰恶，正邪、是非、美丑都混淆了，影响的是很多人的思想。所以，孔子杀少正卯，可以使国家免于混乱。这恰恰是仁心的体现，与仁并不相违背。

古人治理国家并没有放弃刑罚。《尚书》说："刑期于无刑。"设置刑罚的目的是让人因畏惧而不敢触犯法律，并不是以惩罚人为快事。古人同样也没有废弃"武"。"止戈为武"，不废弃武力是为了达到不使用武力的目的。所以，从目的、态度上说，都是出于一片仁慈之心。

孔子说："听讼，吾犹人也，必也使无讼乎！"他说："我作为法官，审理案件和其他法官没什么不同，也是根据案情、根据实际情况公正地处理。我和其他法官不同之处，就是一定要使人们不起争讼。"也就是在施以刑罚的同时，注重伦理道德的教育，防患于未然，使人从心底不愿意作恶。这才是孔子学说的重点，即强调伦理道德的教育，也就是《学记》所说的："建国君民，教学为先。"

子贡进曰："夫少正卯，鲁之闻人也。今夫子为政而始诛之，或者为失之乎？"子贡是孔子的大弟子，姓端木，名赐，字子贡，卫国人，也是孔门七十二贤之一。他善于言谈，办事通达，曾任鲁、卫两国之相。子贡向孔子进言："少正卯是鲁国的名人，现在您一上任就杀了他，是否有些失当啊？"

孔子曰："天下有大恶者五，而盗窃不与焉。一曰心逆而险，二曰行僻而坚，三曰言伪而辨，四曰记丑而博，五曰顺非而泽。""窃"和"盗"的区别，《集韵》说："盗自中出曰窃。""窃"，内贼；"盗"，外来的盗。"心逆而险"，心思悖逆而险恶。"行僻而坚"，行为邪僻而又坚持不改。"言伪而辨"，"伪"，《说文解字》解释为"诈也"，言语伪诈而又能言善辩。"记丑而博"，"丑"，夹注有解："谓非义，不符合道义。""博"，广。记述非义之事，且十分广博。"顺非而泽"，孔颖达疏："顺非而泽者，谓顺从非违之事，而能光泽文饰。"顺从的是违理之事，但是能文过饰非。

这就是孔子要诛杀少正卯的原因。

孔子说，天下的大罪恶有五类，连盗窃这样的罪恶都不在其中：一是心思悖逆而又险恶狡诈，二是行为邪僻而又坚持不改，三是言语伪诈而又能言善辩，四是记述非义之事而又不厌其多，五是顺从违理之事而又文过饰非。这五条很不好记，我们可以从身、口、意三方面来看：口就是言伪而辨，顺非而泽；身就是行僻而坚；意就是记丑而博，心逆而险。

在常人看来，少正卯似乎没有犯下什么特别的罪，就是乱讲话、强词夺理，把邪说成正，把非说成是。现代人讲言论自由，特别是一些人盲目地向西方学习，讲言论自由是人权。道德对于这些人，实际上是没什么约束的。但是，孔子却把他抓起来杀了，因为他的言论危害社会的程度比盗窃更严重，他影响的是人的思想，所以影响更大。可见，泛泛地讲言论自由并不是好事。如果这个人所讲的不是正道，口才又很好，能言善辩，讲起来头头是道，就会影响很多人的思想，影响社会舆论，甚至可能引起社会动荡。

孔子在《论语》中说，古人有三种毛病，今人比古人差多了，毛病更严重、更难治了。其中有一种毛病就是："古之狂也肆，今之狂也荡。""狂"，狂人，狂妄。"肆"，包咸注解说："极意敢言。"很放肆，很随意，讲话不够谨慎。孔子说，君子"敏于事而慎于言"，言语乃祸福之门，讲话不可以不谨慎，很多祸患都是言语不慎而导致。轻则得罪人，重则招来杀身之祸。"今之狂也荡"，孔安国注："荡，无所据。""据"，根据。既不根据道德，也不根据礼法，任意妄为，无所忌惮。所以，"荡"比"肆"的问题更严重。古人讲话是放肆，尚且懂得道德礼法；今人是没有道德底线，胡言乱语，甚至胡作非为。

孟子说："饱食、煖衣、逸居而无教，则近于禽兽。"现在的一些影视剧，特别是某些西方的大片，如果没有一个第三者插足，没有一段婚外恋，都演不下去。这样的影视剧的传播，就让一些人感到，我这一生只有一个配偶，没有一个情人，没有一段婚外恋，好像这一生都白来了，甚至觉得和朋友说起来很没面子。这就叫"积非成是"。这就是舆论，以及一些影视作品的误导。

复兴传统文化必须把正确的观念树立起来，错误的观念让大家都明了。比如文艺作品，包括小说、礼乐，还有电影、电视剧，以及微信、微博上的内容，都要健康向上。在古代，很多女人没有学过四书五经，但她们知道忠孝节义。那些戏曲，那些民间文艺作品起到了宣扬孝悌忠信礼义廉耻的作用，承担了以文化人的职能。

电影、电视、广播、新媒体都要传播健康向上、能唤起人的良知的内容，都要秉持隐恶扬善的宣传理念，对于别人的过错，不能大肆宣传、夸张。一些报道看似好像很有正义感，要维护社会公正，说今天有一个贪官贪了一百万，明天有一个贪官贪了上千万，后天又有一个贪官贪了上亿。如果每一天报道的都是这些内容，那么，只贪污了两万的人可能会觉得，我这是小巫见大巫，我贪污得还不够。而那个廉洁有守、一分钱都不贪不占的人可能会想，像我这样的，人家反而觉得不正常，与社会格格不入。久而久之，人们对于向善好德的人就不相信了，因为所见的、所听的多是这样的负面消息。从长远来看，社会风气就被带坏了。

中国古人论事，是不论一时而论久远，不论一身而论天下，是以发展的眼光来看问题。实际上，犯下过错的是个别案例，不是普遍现象。新闻媒体应该广泛地宣传报道那些数十年无私无求、为人民服务的廉洁官员。

党的十八大以来，中国弘扬主旋律、传播正能量的风气日益浓厚，好人好事屡屡出现。但是，对这方面的宣传还是远远不够。例如，国家每年都评选"感动中国"的道德模范，但是去街上问问年轻人，今年国家评选了哪些道德模范，他们有什么典型事迹，他们叫什么名字，多半是一问三不知。你再问，某某传的女主角是谁，她的成名作是什么，甚至她的星座是什么，不少人对答如流。所以，电视、网络、媒体、新媒体宣传孝悌忠信礼义廉耻的内容，就起到了社会教育的功能。

说起道德教育，并不仅仅是上了一堂课，学了传统文化，学了礼义廉耻，或者上了一堂思政课，就是接受了道德教育。其实，生活中的每一天所接触的内容全都是教育。文化的本质是以文化人，文就是文字、文章、礼乐、曲调、建筑、雕塑等，包括电影、电视剧，还有微博、微信等，每天传播什么内容，这些都是"文"。人们接受了这些文，变化了气质，能转恶为善、转迷为悟、转凡成圣，这就叫"文化"。是让人向着孝悌忠信礼义廉耻的方向转化，还是向着杀盗淫妄的方向转化，就看传播的是什么内容。

媒体应该以正面报道为主。即使报道一些反面的例子，也要把其中的因果教育凸显出来，要让人们知道，作恶、贪污腐败，最后东窗事发，锒铛入狱，会让自己的父母家人跟着蒙羞，而不是为了提升收视率，追新闻热点。

如果一个人口才很好，其言论传播的范围很广，却不合于正道，就是蛊惑人心。人们听他的话听得久了，往往生起叛逆的心，产生恶念，自我感觉还很正确。这对社会的危害是不知不觉的，所以君子必诛之，因为他所产生的危害不是一般人可比的，也不是一般人看得到的。

"此五者，有一于人，则不免于君子之诛，而少正卯皆兼有之。"这五种罪恶，若犯了其中一条，都免不了受到君子的诛杀，而少正卯犯了这五条。

"其居处足以撮徒成党，其谈说足以饰褒荧众，其强御足以反是独立。此乃人之奸雄也，不可以不除。""撮"，聚集。聚集门徒，结党营私。"褒"通"邪"，邪恶不正。"荧"，迷惑。"饰褒荧众"，掩饰邪恶，迷惑大众。他的住所足以集聚门徒，结党成派；他的言论足以掩饰邪恶，迷惑大众；他强悍有力，足以悖逆正道，独树邪见。这样的人不可以不除。中国古人治理国家，第一步讲求生活，首先让人不饥不寒，这就是孔子说的"富之"。富了之后，还要"教之"。"教之"，如果不知道遵从什么来教，也会出问题。

古代读书人都要学习经典，"经者，常也"，所说的是常理常法、自然天道，治理国家也好，生产生活也好，都不能违逆。常理常法就是自然而然的规律，古人称它为天理或者天道。圣人观察这些天理、天道，将其记载在经典之中。当然，并不是任何一部古书都叫经典。"经"是有所特指。

古代的文章按照经、史、子、集进行分类。凡是列在经部的才被称为经。经也有其发展的历史。一开始孔子以"六经"教授学生，后来《乐经》失传，留下了"五经"。再后来又发展到"七经"。唐朝明经科考"九经"。到宋朝，又发展到"十三经"。世人所说的经典，一般都不出这些经典。这些经典所说的都是五伦、五常、四维、八德的道理，都是治国的常理常法。

如果一个人口才很好，就像少正卯，他是名人，很多人都尊敬他，但他说的是"巧言"——巧言就是心不直，花言巧语，让大众迷惑，分不清是非、善恶、美丑——结果就是乱德。巧言乱德，败坏道德。"德"的古字写作"悳"，就是"直心"。"直心"是"德"，巧言就和"直心"相违背，所以叫巧言乱德。就像现在有些人很有口才，也有很高的学历，演讲能力很强——演讲能力不强也就罢了，因为受他影响的人不多——但他所讲的有违大道，就会惑乱人心。

《群书治要·中论》记载："夫利口者，心足以见小数，言足以尽巧辞，给足以应切问，难足以断俗疑，然而好说不倦，谍谍如也。""利口者"，就是能言善辩的人。他的心智足以洞察细小的环节；他的言辞非常巧妙，而且精于修饰；他伶牙俐齿，足以应对急切的追问；他的反驳足以让世俗之人断疑生信。但是，他好说不倦，喋喋不休。"夫类族辨物之士者寡，而愚暗不达之人者多，孰知其非乎？""类族辨物"，能按照事理来归纳、分辨的人是很少的。也就是说，愚暗的、容易被蒙蔽的、不通达的人是多数。因为他口才好，还有名声，学问很高，演说起来滔滔不绝，让人感觉这个人很有才华，说得很有道理，对他所说的话也就生起了信心。但实际上，他的话是违背大道的，和事实真相不相符。

"此其所以无用而不见废也，至贱而不见遗也。"这就是他虽然没有什么用处，虽然低贱，却不被遗弃的原因。

"先王之法，析言破律，乱名改作，行僻而坚，言伪而辨者杀之。为其疑众惑民，而浇乱至道也。"古圣先王有法律规定：能言善辩、曲解法令的人，混乱礼法名分，使它失去原意的人，还有行为邪僻坚持不改的人，言语伪诈而能言善辩的人，都要处死。

就像少正卯一样，他的口才好到就连孔子的很多弟子都被吸引。这说明分辨哪些合于道、哪些不合于道并不容易，即便跟圣人学了那么长时间，还是会被蛊惑。对于少正卯这样的人，只能把他杀掉。他所讲的不符合大道，是巧言。巧言无实，就是不符合实际，不符合自然规律，不符合人性。世俗之人一般分辨不出来，只有学了圣贤之道，而且熏修了很长时间，才有能力分辨。

有人说，在这个世界上，有两种人决定了世界的未来。也就是说，他能拯救世界，也能毁灭世界。一种是国家领导人，另一种是媒体工作者。孔子当年周游列国，对于那些国家领导者是用劝说的方式，对少正卯这样口才好、影响力又大，却讲得不符合大道的人，相当于现在的不良媒体，干脆斩草除根，免得他贻害更多的百姓。国家对于媒体采取正确的引导是非常有必要的，舍弃不好的内容，还要代之以伦理道德、因果的教育。这样，社会风气才能向善。

再看下一个案例：

【孔子为鲁大司寇，有父子讼者，夫子同狴执之，三月不别。其父请止，夫子赦焉。季孙闻之，不悦，曰："司寇欺余。曩告余曰：'为国家者，必先以孝。'今戮一不孝以教民孝，不亦可乎？而又赦之，何哉？"孔子喟然叹曰："呜呼！上失其道而杀其下，非理也；不教以孝而听其狱，是杀不辜也。三军大败，不可斩也；狱犴不治，不可刑也。何者？上教之不行，罪不在民故也。夫慢令谨诛，贼也；征敛无时，暴也；不诫责成，虐也。政无此三者，然后刑可即也。既陈道德，以先服之；而犹不可，则尚贤以劝之；又不可，则废不能以惮之。若是，百姓正矣。其有邪民不从化者，然后待之以刑，则民咸知罪矣。是以威厉而不诫，刑措而不用也。今世不然，乱其教，烦其刑，使民迷惑而陷罪焉，又从而制之，故刑弥繁而盗不胜也。世俗之陵迟久矣，虽有刑法，民能勿逾乎？"】

孔子为鲁大司寇，有父子讼者，夫子同狴执之，三月不别。其父请止，夫子赦焉。"讼"，诉讼，控告。"狴（bì）"，本来是兽的名字，因为常把"狴"画在狱门之上，所以就用作牢狱的代称。孔子在任鲁国大司寇期间，有父子两人前来打官司。孔子把他们关在同一间牢房里，过了三个月也不予审理。做父亲的请求撤诉，孔子就赦免了他们。

季孙闻之，不悦，曰："司寇欺余。曩告余曰：'为国家者，必先以孝。'今戮一不孝以教民孝，不亦可乎？而又赦之，何哉？"季孙听说了这件事很不高兴，他说："司寇欺骗了我，之前你跟我说，治理国家必须把孝道放在第一位。现在杀一个不孝之子，以教导百姓尽孝，不也可以吗？你却把他们父子全都赦免了，这是为什么？"

孔子喟然叹曰："呜呼！上失其道而杀其下，非理也；不教以孝而听其狱，是杀不辜也。""喟"，叹息。"不辜"，无罪之人。孔子深叹了一声说："身居上位，不能恪守于道，没有教化好百姓，却要滥杀，这是不合情理的；不教百姓孝顺父母、友爱兄弟，却用孝的标准来判案定罪，这是滥杀无辜。"

这句话非常重要。作为领导者，应该担起三个责任，就是作之君、作之亲、作之师。既要率领、管理百姓，还要教导、引导百姓。除此之外，还要像父母一样关爱百姓。身居上位，没有教育、引导百姓，没有教他们走正道、行孝悌，百姓犯了罪，就对他们处以刑罚，甚至把他们杀掉，这是不合情理的。

在古代，《弟子规》被用作童蒙教育，"父母呼，应勿缓；父母命，行勿懒。父母教，须敬听；父母责，须顺承"。但是，现在不少人忽视了孝的教育。孩子即使不孝父母，他也不会承认。就像进了派出所，人家说你这个人不孝，他说："我很孝顺，我对父母很好啊！"他不知道"身有伤，贻亲忧；德有伤，贻亲羞"啊！犯了案，都已经被抓起来了，还说自己很孝顺。再如那些贪污腐败的人，东窗事发，锒铛入狱，父母跟着蒙羞，在众人面前抬不起头，这是大不孝。这就是不知道什么是真正的孝，没人教导才会出现这些问题。

过去的人，和父母、祖父母住在一起，从父母如何对待爷爷奶奶就学到了如何尽孝，怎样愉色婉容，说话不敢疾声厉色。但是，现在很多孩子和祖父母没住在一起，偶尔周末回去。爷爷奶奶为了迎接一家子的到来，很早就要出去买菜做饭。做了一桌丰盛的饭菜，一家子吃完了，抹抹嘴就走了，杯盘狼藉，留给爷爷奶奶去收拾。这样怎么从父母身上学到孝顺父母？

再到学校教育。过去的人，上学第一堂课，会教如何孝顺父母。但是现在追求升学率、高分，少有人教《弟子规》，教如何孝敬父母。这让孩子从哪里学到孝敬父母？这就导致"人不学，不知道""人不学，不知义"。

古人说教育："教也者，长善而救其失者也""育，养子使作善也"。做人的教育、孝道的教育是基础和核心。现在有知识没文化的人很多，把传统文化当成知识来学习，《三字经》《弟子规》乃至四书五经都能倒背如流，但是瞧不起自己的父母，对父母说话疾声厉色。这就是"人不学，不知道"。有知识没文化，对变化气质没有任何帮助。

现在提倡节俭，很多人从小就学过"锄禾日当午，汗滴禾下土。谁知盘中餐，粒粒皆辛苦"，但是吃饭的时候，还把白花花的米饭、馒头扔得到处都是。高校食堂垃圾桶里剩菜剩饭堆得满满的，这就叫有知识没文化。唐诗对你来说就是知识点，为的是能考高分；学习儒家，目的就是写论文、评职称，却跟做人毫不相关。这就把文化变成了知识。

"上教之不行"，罪责不在百姓身上。父母没有教化孩子，罪责也不在孩子身上，教儿教女先教自己。

"三军大败，不可斩也；狱犴不治，不可刑也。何者？上教之不行，罪不在民故也。""犴（àn）"，释文解释："乡亭之系曰犴，朝廷曰狱。"在乡亭设置的监狱称为"犴"，在朝廷设置的监狱称为"狱"。"犴"，指乡亭牢狱，也引申为狱讼之事。全军大败，不可因此而责杀兵士；司法混乱，不能轻易对犯人实施刑罚。在上位的人推行教化不力，罪责不在百姓。

"夫慢令谨诛，贼也；征敛无时，暴也；不诫责成，虐也。政无此三者，然后刑可即也。"法令松弛而诛杀甚严，这叫残害百姓；征收赋税没有定时，这是暴政；不教化百姓，却苛求其守礼守法，这是虐政。治理国家，没有这三种弊害才适用于刑罚。这三种弊害，一个是贼，一个是暴，一个是虐。

道德教育是有步骤的："既陈道德，以先服之；而犹不可，则尚贤以劝之；又不可，则废不能以惮之。若是，百姓正矣。""惮"，畏惧。提倡道德且以身作则，使百姓信服；如果还不行，就要通过崇尚贤德来劝勉大众向善；如果还是不行，就要废黜那些违背道德的人，百姓畏惧，行为自然就会端正。

比如，首先告诉大家，孝是"养父母之身、养父母之心、养父母之志、养父母之慧"，都有哪些具体内容，让大家一清二楚。陈述了，提倡了，还不行，就要树立道德典范来引导、劝勉大众向他们学习。还不行，对那些打爹骂娘的，就要处以刑罚。在古代，打骂父母，打骂祖父母，按刑律都要给以严惩。

"其有邪民不从化者，然后待之以刑，则民咸知罪矣。是以威厉而不诫，刑措而不用也。""诫"，《增韵》解释："警敕之辞曰诫。"如果这样做了，还有奸邪之徒顽固不化，最后才处以刑罚。如此，民众就能明理而知耻，羞于犯罪。无须言辞警诫，严刑峻法也可搁置不用。这是正确的做法，先进行道德教育，个别屡教不改的才处以刑罚。

"今世不然，乱其教，烦其刑，使民迷惑而陷罪焉，又从而制之，故刑弥繁而盗不胜也。世俗之陵迟久矣，虽有刑法，民能勿逾乎？""弥"，益，更加。"陵迟"，由盛转衰。当今社会却不是这样，教化混乱，刑法繁多，民众迷惑而致犯罪，之后再加以遏制。结果刑罚越来越繁多，而盗贼却屡禁不止。社会风气败坏已经很久了，即使有严刑峻法的存在，百姓又怎能不违犯？

这段阐述非常明确，先要教化民众。如果民众因为没有接受伦理道德的教化而做了错事，应该给予宽恕。宽恕之后，还要进行伦理道德的教育。

历史上，夏、商、周三代都出现过天下大治的局面。特别是在"成康之世"，监狱四十年没有死刑犯，国家治理得非常好。但是，后人没再按照这些常理常法来治理国家，也不能身体力行，按照这些圣贤教诲去要求自身、治理天下，所以也导致夏、商、周的败亡。

治理国家，重要的是找到社会乱象的根源。社会出现乱象，一方面是无法可依，也就是法律法规、监督机制等不健全；另一方面，虽然这些都健全了，但是，有的人明知故犯，而且，后者往往占多数。

如果只是停留在法制层面解决问题，法律条款会一天比一天严密、具体、细致，渗透到生活的方方面面。例如：贪污腐败问题出现了，就有《反腐败法》；环境问题出现了，就有《环境保护法》；酒后驾车的人多了，就有酒后驾车处罚标准；食品安全问题出现了，就有《食品安全法》；恐怖活动出现了，就有《反恐怖主义法》。有了问题就有法律来对治，法令繁多，但是，问题没有因此得到根本解决。

老子说："法令滋彰，盗贼多有。"原因就是很多人钻法律的空子，还为此沾沾自喜，不以为耻，反以为荣。社会乱象的根源在于人的良心泯灭了。法律只是从外在行为上禁止人干什么坏事，并不能解决人的良心问题。**唤醒人的良心，转恶为善，要靠伦理道德、因果的教育。**

可见，必须坚持依法治国与以德治国相结合的治国理念。《傅子》说："明君必顺善制而后致治，非善制之能独治也，必须良佐有以行之也。"明智的领导者一定是顺着好的制度实现社会大治，但并不是有了好的制度社会就一定能大治，还必须有圣贤君子、好的辅佐人才来推行好的制度，二者缺一不可。既要把权力关到制度的笼子里，也要提升人的政德修养、道德水平，二者是相辅相成的。

第二讲　治理国家的境界

《孔子家语·王言》篇是孔子讲解"明王之道"，就是如何实现最高境界的治理，即王道政治。其中，孔子说到"吾以王言之"，故以"王言"作为篇名。

孔子将"明王之道"概括为"内修七教，外行三至"，也就是明王在国内推行七种教化，就可以固守国家而不必担心外强进犯；对外推行三种"至行"，就可以征伐不义之国，战无不胜，而且不耗费资财。

学习《王言》篇，对于理解"中国之治"的境界，以及构建人类命运共同体，具有重要的借鉴意义。

【孔子闲居，谓曾子曰："参，汝可语明王之道与？居，吾语汝。夫道者，所以明德也；德者，所以尊道也。是故非德，道不尊也；非道，德不明也。虽有国之良马，不教服乘，不可以取道里；虽有博地众民，不以其道治之，不可以致霸王。是故昔者明王内修七教，外行三至。七教修而可以守，三至行而可以征。明王之道，其守也，则必折冲千里之外；其征也，还师衽席之上。故曰内修七教而上不劳，外行三至而财不费。此之谓明王之道也。"】

孔子闲居，谓曾子曰："参，汝可语明王之道与？居，吾语汝。"孔子闲坐，对曾子说："参，你能谈论一下圣明君王的治国之道吗？坐下来，我给你讲。""居"，坐。"语"，论说。孔子就接着说了，因为比较长，所以坐下来听，心里比较安定。

"夫道者，所以明德也；德者，所以尊道也。是故非德，道不尊也；非道，德不明也。"道是用来彰明德的，德是用来遵循道的。所以，没有德，道就得不到尊崇；没有道，德就得不到彰明。

什么是道？什么是德？《中庸》开篇说："天命之谓性，率性之谓道。"道就是自然而然的本性，也就是法尔如是的自性。按照自性、本性去做就是德，符合道就是德，背离道就是非德。道是用来彰明德的，没有道，就没有办法判定什么是德、什么是非德，标准就没有了。所以说，"夫道者，所以明德也"。

道本来如是，自然而然，无处不在，但是，如果人不去认识它、体悟它，也没有办法把道彰显出来。孔子说："人能弘道，非道弘人。"

举一个例子，牛顿为什么能发现万有引力的定律？他观察到苹果往地上掉，不往上飞，不往左跑，也不往右跑，偏偏就往地上掉。他就去研究其中的原因，最后发现了万有引力的定律。这个定律本来就如此，本来就在人们的生活中时时刻刻存在着。但是，日用云为而不知，人们没有去注意它，也没有去追究它，所以也没能发现它。从这个事例可以看出，德是用来发现、体悟、遵循道的。没有德，也就无法体道、悟道、得道、弘道，道也就得不到尊崇，这就是"是故非德，道不尊也"。

"非道，德不明也"，没有道，什么是德、什么是非德也不能明确。如父子有亲，这是道。父母爱儿女，儿女爱父母，彼此之间有一种自然的亲情，本来如此，不是圣人给规定下来的。这种天性怎样保持一生而不改变？顺着父子有亲去做。父母慈爱教导儿女，儿女孝敬父母。所以，慈和孝就是德。顺着慈、孝的德，就能使父母子女之间的亲情保持一生而不改变。所以，孝和慈又被称为性德。

《礼记·乐记》云："德者，得也。""惪"是"德"的古字。《说文解字》释义："惪，外得于人，内得于己也。"这个"德"和获得的

"得"是相通的，其实就是得到了道。"外得于人"，就是通过向圣人、向经典学习，把自己本有的性德引发出来。"内得于己"，因为本自具足这种性德，所以才能把它引发出来。性德本来具足智慧光明，这就是自己的心性。但是，上面蒙了尘垢，把尘垢一层一层地擦拭干净，使本性的光明显发出来，这就是"修道之为教"，即修行的过程。

孔子教育的最高境界就是道。孔子让人如何修道？孔子说："志于道，据于德，依于仁，游于艺。"虽然最高的境界是道，但孔子并不是对每一个人都讲道。因为教学要契理，还要契机。如果不契理，就会把人导入歧途；如果不契机，对人没有好处，就如同闲言语。

《论语》记载，孔子的弟子子贡说："夫子之言性与天道，不可得而闻也。"又说："子罕言利，与命与仁。"仁都不容易讲，道就更不容易讲了。怎么来教学？一开始要讲仁道。仁能听得懂，办政治就是仁政；做企业家就有仁德，被称为儒商，有商道。办任何事业，从事任何行业，都能既有利于自己又有利于他人，这就是自他两利。一个人必须知道为仁之道，才能利己利人。如果没有仁道，结果就是害人害己。仁道学起来很难，想要听到也很难。孔子说，纵使朝闻夕死，也不枉此生。"朝闻道，夕死可矣。"听不到仁道，即使长命百岁，也枉为人。

可见，学习圣贤之道是多么难得，多么幸运！世上有多少人忙忙碌碌，从早到晚，一生都没有机会听闻仁道，也不知道什么是仁，每一天吃饱了睡、睡醒了吃，享乐人生。这与动物又有什么区别？

有人问孔子：你哪一个学生可以称为仁？孔子不肯随便说，可见，仁并不容易学，也不容易达到仁的境界。只有弟子颜回，孔子说他"其心三月不违仁"。

学仁是很重要的。首先学习仁道，然后一步一步地再往前进。学成了仁，就到了德。"仁"字从人、从二，是自己和他人的相处之道。也就是说，自己处处以仁慈之心待人，起心动念都是为人着想，考虑到他人的需要，都是关爱人、成全人、帮助人、提升人，久而久之就是德。德是从本性中来的，本性是如如不动的，一动就有了作用；有了作用，这个动就是德；在动的过程中，那个德还是明德，还没有起变化。但是，普通人不动念则已，一动念就起了变化，就牵涉自私自利的心，明德就失掉了。明德被虚妄的私心给障碍了，就叫烦恼障。

仁学好了，起心动念处处为别人着想。长期这么做，就达到了"仁者安仁"的境界，自然而然；不动念则已，一动念就是有益他人。这就是由本性而起的德自然出现了，烦恼障就不存在了。所以，仁修圆满了，就是德。

《大学》讲："大学之道，在明明德。""明德"是通过修行才得以彰显。要修，就是从仁开始修。仁修圆满了，明德自然出现；明德出现，就和本性相一致了。这就是经典所说的"随缘不变，不变随缘"，是圣人达到的境界。孔子讲，仁道就是这么重要，它是明德、是成道的基础。**儒家的学问，孔子的教育，不是从最高处来讲，而是从基础来讲，人人都可以做到。**如果一开始就讲最高的境界，别人问，从哪里开始学？你说"道可道，非常道"，别人确实很难学。道，确实是不可言说，开口即错，动念即乖，但是假如你这样说，别人得不到利益，也无从下手学起。所以，相对而言，从仁入手比较容易。

如果学仁还觉得困难，还不知道从何处入手，那就学"恕道"。孔子说，恕是"为仁之方"，就是"己所不欲，勿施于人"。这件事我该不该做？我不希望别人这么对待我，我就不能这样去对待别人。但"己所不欲，勿施于人"，还有一个"己"和"人"的区分。爱人如己，只是达到仁的方法，还不是仁。真正的仁是"一体之仁"。

由恕道开始，到仁，再到德，然后再到道，这是一以贯之的。孔子说"吾道一以贯之"，这个道讲到深处，就是孔子教学所达到的最高境界，就是"志于道"的道，是"天命之谓性，率性之为道"的道，也就是开发本性的、修养性德的道。

"虽有国之良马，不教服乘，不可以取道里；虽有博地众民，不以其道治之，不可以致霸王。""服乘"，"乘"是驾驭。有个成语叫"服牛乘马"，就是役使牛马驾车的意思。这句话是说：即使有全国知名的良马，不以正确的方法来驾驭，也不能上路疾驰；即使有广博的土地和众多的人口，不以道来治理，也不可能王霸天下。这里主要强调以道治国的重要性。

孔子说："志于道，据于德，依于仁，游于艺。"这句话是对传统文化精髓的纲领性概括。**古人学习技能，从事一种职业，不仅仅是谋生的手段、谋利的方式，还是修道的途径、得道的方法。**

老子说："为学日益，为道日损，损之又损，以至于无为，无为而无不为。"这说明求学的方法和求道的方法是不一样的。求学求的是广学多闻，知识越丰富、越广博越好。但是，有所知就有所不知，知识是一个整体，只要有知的东西，那么相应地，就一定有不知的东西，就不可能获得全知。要做到无所不知，必须求无知，无知起作用就是无所不知。求道不是一个逐渐增加的过程，而是一个不断减损的过程。

古人常说"用心如镜"。镜子上面什么都没有，所以胡来胡现，汉来汉现，男人来现男人，女人来现女人，谁来都可以呈现谁的像。因为它上面什么都没有，是无知的境界，所以它起作用，一照就是无所不知。如果镜子上被画了一些图案，涂了一些颜料，谁来都映照不出。

或者有的部分画了，有的部分没画，画了的这一部分就照不出外境，就不可能达到无所不知的境界。

镜子所达到的状态是无所不知，但它本身是一尘不染，寂而常照，照而恒寂。这说明中国古人求的是智慧、是道，和求学、求知识的方法是不一样的。智慧是圣人去除思虑之后所达到的本自具足、本自清净、本来如此的境界，而知识是通过人的思维想象、逻辑分析，设计得出的结果。

不仅如此，中国古人还认为"人皆可以为尧舜""涂之人可以为禹"。也就是在大街上随便碰到的一个人，都可以成为像尧、舜、禹、汤、文武、周公那样的圣人，可以无所不知。所以，无所不知并不是一般人不可企及的目标。这和西方文化有所不同。西方文化认为，全知的上帝只有一个，其他人都是上帝的子民。所以，用西方求知识、求学的方法来求道、来理解中国古圣先贤的智慧，在方法论上就有困难。

中国古代的圣人通过"涤除玄览"的方法，把自己的思虑放下，不起心、不动念、不分别、不执着，最终成为得道之人。得道之人在儒家被称为"圣人"，在道家被称为"真人"。他们达到了"天人合一"的境界，也就是庄子所说的"天地与我并生，而万物与我为一"。这就是道。按照道，也就是"一体"的宇宙观来为人处世、待人接物，就是有德之人。"德者，得也"，有德的人按照道来做，就会达到"得道者多助""顺天者昌"的境界。

王阳明说："大人者，以天地万物为一体者也。"这里没有说"与"天地万物为一体者也。一字之差，境界不一样。为什么不说"与"呢？我"与"天地万物，那就是说，"我"和"天地万物"是一种对立的关系。这和中国古人的观念不一样。西方人才有主体与客体、主观与客观、人与自然的对立，这叫二元对立的思维方式。

而在中国"一体"的观念中，父子是一体的，君臣是一体的，夫妇是一体的，兄弟是一体的，朋友是一体的。这种宇宙观告诉世人：一荣俱荣，一损俱损。用这种"一体"的宇宙观来指导治理国家、生产生活，中华文明才得以延续五千多年而不衰。

用西方二元对立的思维方式来理解中国"一体"的宇宙观，就会产生误读和误判。比如，不能理解父子是一体的，就会认为讲孝道就是对儿子的不尊重，对子权的忽视；不能理解夫妇是一体的，就会认为讲女德是对女权的践踏；不能理解君臣是一体的，就会认为讲臣忠是忽视人权。这都是因为没有这种"一体"的观念。

这种误读和误判是可以理解的。只有孔、孟、老、庄这样的圣贤才能知晓道、体悟道，才能达到道的境界。老子说："道可道，非常道。"又说："上士闻道，勤而行之；中士闻道，若存若亡；下士闻道，大笑之。不笑不足以为道。"孔子的弟子子贡说："夫子之言性与天道，不可得而闻也。"得道之人毕竟是少数，圣贤站在二十层楼，而一般的人站在二层楼。一般人看不到圣贤所达到的境界，还想把圣贤拉到二层楼，说圣贤见到的就是自己见到的境界，误解圣贤，这也是常有的事情。

孔子设立私学，有教无类，目的就是让弟子通过学习，身体力行，在这个过程中体悟道，成为有德的人。顺应自然之道安排生产生活，这样才能乐天知命、治国平天下。

道虽然无处不在，但如果我们不去主动学习它、体悟它、发现它、实践它，也不能成为得道之人，道也不可能对我们的人生有什么启发和帮助。所以孔子才说："人能弘道，非道弘人。"

汉朝扬雄在《法言》篇下了一个定义："通天地人之谓儒。"儒家对天地自然的规律、社会人伦的关系都通达无碍，了解得很透彻。《周礼·天官》说："四曰儒，以道得民。"第四种执掌是儒，儒为人们讲道，所以深得民心。这说明道德教育应该是人们主动、欢喜地去接受，不需要逼着人硬着头皮去接受。

道具有"费而隐"的特征，不容易为人理解和接受。《中庸》说："君子之道费而隐。夫妇之愚，可以与知焉，及其至也，虽圣人亦有所不知焉。夫妇之不肖，可以能行焉，及其至也，虽圣人亦有所不能焉。"这说明道近自夫妇居室之间，远至圣人、天地而无所不包、无所不含，它的范围是非常广博的，道理也是非常深刻的。

但是，道并不是遥不可及的。恰恰相反，"道不远人"，道与人的生活密切相关。《中庸》说，"极高明而道中庸""君子之道，辟如行远必自迩，辟如登高必自卑"。孔子的伟大之处就是让人们在日常生活之中，在生产、学习和提升技艺之中，体悟道、接近道乃至得道。琴棋书画，孔子教授弟子也有"六艺"。琴道、棋道、武道、茶道，后边加上一个"道"，说明它不仅仅是一种技艺，是一种谋生的手段、谋利的方式，它和道也是相通的。各行各业都可以成就圣贤，圣贤可以出现在各行各业，各种技艺都可以成为求道的方式。

"读书百遍，其义自见"，这就是见到了本性。通过读书，心清净下来，把自己的本性、本有的性德开启出来，这就是"明明德"。所以，读书也是求道。

办政治也同样是求道。无私忘我、全心全意地为人民服务，也是开启自性明德的一种办法。明德和亲民是一不是二，正是通过亲民开启自性的明德。亲民是帮助民众觉悟，也让民众找到自己的明德。二者都达到至善圆满的境界，就是"止于至善"。中国人从政也是一个求道得道、成圣成贤的过程，是为政道、治道。

道对于一般人而言，似乎深不可测、遥不可及，但是孔子把道变得非常简单，从身边的人和事入手，把它统之于相对具体的仁。孔子的学说又被称为"仁学"，孔子所倡导的政治也被称为"仁政"。因为仁是道的体现，也建立在天地万物为一体的基础之上，所以也被称为"一体之仁"。

孔子对仁的解释，最基础的就是"仁者，爱人"，有爱人之心，才能成为具有仁德的人。成为仁者，就要爱人，而不能害人，一切恼害人的话不能说，一切恼害人的事也不能做。这里的人是一切人，包括喜欢的人，也包括不喜欢的人，包括亲人，也包括仇人。所以，仁是一种平等的爱，它具有清净、平等、觉悟的特点。虽然是平等的爱，但是必由亲始，必须从孝亲，即从孝敬父母、友爱兄弟的孝悌入手，培养仁爱之心。而且，因为缘分不同，这种仁爱之心表现出来的形式也不一样。表现在父子之间的关系，就是父慈子孝；表现在兄弟之间的关系，就是兄友弟恭；表现在君臣之间的关系，就是君仁臣忠；表现在夫妻之间的关系，就是夫义妇德；表现在朋友之间的关系，就是朋友有信。这就叫随缘不变，也就是说，随着自己所在的缘分，表现出来的都是仁爱之心，仁爱的本质是一样的，但形式不一样。因为缘分不同，爱的深浅不同，所以做父母的爱自己的儿女要多一些，这是人之常情。

这就告诉世人，要有仁心，才能成为仁者。孟子提出："有不忍人之心，斯有不忍人之政。"仁政是由仁心而来，在位者有仁心才能施行爱人的仁政。《大学》讲："自天子以至于庶人，壹是皆以修身为本。"特别强调了君主，也就是领导者修身的重要性。唯有领导者克己复礼、惩忿窒欲、戒奢崇俭、戒骄守谦，才能回归本性的明德。

仁心的主要体现是爱人，有仁心、施仁政的领导者能爱民如子、视民如伤。《六韬》说："善为国者，御民如父母之爱子，如兄之慈弟也。见之饥寒，则为之哀；见之劳苦，则为之悲。"善于治理国家的人，对待百姓就像慈爱的父母对待儿女一样，就像兄长关爱弟弟一样，见到他们劳苦奔波，就会为他们感到悲哀，看到他们饥寒交迫，也会为他们感到哀愁。历史的发展也表明，爱民、重民，国家才能兴盛，否则必然衰亡。《春秋左氏传》说："国之兴也，视民如伤，是其福也；其亡也，以民为土芥，是其祸也。"

一个好的领导者必须同时具备三个职能，即作之君、作之亲、作之师，既领导、管理百姓，又像父母慈爱儿女一样关爱百姓。除此之外，还教导百姓做人的道理，希望他们觉悟，成为明明德的人。

爱民最重要的体现就是教民，把民众引向圣贤、君子之路，这就是《大学》所讲的"亲民"。所以，为政者不仅要自觉，还要觉他，不仅要自利，还要利他。《孟子》说："饱食、煖衣、逸居而无教，则近于禽兽。"吃饱了饭，穿暖了衣服，也有了好房子住，但是没有良好的道德教育，就会堕落得离禽兽不远了。良好的道德教育使人免于堕落为禽兽，能往上提升自己的境界。《礼记·学记》说："教也者，长善而救其失者也。"良好的教育就是使人的善良不断增长，使人的过失得以挽救。"长善"就是立德，"救失"就是树人，这和现在的教育理念是一致的。这也是中国古人强调"建国君民，教学为先"的原因。

如何取得教的效果？《说文解字》解释："教，上所施，下所效也。"

孔子在《论语》中说："政者，正也。子帅以正，孰敢不正？"这说明良好有效的道德教育必须是上行而下效，不能把道德教育变成说教。自己所说的要做到，身体力行，率先垂范，才能取得预期的效果。各级领导者都以修身为本，自觉觉他，才能收到"得道者多助""多助之至，天下顺之"的效果。如果不懂得以道治国，没有学道，就是以盲引盲，最终可能像桀、纣那样众叛亲离。

由此，我们也就明白了古人为什么重视对太子的教育，而且特别重视施以经典的教学。在太学，各级后备领导力量也要接受经典的教学，科举考试也考经典，这是因为古人所体悟的道都记载在经典之中。所以，历代开明的君主都读经典、学经典，把经典教学作为教育的基本功课，这样才能使国家的治理以及所颁布的大政方针都符合道的方向。

不学经典，对道一无所知，方向选错了，即使很努力，也会是南辕北辙。就像现在很多地方讲创新，但是因为没有学道，不知道什么样的创新才是真正有益的创新。有的地方向西方学习，把西方的游戏机搬过来，开了游戏场。西方的很多游戏都是以杀人的多少作为晋级标准，如果孩子经常玩，很容易产生暴力倾向。创新，不仅仅是发明一个新的东西、开创一门新的技术，而是必须顺着道的方向，必须有利于社会大众的身心健康，帮助人觉悟，符合明明德、符合道的方向，这才是可取的。

"人不学，不知道""人不学，不知义"。这就是现在特别提倡学习《群书治要》的原因。《群书治要》是唐太宗派魏徵等大臣把经、史、子中修身、齐家、治国、平天下的精髓撷取出来，因为是给皇帝看的，皇帝日理万机，时间有限，所以选取的是精华中的精华。当然，怎么穿衣、怎么吃饭、怎么待人接物也很重要，但对皇帝来说并不是最重要的，这些内容就没有选取。和礼有关的穿衣是要明白的，因为古代穿衣也不能随便，也有礼在其中，有教育的内涵在其中。从《群书治要》入手，领导者很容易明白什么是治国之道。如果全世界都能学习《群书治要》，确实有助于互相理解、天下太平。所以，不仅要给中国人讲《群书治要》，还要把《群书治要》翻译成各国的语言文字，给全世界讲。

"是故昔者明王内修七教，外行三至。七教修而可以守，三至行而可以征。""七教"，七种道德教化。"三至"，三种至高原则。古代的圣明君王对内修明"七教"，对外实行"三至"。修明"七教"就可以守住国家，推行"三至"就可以征伐不义。

"明王之道，其守也，则必折冲千里之外；其征也，还师袵席之上。""冲"，战车的一种，冲车。"折冲"，使敌人的冲车折返，就是克敌制胜的意思。"袵席"就是床席。按照圣明君王的治国之道，守卫自己的国家，并能使敌人的战车折返千里之外。如果征伐不义之国，也一定能得胜还朝，安享太平。

《群书治要·文子》说："乱国之主，务于广地，而不务于仁义；务于高位，而不务于道德。是舍其所以存，而造其所以亡也。"造成国家动乱的领导人有一个特点：只注重扩大势力范围，而不重视施行仁义；只致力于追求高位、权力，而不注重修养道德。这种做法是舍弃国家赖以生存的条件而会造成灭亡。

《弟子规》讲："势服人，心不然；理服人，方无言。""势"不仅仅指政治上的权势，还指经济上的优势、军事上的威势等。中国古人从童蒙教育阶段就传授这个道理。

《群书治要·淮南子》记载了这样一个故事：赵襄子指挥军队攻打敌国，大获全胜，在吃饭的时候却面露愁容。身边的人大惑不解，问："一天就攻下两座城池，这是一件值得高兴的事啊！为什么大王您却面带忧色呀？"赵襄子回答说："你看，江河发大水，不过三天就会退去，飓风暴雨也不过是一会儿的事。如今我们赵家德行积累得不够深厚，却一天攻下两座城池，恐怕衰亡会接踵而至啊！"孔子听说了这件事，评价说："赵家要昌盛了！"赵襄子居安思危，认识到积累道德是比扩大地盘更根本的问题，所以国家能够昌盛。如果获得了小小的胜利和成就便沾沾自喜、骄傲自满，那就很容易失败。所以打胜仗并不难，难的是保持胜利的成果。创业不易，守成维艰。春秋战国时期，齐、楚、吴、越四个国家都曾是强国，但最后都衰亡了。唯有圣明的君主才能保住胜利的成果。

　　中国自古以来就强调"王天下"，而不是"霸天下"。"王天下"就是《大学》所说的"古之欲明明德于天下者，先治其国；欲治其国者，先齐其家；欲齐其家者，先修其身……自天子以至于庶人，壹是皆以修身为本"。身修好，德行涵养深厚了，才能承载那么大的基业。所以，我国领导人提出构建人类命运共同体的理念是有中华文化的底蕴的。领导者能率先垂范，以修身为本，百姓也会跟着来修身，结果是人心和善、家庭和睦、社会稳定、天下太平。当别的国家使臣来访，看到人与人之间相处得非常和睦，彬彬有礼，自然生起效法之心，主动向中国学习礼乐文化，这就为天下人做了榜样。这就是"内圣外王""王天下"。

　　历史上，"汤以七十里之地王天下，文王以百里之壤而臣诸侯"。商汤一开始所管辖的地盘是方圆七十里，但他能成为天下诸侯国效法的榜样，西伯昌（就是后来的周文王）一开始所管辖的地域也不过百里之地，但是能让诸侯臣服，都是因为他们的厚德。虞、芮两国国君因为田畔产生了争执，他们知道西伯昌德高望重，就想请他裁决。他们来到西伯昌所统辖的范围，看到人与人都互相谦让，没有人争执，感到很惭愧，没有见到西伯昌就回去了，互相以田畔相让。这说明诸侯国之所以臣服，就是因为他们为文王的厚德所折服，主动学习以仁义道德为核心的文化。

唐朝之所以对邻邦、对世界产生深远的影响，一个重要的原因就在于当外国人来到中国，看到人与人之间五伦关系非常和睦、社会安定，国家治理得井井有条，他们非常羡慕，把中国誉为"礼仪之邦""华夏之族"，把中国的皇帝尊为"天可汗"，也就是天底下公认的领导者，愿意学习中国的礼仪文化。这就是"中心悦而诚服"。

郑和下西洋，带领的是世界上最强大的舰队，走过了很多国家和地区。每到一地，带去的是茶叶、丝绸，先进的造纸术、造船术，而不侵占一寸一尺的土地。直到今天，郑和还为世界人民所纪念。中国提出"一带一路"的倡议，从根本上说，正是这种仁义精神的延续。

英国著名的历史哲学家汤恩比在系统地研究了各个国家文化发展史的基础上，从文化学的角度提出，能真正解决二十一世纪社会问题的，唯有中国的传统文化。他在其著作《未来属于中国》中提到，要避免动乱，拯救人类文明，未来的世界必须走向统一，因此，建立大一统国家是有必要的。但这个统一绝非依靠军事、强权，而是依靠文化。当今世界，环境污染、资源枯竭等全球危机，单独依靠某个国家是无法应对的，应该把视野扩及整个地球。中国有长期统一的历史经验，中华文化也拥有天下一家的胸襟以及和而不同的智慧，所以，汤恩比把未来的希望寄托于中华文化。如果中华文化被世界各国广泛学习和接受，必然带来世界和平和希望。因为中华文化是合于道的文化，是讲求道德仁义的文化。

《群书治要·新语》说："治以道德为上，行以仁义为本，故尊于位而无德者绌，富于财而无义者刑，贱而好道者尊，贫而有义者荣。"治理国家要以道德为上，处理事情要以仁义为根本。地位高贵却缺乏德行的人会被贬黜，富有但不讲道义的人会被处以刑罚，地位低下但珍爱德操的人会受尊崇，贫寒但讲求仁义的人会享有荣耀。商纣王的酒池可以用来划船，糟丘可以用来登高远望，这不能算是贫穷；拥有统领四海的权柄，主宰着九州的百姓，这不能说是武力弱小。然而，论其功业却不能保全自身，论其威势却不能守住社稷。这不是因为贫穷弱小，而是因为自身缺乏道德，对百姓不够仁义。所以，懂得如何谋利却不明白大道的人，必定是众人所谋取的目标。敢于使用武力却缺少仁义的人，必定是战争所攻伐的对象。

《史记》记载，商纣王天资聪颖，口才很好，办事敏捷，力气超过常人，能空手和猛兽搏斗。但是他骄奢淫逸，不听忠臣劝告，每天过着花天酒地的生活，还制造炮烙之刑残害百姓，使得百姓生活在水深火热之中。最后，周武王吊民伐罪，纣王兵败身亡。身为一国之君，纣王拥有广大的地盘、强大的军队，却因为没有道德，不讲仁义，最终逃不了灭亡的命运。历史上这样的故事很多，印证了《周易》所说的"厚德载物"，以及《大学》所说的"德者，本也；财者，末也"的道理。外在的财富、身份、名声、地位都是枝叶花果，要靠深厚的德行来承载。作为一国之君，要使国家经久不衰，必须修道德仁义，"国无德不兴，人无德不立"。

"故曰内修七教而上不劳，外行三至而财不费。此之谓明王之道也。"对内推行"七教"，国君就不会因政事而辛劳，对外实行"三至"，国家资财就不会耗费。这就是圣明君王的治国之道。

圣明君王的治国之道，其效果通过一个例子就可以说明。贞观六年（632），全国被判处死刑的犯人有三百九十人。唐太宗心怀慈仁，命令他们这一年回家过年，第二年秋天再返回执行死刑的判决。结果，这三百九十人无一例外地按时返回。唐太宗非常感动，把他们全赦免了。

《贞观政要》记载，唐太宗对群臣说："贞观初年，人们颇有异议，认为还不能施行王道，只有魏徵劝我推行王道，推行圣贤教诲。朕听了他的话，不到几年就有了中原安定、边远外族臣服的结果。突厥从来就是中原的强敌，如今突厥的首领却配刀值宿来做禁卫，部落也跟着穿戴大唐的衣冠。朕能取得这样的成就，都是魏徵的功劳。"所以，推行圣贤教诲，施行王道，对内确实可以做到国泰民安，对外确实也能做到王天下，万国来朝，给世界各国做一个好的榜样。以德服人者，中心悦而诚服。

【曾子曰："不劳不费之为明王，可得而闻乎？"孔子曰："昔者帝舜，左禹，右皋陶，不下席而天下治。夫如此，何上之劳乎？若乃十一而税，用民之力，岁不过三日，入山泽以其时而无征，此则生财之路也。而明王节之，何财之费乎？"】

曾子曰："不劳不费之为明王，可得而闻乎？"曾子听了，很想知道这种不为政事而奔忙，也不耗费资财，就能称得上圣明的君王之道，就再向孔子请教："您能给我详细讲讲其中的道理吗？"

孔子曰："昔者帝舜，左禹，右皋陶，不下席而天下治。夫如此，何上之劳乎？"大禹治水"三过家门而不入"，他采取疏导的方式治理黄河，结果受禅让得帝位，后来成为夏朝的第一位天子。禹最卓越的功绩，除了治理黄河，还把中国的国土划分为九州。后人称禹为"大禹"，就是"伟大的禹"。

皋陶是帝舜时的大理官，也就是司法官。用现在的话来说，他是我国历史上第一位大法官。据说他青脸鸟嘴，铁面无私，断案公正，被当今史学界、司法界公认为中国司法的鼻祖。

孔子说："古代的舜帝有大禹和皋陶这样得力的臣子在左右辅佐，不用离开座席，天下便得到治理。这样，君王是不用辛劳的。"舜之所以得到大禹、皋陶等贤能之人，也是因为自己修养好。《论语》说："无为而治者，其舜也与！夫何为哉？恭己正南面而已矣。"自己修身到位了，然后任贤使能，感召天下贤德之士来辅佐，就可以达到"无为而治"。

尧曾问舜治理天下的方法，舜回答了两个字："事天"。"事天"就是遵照天道自然的规律来办事。天道自然的规律是："平地而注水，水流湿"，在平地上注水，水自然会流向潮湿低洼的地方；"均薪而施火，火从燥"，点一堆柴火，干燥的柴火自然先燃 。"召之类也"，是感召的原因，也就是《周易》所说的"同声相应，同气相求"。这样就得出结论："尧为善而众美至焉，桀为非而众恶至焉。"尧帝凭着自己的美德，感召了德才兼备的人；夏桀王品行败坏，所任用和感召的也是德行有缺失的人，甚至是狡猾奸佞之人。因此，要想达到无为而治，关键就在于以修身为本。

"若乃十一而税，用民之力，岁不过三日，入山泽以其时而无征，此则生财之路也。而明王节之，何财之费乎？"如果只按收成百分之十的标准征税，征用百姓服劳役每年不超过三天，按季节让百姓进入山林湖泊狩猎打鱼，却不向他们征税，这些都是生财之道。圣明的君王节制财用，怎么会耗费财物呢？这一段主要是讲，君主要按照自然节律来安排民众的生产生活，而且要爱惜民力、节俭用度，这样才不会耗费不支。

《群书治要·汉书》说："古之人曰：'一夫不耕，或受之饥；一女不织，或受之寒。'生之有时，而用之无度，则物力必屈。"古人说，一个农夫不耕种，就会有百姓挨饿；一个织女不织布，就会有百姓受冻。万物生长是有时节的，使用却没有节制，财物一定会用尽。康熙皇帝颁布《圣谕十六条》用以指导百姓，其中有一条就是"尚节俭以惜财用"，强调开其源尤当节其流。不仅要知道如何生产、聚集财富，还要懂得俭省财用，这样各种物资才能"不可胜用也"。在位者（也就是有权有势的人）如果不明理，有了条件就容易走上奢靡之路，而奢靡之风会导致物资紧缺，乃至全球发生资源危机。

《大学》说："生财有大道，生之者众，食之者寡，为之者疾，用之者舒，则财恒足矣。"积聚财富是有规律的，生产的人多，使用的人少，生产得急疾迅速，用得缓慢，财用才能充足。反之，就像《群书治要·汉书》所说的："生之者甚少，而靡之者甚多，天下财产何得不蹶哉？"生产的人，特别是生产粮食的人越来越少，而浪费、不劳而食的人越来越多，奢靡、放纵的风气越来越严重，天下的财用怎会不枯竭呢？

如今，面对人类无止境的贪求所导致的粮食不足等物资紧缺，以及资源枯竭和生态危机，古人这些教诲不能不引起重视。从根本上说，全球环境危机、资源危机就是人们越来越膨胀的欲望和地球有限的资源、承载力之间产生了矛盾。所以，居上位者能戒奢崇俭，就能带动整个社会崇尚节俭、反对奢靡。这也是解决生态危机、资源危机的出路。

【曾子曰："敢问何谓七教？"孔子曰："上敬老则下益孝，上尊齿则下益悌，上乐施则下益宽，上亲贤则下择友，上好德则下无隐，上恶贪则下耻争，上廉让则下知节，此之谓七教也。七教者，治民之本也。政教定，则本正矣。凡上者，民之表也，表正则何物不正！"】

曾子曰："敢问何谓七教？" 曾子说："敢问老师，什么是七教？"怎么教，才能达到这么好的治理境界？

孔子曰："上敬老则下益孝。" 在位的人尊敬老人，臣民就更加孝亲。古人特别强调尊敬老人，因为尊老、敬老就是懂得知恩报恩、饮水思源，是以恩义、情义、道义的原则为人处世、待人接物。老人是对社会贡献最多的人，下一代人之所以过上幸福的生活，得益于上一代人做出的贡献，所谓"前人栽树，后人乘凉"。

现在社会上出现了不赡养父母，甚至歧视、打骂父母的现象，这是以功利的原则为人处世、待人接物。有人认为老人只有消费，没有生产，是年轻人的包袱，是社会的累赘，对老人不闻不问，而把所有注意力都放在孩子身上，认为现在对孩子好，孩子以后也会对自己好。这实际上也是一种功利思想。殊不知，"上行而下效"，自己的一言一行、一举一动都被孩子看在眼里，记在心上，以后孩子也会有样学样，按照父母身教的方式为人处世，包括如何对待父母。

孔子说："弃老而取幼，家之不祥也。"如果放弃了老人，不去照顾、孝养老人，而把所有的关爱都放在孩子身上，家庭就不吉祥。小孩子以自我为中心，成了"小公主""小皇帝"，以后就不会有恩义、道义、情义，也不懂得孝敬父母，家道不能承传，家业就会衰落。"上所施，下所效"才是良好的、有效的道德教育。

古代圣明的皇帝也是率先垂范、以身作则，尊敬父母，孝敬老人。历史上出现孝子最多的朝代是汉朝，因为汉朝皇帝奉行孝道。汉文帝的母亲薄太后生病了，汉文帝亲自侍奉汤药，真正做到了"亲有疾，药先尝；昼夜侍，不离床"。母亲病重的三年，他每天睡觉都是衣不解带，怕的是在半夜母亲突然会有什么状况，自己不用因穿衣服而耽误时间，随时都可以服侍。对父母的孝就体现在侍奉父母的点点滴滴和全心全意为父母着想上。正是因为汉朝皇帝以孝治天下，所以汉朝出现了很多孝子，纷纷效仿皇帝的孝心孝行。

汉朝几乎每一个皇帝的谥号都有一个"孝"字，如汉孝文帝、汉孝武帝。汉朝以孝治天下，也出现了"文景之治"，天下太平。汉朝皇帝非常有智慧，不仅自己身体力行，还把那些孝子选出来作为榜样，举善而教。《三字经》有"香九龄，能温席"，说的就是汉朝黄香的故事。黄香九岁的时候，冬天用身体为父亲把床铺暖热，夏天用扇子为父亲把床席扇凉。这种体贴入微，从小就养成了习惯。黄香一边照顾父亲，一边刻苦学习，博览群书，能写一手好文章，皇帝称赞他"天下无双，江夏黄香"。将这样的榜样树立起来，让天下百姓都向他学习、效法，孝就在全国普遍推行。现在评选全国道德模范，其中就有孝亲的模范。

"上尊齿则下益悌。""齿"是年龄，"尊齿"是尊敬年长的人。在位者尊重年长者，这里主要是指同辈之中的年长者，臣民就更加友爱兄长。中国自古以礼治天下，礼有五种：吉、凶、军、宾、嘉。祭礼属于吉礼，婚礼、冠礼都属于嘉礼，乡饮酒礼也属于嘉礼。这些礼渗透在人们生活的方方面面，贯穿于人的一生。这不是繁文缛节，而是把道德教育渗透在其中。

在朝廷怎样体现尊老之礼呢？爵位相同的就以年长者为尊；过了七十岁的长者就可以扶着拐杖上朝，国君询问事情，要为他安置座位，也就是后世所说的"几杖之礼"；八十岁以上便不必上朝，国君有事请教，要亲自到他的家里去。这样，敬老之风就扩展到整个朝廷。

在基层也是如此。现在讲基层治理，其实有很多经验可以从传统文化中学习。古代五百家为一党，一党的领导者就是党正，党正掌管一党的道德教化、祭祀等。《礼记·乡饮酒义》记载了党正举办的乡饮酒礼上是如何体现尊老敬长的精神的。"乡饮酒之礼，六十者坐，五十者立侍，以听政役，所以明尊长也。六十者三豆，七十者四豆，八十者五豆，九十者六豆，所以明养老也。民知尊长养老，而后乃能入孝悌。"在乡饮酒礼上，六十岁的长者坐在席上，五十岁的就站在一边陪侍，听从差遣，以此表明对长者的尊敬。六十岁者面前陈设三豆食物。"豆"就是高脚盘，是一种容器。七十岁者陈设四豆，八十岁者陈设五豆，九十岁者陈设六豆。豆象征着对长者的供养，长者的年龄越大，所获得的食物供养也就越多。在乡饮酒礼上，处处显露出按照年龄长幼形成的秩序，也向当地百姓传达了尊老、敬老的道德观念，而这种观念也长养了百姓孝悌的德行。

乡里的领导对我们的父母都这么尊敬，自己对父母又怎能不孝敬呢？陌生人对我们的父母都这样供养，自己对父母怎能不赡养呢？人生最可贵的就是将知恩报恩的心自然而然地保持一生而不改变，礼的作用就是帮助世人提起感恩之心。

人最可怕的就是随着社会地位的逐渐提升，随着财富的逐渐积累，报恩的心越来越少，认为那些成就全凭自己的本事。很多学生在没有上大学之前还懂得孝敬父母，听父母的话，但是上了大学，就开始瞧不起培养自己成才的父母。父母在农村，千里迢迢来看他，他都不好意思介绍给同学，说是"我们家邻居老伯"。这都是外在的虚荣心把自己的本善给蒙蔽了。

　　还有的人有了钱，觉得父母都是自己照顾，兄弟姐妹也是靠自己照顾，自己付出得最多，所以对父母说话不恭敬，对哥哥姐姐也没有礼貌。"兄道友，弟道恭"，恭敬心没有了，这也是内心被外在的虚荣污染了。这种变化可以说是不知不觉，自己很难意识到。所以，必须依靠教育，把人的本性、本善给唤醒。

　　古人强调孝悌，就是培养人知恩报恩的意识。从爱父母、爱兄弟开始，把孝悌之心推广到爱一切人、爱一切生命。这种仁爱之心才是和天地万物保持"一体之心"的根本，也是做到"天人合一"的根本。孝悌是人的本性、天性。一个人懂得爱自己的父母，也懂得天下的父母都不容易。知道友爱自己的兄弟，也就知道对待天下的兄弟都要讲求情义。将这种友悌之心推而广之，就懂得尊重一切生命。

　　孝敬父母本来就是人的性德，知恩报恩、饮水思源是人的良知。"人之初，性本善"，人的本性、本善是相同的。

　　如果忽视了孝心的培养，忽视了孝道的教育，结果不仅是受恩者对施恩者的施惠行为表现冷漠，忘恩负义，一些不正常的现象也会变得正常，积非成是。有些人不知恩、不报恩，认为施恩者的行为理所当然，甚至还想方设法地蒙骗施恩者。西方有些国家福利政策很好，对于老弱病残、鳏寡孤独给予了特别的政策扶持和福利照顾。但是，有些人并没有生起感恩之心，反而抱怨政府做得不够好，甚至还做假账蒙骗政府部门。虽然物质生活提升了，但是如果缺少孝悌的教育，人的心性得不到提升，不能活得心安理得，也就没有幸福可言，更体会不到君子坦荡荡的境界。

一个人从小培养孝的品质，对父母能做到养其身、暖其心、解其忧、尊其言、承其志、继其业，这才是把孝道做得圆满。进一步把这种孝心扩大，关爱、尊敬老年人，大孝孝天下人的父母。学习传统文化，能对天下人生起爱心、生起同情心，正是因为有孝道的基础。如果父母处于不幸的境地，你都是冷漠的、麻木不仁的，对其他陌生人表达关心、同情，那是不可能的。古人说"求忠臣于孝子之门"，也说"百善孝为先"。孝悌和人的性德是相应的，是本性本有的德行，自然而然。古人是顺应人性来施教，很容易收到好的效果。

"上乐施则下益宽。"君上乐善好施，臣民就更加宽厚。《古文观止》有一篇文章叫《义田记》，记载的是范仲淹的故事。范仲淹兴办义田，当时的义田有一千亩。范仲淹乐善好施，有仁慈之心，潜移默化地影响了他的儿孙。到了清朝，义田扩大到四千亩。范仲淹在世的时候，"先天下之忧而忧，后天下之乐而乐"，把自己的俸禄拿出来兴办义学、义田，去世的时候，连丧葬费都不够。

现代人听到这样的故事，可能觉得范仲淹太傻了，谁能向他学习啊？但"傻人有傻福"，他的后代子孙非常发达。有人做了统计，一直到清朝，他的后代出了七十多位相当于今天的部级干部。不仅如此，一直到今天，还出了很多有德行、有学问的贤人。范仲淹的四个儿子都做到公卿、侍郎，个个道德崇高。

"聪明反被聪明误"，很多人自以为聪明，费尽心思，贪占国家的利益，以权谋私，骄奢淫逸，却不知"成由勤俭败由奢""富不过三代"的道理。古圣先贤留下的教诲，一定是让人过上真正幸福、美满、成功、可持续的人生。不遵循古圣先贤的教诲，人生多逢灾难，这就是"不听老人言，吃亏在眼前"。

对于古圣先贤的教诲，一定要依教奉行。久而久之，就能体会到"学而时习之，不亦说乎！"越是在生活中力行圣贤教诲，越能有发自内心的喜悦，越能印证古圣先贤的教诲真实不虚，越能对古圣先贤生起信心。这种内心的喜悦会让人感到人生很充实、很踏实，不会越走越空虚。

"上亲贤则下择友。"君上亲近贤士，臣民就重视朋友的选择。居上位者要尊师重道，亲近贤德之人。从上到下学习圣贤教诲，顺天而行，得道者多助。《弟子规》说："能亲仁，无限好，德日进，过日少。"亲近贤德之人，和圣贤做朋友，潜移默化地受到熏陶，自己的思想境界、言谈举止也就不知不觉得到提升。古人说："亲附善友，如雾露中行，虽不湿衣，时时有润。"和善良的、有道德学问的人做朋友，就像在雾水露水中行走一样，虽然打湿不了衣服，但时时蒙受德风的滋润，不知不觉也成为一个贤德的人。学习《群书治要》，其实就是与圣贤为伍，天天接受圣贤风范的熏陶，自己也不知不觉地成为圣贤。

"上好德则下无隐，上恶贪则下耻争，上廉让则下知节。"上位者注重道德修养，臣民就不会做出不可告人之事。"无隐"，没有可隐瞒的事。就像司马光所说的，"平生所为，未尝有不可对人言者耳"，一生光明磊落。孟子说，人生有三乐："父母俱存，兄弟无故，一乐也。仰不愧于天，俯不怍于人，二乐也。得天下英才而教育之，三乐也。""仰不愧于天，俯不怍于人"，这样的人胸怀坦荡。君上厌恶贪婪，臣民就耻于相争；君上清廉谦让，臣民就知道坚守节操。这都是教导领导者、父母、教育工作者要身体力行，从而对下属、对儿女、对学生产生潜移默化的影响。

《后汉书·鲁恭传》记载，鲁恭在做中牟县令的时候，以德化人，不用刑罚，民风淳善。有个人叫许伯，很多年一直在和人争田产，郡守和县令都不能判决。一直到鲁恭成为县令，才为此事评判曲直。因为鲁恭很有德行，评判合理、合情、合法，双方都退堂自责，暂停耕作，互相推让田界。

还有一位亭长，从老百姓那里借了一头牛，借故不还。牛主人将他告到鲁恭面前，鲁恭把亭长找来，再三责令他把牛还给人家，亭长就是不肯听从。鲁恭叹息道："这是教化不行的结果啊！"于是准备辞官。县里的那些吏员都哭着挽留他。亭长看到这种局面，非常惭愧，心生忏悔，把牛归还给人家，到狱中接受惩罚。一个人有德行，确实能感化他人悔过自新。鲁恭赦免了他，不再追究，因为他能知过改过，官吏和百姓都心悦诚服。

建初七年（82），邻县都有螟虫危害庄稼，中牟和邻县的田地犬牙交错，但奇怪的是，螟虫唯独没有进入中牟。河南尹袁安听说这件事，怀疑这个情况不属实，就派了一位叫肥亲的官员去查看。鲁恭陪同肥亲来到田间，他们坐在桑树下，有一只野雉飞了过来，停在他们身边，也不怕人。旁边有一些孩童在玩耍，肥亲就问："你们为什么不去捕捉野雉啊？"孩童们回答："野雉还要喂养它们的小鸡娃。"听到这个回答，肥亲站起来跟鲁恭告别："我这次来的原因，就是想查看您的政绩如何。如今看来，螟虫不侵犯中牟，这是第一件奇异的事；教化施及鸟兽，这是第二件奇异的事；连小孩子都有仁爱之心，不去捕捉野雉，这是第三件奇异的事。我久留在此，只会干扰贤者。"回去之后，肥亲把在中牟看到的一切都汇报给袁安。这一年，中牟的稻子长得很好。河南尹袁安上书，把这些情况一一汇报给皇帝，皇帝也非常惊叹。这是《群书治要·后汉书》记载的。这个故事告诉世人，一个地方治理得好，和该地方官员本身的修身、德行密切相关。

"七教者，治民之本也。政教定，则本正矣。凡上者，民之表也，表正则何物不正！"上面所说的七条道德教育是治理民众的根本。政治教化的原则确定了，根本就端正了。凡在位者，都是民众的表率；做表率的端正，民众就没有什么不端正的。这就强调，治理民众，在位者的率先垂范是最重要的。

"大臣不廉，无以率下，则小臣必污；小臣不廉，无以治民，则风俗必坏。"领导者、父母、老师的身教是潜移默化的，其一言一行、一举一动，甚至起心动念都要小心谨慎。今天做企业的，不能一味地要求、指责、挑剔下属，而要负起责任，靠自己的言传身教把企业的风气给带起来。凡是传统文化学得好的企业，多是"一把手"工程，就是企业家自己能率先垂范，力行《弟子规》的教诲。"上行而下效"，这样才能带动一批志同道合的人，用传统文化把企业治理好。

第三讲 任贤的好处和难处

《孔子家语·王言》篇记载：

【曾子曰："道则至矣，弟子不足以明之。"孔子曰："参，汝以为姑止此乎？昔者明王之治民也有法，必裂地而封之，分属而理之，然后贤民无所隐，暴民无所伏。使有司日省而时考之，进用贤良，退贬不肖，则贤者悦而不肖者惧。哀鳏寡，养孤独，恤贫穷，诱孝悌，选才能。此七者修，则四海之内无刑民矣。上之亲下也，如手足之于腹心；下之亲上也，如幼子之于慈母矣。上下相亲如此，故令则从，施则行，民怀其德，近者悦服，远者来附，政之致也。田猎罩弋，非以盈宫室也；征敛百姓，非以充府库也。惨怛以补不足，礼节以损有余，多信而寡貌。其礼可守，其言可覆，其迹可履。其于信也如四时；其博有万民也如饥而食，如渴而饮；民之信之，如寒暑之必验也。故视远若迩，非道迩也，见明德也。是故兵革不动而威，用利不施而亲。此之谓明王之守，折冲乎千里之外者也。"】

曾子曰："道则至矣，弟子不足以明之。"曾子说："这样的治国之道真是达到极致了，只是学生愚钝，还不足以明白其中的道理。"

孔子曰："参，汝以为姑止此乎？"孔子说："曾参，你以为只是这些就够了吗？"

"昔者明王之治民也有法，必裂地而封之，分属而理之，然后贤民无所隐，暴民无所伏。""裂地"，划分土地。"封"，《说文解字》解释："爵诸侯之土也。""裂地而封之"，划分土地分封给诸侯。"伏"，就是藏匿。古代圣明的君王治理百姓是有方法的，划分土地分封给诸侯，使其分别在自己的属地进行治理。这样一来，贤良之人就不会被埋没，凶暴之徒就无处藏身。

在中国历史文化的语境中，"封""建"的意思是分封、建国。段玉裁在《说文解字注》中说："天子诸侯曰国，大夫曰家。"也就是诸侯治理的区域称为"国"，卿大夫治理的区域称为"家"。"家""国"都是表示一定的治理或管辖地域，有着相似的政治架构和社会功能，只是大小级别不同，这就是所谓的"家国同构"。在中国古代典籍中，体现家国同构的非常丰富。

《周易·师卦》说："大君有命，开国承家，小人勿用。""大君"是指天子。"开国"是设立诸侯国，"承家"是封为大夫，承受家邑。天子颁布命令，封赏功大者，使之开国为诸侯；封赏功小者，使之承家为卿大夫。《象传》说："大君有命，以正功也。小人勿用，必乱邦也。"天子颁布命令，是为了评定功绩，进行封赏。封爵要根据功劳的大小，目的是使国家安定。因此，开国承家，必须用君子，不能用小人。用小人不符合治国平天下的正道。

"家国同构"，这里的"家"并不是现代意义上的家庭，而是指大夫所封的"家邑"，它和诸侯所封的"国"有着相似的政治架构，承担着治理、祭祀和教化等社会功能。对于"家国同构"，不能误解，更不能在误解的基础上进行错误的批判。

这种制度下，每个诸侯管理多大的区域，每一区域又分封了多少大夫，每个大夫又分封了多少家，都一清二楚。诸侯、大夫对于自己的属地，每家每户的人口都了解得清清楚楚，无有遗漏，所以想隐居、藏身都不容易办到。

这种"裂地而封之，分属而理之"的管理方式，经秦汉的郡县制一直传承到今天。例如，中国整个国土分成若干省、直辖市和自治区；自治区和省之下又划分为不同级别的市；市下面又划分为区或者县；县、区下面又划分为街道、乡镇；乡镇、街道下面又划分为村或者社区等。每一个村或者社区有多少户，每户有多少人，也都一清二楚。

现代社会又借助高科技手段，如手机扫码登记，还有大数据处理，你是哪个社区的人，你现在住在哪里，也都一清二楚。这种管理方式，在基层社会起到了非常重要的作用。有人称之为网格化管理，其实，这种管理方式不是一天两天形成的，它是在长期的社会历史发展中，经过了不断试错、纠偏、改进和完善。所以，历史的经验不容忽视。古圣先贤积累了五千多年的管理经验、治理经验是值得后人珍惜和借鉴的宝贵财富。

"暴民无所伏"这句话，今天人们深有感触。在防疫的过程中，因为加强了社会基层的管理力度，很多犯罪分子、通缉犯都无处藏身，最后不得不投案自首。

下面提出了具体的办法，即如何加强基层的社会治理。

"使有司日省而时考之，进用贤良，退贬不肖，则贤者悦而不肖者惧。""省"，视察。再派有关官员每日去视察、定期考核，提拔任用贤良之人，降职或罢免不贤德之人。这样，贤良之人就会喜悦，不贤德之人就会惧怕。

这是一种举荐和发现人才的制度。贤良之人有好的口碑，会被地方官举荐、进用；不贤德的人口碑不好，人人都知道，他会被贬退甚至罢免。为了避免官员不作为、不举荐人才，或者任用自己的亲戚朋友和有连带关系的人，或者给自己送礼的人，还有一项重要的连带责任制度，就是"进贤受上赏，蔽贤蒙显戮"。

这种制度自古就有，战国时期的典籍就有明确记载。《群书治要·尸子》讲，若能做到举荐贤者有赏，举荐不肖者负连带责任，没能举荐贤人，便把他视为无能之人。如此一来，人们就会多多举荐贤者。而且，臣子如果立了大功，还要追问谁是他的举荐者，一同赏赐。如果犯了大过，也同样追问是谁举荐了他，连带一起处罚。这种奖惩制度和连带责任制度，把能否荐贤纳入官员的政绩考核，而且是重要的考核项。这样就调动了官员荐贤的积极性，官员也不敢随便举荐无德之人，从而形成"进贤退不肖"的良好政治风气。

《汉书·武帝纪》记载，汉武帝曾下诏："十室人家的县邑，一定有忠信之人；三人同行，其中一定有我可以向他学习的老师。但是，如今全郡都没有举荐一位贤良之士给朝廷，这是因为朝廷的教化没有下达落实，而使得具有孝廉之行的君子上进的路途被阻塞。郡守、县令是推行人伦教化的地方官，这样将如何辅佐我了解下情、教化百姓、勉励民众？更何况，举荐贤士受到上等的赏赐，埋没贤士受到重罚，这是自古就有的原则。"之后，汉武帝令官员讨论，该如何处理那些不能举荐贤良的郡县官员。

这些官员经过讨论，上书说："诸侯向朝廷举荐人才，首次推举得当，就称其好德；第二次推举得当，就称其贤明；第三次推举得当，便称其有功。朝廷对他们进行最高的奖赏。诸侯如果不向朝廷举荐贤才，第一次贬爵，第二次削地，第三次爵位和土地全部削尽。勾结于下而欺罔君上的人要处死；谄媚于上而欺罔臣民的人要处刑；参与国政而不能造福于民的要弃逐；身居要职而不能进荐贤才的要贬退。这就是劝善惩恶的措施。今日诏书要求发扬先帝选贤举能的传统，令郡守、县令推举孝廉贤才，是为了教化人民、移风易俗。那些对举贤诏令置若罔闻的官吏，当以不遵朝命论处。不能培养与发现贤才就是不能胜任其职，应该罢免。"这些都被汉武帝采纳。

正是因为古人认识到了任贤选能的重要性，所以才有了连带责任制，以保证能把真正贤德的人举荐出来，而不是举荐亲私。这种连带责任制也为后世所效仿，成为一项有效的荐贤保障制度。这种制度可以在一定程度上解决官员不作为、不荐贤以及嫉贤妒能、任人唯亲等问题，也是值得借鉴的。有的官员"带病提拔"，本来都有问题了，还三番五次地受褒奖、被提拔，这都是要追究连带责任的。

"哀鳏寡，养孤独，恤贫穷，诱孝悌，选才能。""老而无妻曰鳏"，叫鳏夫；"老而无夫曰寡"，称为寡妇；"老而无子曰独，幼而无父曰孤"，孤儿就是年幼没有父亲的人。"恤"，"振贫老曰恤"，赈济贫穷或老年人。

怜悯鳏夫寡妇，抚育孤儿和赡养年老无子的人，体恤救济贫穷困苦的人，教导百姓孝敬父母、敬长爱幼，选拔贤能的人才，这些都是地方官的职能。这也是要求地方官关心帮助社会的弱势群体，实现"天下为公。选贤与能，讲信修睦，故人不独亲其亲，不独子其子，使老有所终，壮有所用，幼有所长，鳏寡孤独废疾者，皆有所养"的理想局面。

如果地方官员都能尽责尽职，把养老育幼的问题解决好，把赈济贫苦的工作做好，把孝悌的教育做好，把选贤举能的工作做好，基层社会就会非常稳定。

赈济贫苦不仅仅是给予物质上的救助和照顾。如果不告诉他贫穷是怎么来的，不教育他要靠自己勤劳致富，他可能会越来越懒惰，越来越没有志气，等、靠、要的习惯就会养成。所以，更要重视教育，重视精神上的救助。对弱势群体，如身体确有疾病的人，才给予照顾和体恤。

"此七者修，则四海之内无刑民矣。上之亲下也，如手足之于腹心；下之亲上也，如幼子之于慈母矣。上下相亲如此，故令则从，施则行，民怀其德，近者悦服，远者来附，政之致也。"国家做好这七个方面，四海之内就没有遭受刑罚的人。上位者爱护属下，就如爱护心腹；属下爱戴上位者，如同幼儿对慈母。上下能够相互亲爱，那么，上位者一下达命令，百姓就会遵从，措施一颁布，就得以推行。民众感念君上的恩德，近处的人心悦诚服，远方的人也会前来归附，这便是政治的最高境界。

学习《孔子家语》，就知道历史上最高的治理境界是什么样的，即君仁臣忠。"君"就是领导者，"臣"就是被领导者。领导者对被领导者是仁爱、关心、教育，被领导者回馈的就是忠心耿耿、竭尽全力完成自己的工作，不忍心欺骗领导。这七个方面都与道德教化相关。

古代重视人心的治理，特别是在基层社会，要充分发挥教化的功能。这样才能使人心向善，养老育幼的问题得以解决，鳏寡孤独、老弱病残幼得到照顾，社会安定。基层领导干部是否作为，效果大不相同。如何作为，也要有智慧。现在我们国家倡导在基层建设新时代文明实践中心，这个中心有点儿像古代的庠序，也就是地方所建的学校，承担着教导民众仁义慈悌的功能。人人都接受这样的教育，社会风气良善，违法乱纪的人就少。这特别值得提倡。

"田猎罩弋，非以盈宫室也；征敛百姓，非以充府库也。""田猎"，打猎。"罩"，掩网，捕捉鸟兔的一种网。"弋"，夹注曰"缴射也"，也就是把箭系在绳子上再射出去。捕捉鸟兽，不是为了充盈宫室；征收赋税，也不是为了充实国库。

"惨怛以补不足，礼节以损有余，多信而寡貌。""惨怛"，忧伤悲痛。"寡貌"，质朴自然，不加矫饰。以悲悯之心补给不足之人；以礼仪节度减损有余之人；重视诚信，不重视浮华矫饰。要通过国家的宏观调控来缩小贫富差距，避免富者更富、穷者更穷。若富人骄奢淫逸，而穷人连温饱都不能解决，有人就会被迫铤而走险。

《群书治要·说苑》记载，魏文侯问李克，刑罚产生的根源是什么？李克回答说："生于奸邪淫佚之行也。"刑罚产生的根源在于人们邪曲不正且放纵奢侈的行为。"凡奸邪之心，饥寒而起；淫佚者，文饰之耗。……饥寒并至，而能不为奸邪者，未之有也；男女饰美以相矜，而能无淫佚者，未尝有也。故上不禁技功，则国贫民侈。国贫民侈，则贫穷者为奸邪，而富足者为淫佚，则驱民而为邪也。民已为邪，因以法随而诛之，则是为民设陷也。刑罚之起有源，人主不塞其本，而督其末，伤国之道也。"奸邪的念头不是偶然产生的，往往都是因为饥寒交迫，不得已；淫逸放纵的行为是因为耗神于文饰，也就是过分关注奢侈品，怎么打扮，怎么进行装饰。饥寒交迫而能不做奸邪之事的人是很少的；男女装扮精美，并以此互相夸耀而能不骄奢淫逸的人，未曾有过。所以，君主不禁止奇技淫巧、防止其泛滥，结果就是国家越发贫穷，百姓越来越奢靡浪费。如此，贫穷者为了谋求享受，就会做奸邪之事；富足者会放纵欲望，做出荒淫之行。这就等于驱使百姓去做坏事。百姓被驱向邪路做出坏事，又随即用法令诛杀他们，这就相当于给百姓设下陷阱。刑罚的兴起是有根源的，君主如果不从根本上加以杜绝，而只从枝末上禁止人的恶行，就是"伤国之道"。

《崔寔政论》讲："夫人之情，莫不乐富贵荣华，美服丽饰，铿锵眩耀，芬芳嘉味者也。昼则思之，夜则梦焉，唯斯之务，无须臾不存于心，犹急水之归下，下川之赴壑。"人性和人情是不一样的。人性是清净无染的，没有什么欲求，就像水一样清澈。人情，就是人的习气、习染，确实喜欢荣华富贵，喜欢华美的服装、漂亮的饰品、铿锵的音乐、炫人眼目的光彩，还有香喷喷的美味佳肴，这都是人情所喜好的。白天想着这些事，夜里做梦还是想着这些事，一心一意就想着吃喝玩乐，须臾都不离开自己的心。这就像水往下流，河川奔往深谷一样，自然而然。

古人把人的欲望看得非常清楚，把欲比作深渊。如果对自己的欲望不加节制，任其发展，最后连自己也无法约束、控制。古人认识到这一点，制定了礼来节制过度的欲望，防患于未然。

古人很早就告诫后人，不要对自己控制欲望的能力太过自信，要远离那些不正当的欲求。"不见可欲，使民心不乱"，不要看那些会让人产生欲求的东西，如美色等，否则，容易沉溺其中不能自拔。

人克制欲望的能力是非常有限的。要做到"非礼勿视，非礼勿听，非礼勿言，非礼勿动""斗闹场，绝勿近；邪僻事，绝勿问"，这样就可以远离污染，保持清净心。既然经受不了诱惑，就要懂得远离，以保护自己。

《崔寔政论》接着说，现在市场上都卖华丽的工艺品，商家也卖僭礼的服饰，百工都可以做奢侈品。人们看到这些能满足自己欲望的东西，经受不住诱惑，就会购买。国家的政策一旦有了偏失，普天之下都会去追求奢侈浪费、违背礼仪的生活，这是时势潮流驱使他们这样做的。这是天下最让人忧心的事情之一。这说明人莫不喜好并追逐物质的享受。好了还想再好，奢靡了还想再奢靡，所以竞奢斗富无有止境。如果任其发展，人们就会做出违背本性、越礼非分乃至伤天害理的事情。古人把欲比作深渊，提出要调理情感、节制欲望。

先王治理天下，"必明法度以闭民欲，崇堤防以御水害"，通过礼法制度，限制富足者的生活过分奢靡，并通过教育使之明白"成由勤俭败由奢"的道理，从而把欲望、享乐调适在合理的范围内，做到"富而好礼"。再有钱，但是没有一定的身份，或者没有建功立业，某些器物也不能用。这其实就是从制度上遏止奢靡之风。

"其礼可守，其言可覆，其迹可履。"他的礼仪可被遵守，他的言语可被力行，他的行为可被践履效仿。因为他所倡导的，自己首先做到了，这就是"上行而下效"。道德教育不得力，其重要原因就是很多人把道德教育理解为说教，也把它变成说教。所以，道德教育成了"说起来重要，做起来次要，忙起来不必要"。这是不对的。

"其于信也如四时；其博有万民也如饥而食，如渴而饮；民之信之，如寒暑之必验也。"圣王守信，就像四季交替那样恒定；圣王得到天下民众的拥戴，就像饿了吃饭、渴了喝水一样自然而然；民众信任他，就像相信寒来暑往这个必然的规律一样毫无疑虑。这里强调了信的重要性。

孔子说："自古皆有死，民无信不立。"强调民众信任政府的重要性。不然，政策得不到拥护和配合就很难施行，更不会取得良好的效果。历史上使秦国强大的商鞅变法，首先做的就是"立木取信"，取信于民，得到民众的支持。

《群书治要·中论》讲："欲人之信己，则微言而笃行之；笃行之，则用日久；用日久，则事著明；事著明，则有目者莫不见也，有耳者莫不闻也，其可诬乎？"为政者想要民众信任自己，即使许下一个小的承诺，也要尽力兑现。真正兑现自己的承诺，效果才会越来越长久；效果长久，事情就会更加清晰；事情清晰，就会有目共睹、有耳皆闻。

为政者取信于民，就要做到"微言而笃行之"，并且久久为功，持之以恒。不仅要有言辞上的承诺，更要靠实际行动来信守承诺。东汉有"郭伋候亭"的故事，就是"微言而笃行之"的典范。郭伋在做地方官的时候，一次巡行外出，路过美稷，几百个孩童骑着竹马在道路上迎拜。原来，这些孩子听说他要路过，特地从很远的地方赶来迎候。郭伋向孩子们道谢，也约定回来的时候再见面。但是，回来却比预定的日期早了一日，他怕失信于孩子们，就在野外的亭栈住了一天，第二天才进入美稷。郭伋身为地方官，对于孩童都信守承诺，做到了一诺千金，所以深得百姓信任与爱戴。

中国在提出"构建人类命运共同体"和"一带一路"倡议之初，也有一些西方国家质疑、猜测其背后的政治企图。但是，中国以诚待人，与世界各国积极展开互利合作，加强国际援助，坚持走共同繁荣之路。特别是在防控新冠疫情的过程中，中国在国内疫情防控依然严峻的形势下，仍然无私提供援助、捐赠医疗物资、派驻医疗队，充分体现了"四海之内皆兄弟"的仁爱情怀，体现了一个负责任的大国的担当精神。中国政府和中国人民对世界各国雪中送炭的实际行动，让世界人民看到了中国"构建人类命运共同体"的诚意，相信也会感召越来越多的国家，为"构建人类命运共同体"而携手努力。

要使民众信任自己，为政者必须率先做到诚信，这样才能带动整个社会风气朝着良善的方向发展。《群书治要·傅子》说："夫信由上而结者也。"诚信是由上位者缔结的。君主以诚信的言行、态度教导臣子，臣子就会以诚信忠于君主；父母用诚信教诲子女，子女就会用诚信孝顺父母；丈夫以诚信对待妻子，妻子就会用诚信顺承丈夫。上位者能依循伦常大道教化民众，民众自然依循常道顺应上位者。如此上行下效，还有不被教化的人，一百个人中可能也找不到一个。所以，"上好信，则民莫敢不用情"，上行下效，就如影之随形、响之应声一样迅速。

《群书治要·文子》说："信，君子之言也。忠，君子之意也。忠信形于内，感动应乎外，圣贤之化也。"对于国家领导者来说，讲求信用至关重要。

《群书治要·孙卿子》（《荀子》）说："齐桓、晋文、楚庄、吴阖庐、越勾践，是皆僻陋之国也。威动天下，强殆中国，无他故焉，信也。"齐桓公、晋文公、楚庄王、吴王阖庐、越王勾践，原本都是身处偏僻、狭小之地的国君，后来却威震天下，使中原诸国都感受到威胁，就是因为他们讲求信用。"是所谓信立而霸也"，这就是建立了信用，所以称霸于诸侯。

"不务张其义，济其信，唯利之求，内则不惮诈其民而求小利焉，外则不惮诈其与而求大利焉，内不修正其所以有，然常欲人之有。如是，则臣下百姓莫不以诈心得其上矣。上诈其下，下诈其上，则是上下析也。如是，则敌国轻之，与国疑之，权谋日行而国不免危亡。"不致力于伸张其道义，成就其诚信，唯利是图，在内不顾后果地欺诈人民，追求小利，对外不顾一切地欺诈与自己结盟的国家，追求大利。在内不好好治理自己的国家，而常想侵占别的国家，臣子和百姓就没有不以欺骗之心来对待君主的。君主欺骗臣民，臣民也欺骗君主，上下必然分崩离析。这样做的结果就是：敌国会轻视他，与他结交的国家会怀疑他，权术阴谋日渐猖獗，国家会不可避免地出现危机以至于灭亡。一个国家的衰亡，其原因在于"多行不义"。领导者不遵行仁义礼智信这些治国的常理常法，靠玩弄权术、阴谋来治国，害人者必然害己。中国古人特别强调这个"信"字，因为"信立而霸也"。

西方国家的两党制或多党制，使得政党颁布政策、采取措施多是从本政党以及相关的少数人的利益出发。正是这种偏私的存在，使得国家难以得到最广泛民众的支持。在中国，中国共产党代表了中国最广大人民群众的根本利益，以"立党为公，执政为民"为执政理念，以"全心全意为人民服务"为根本宗旨，所以能团结一切可以团结的力量。中国共产党的领导是中国特色社会主义制度的最大优势。

中国古人认识到取信于民对于国家治理的重要性，从各种制度上保证为政者取信于民。一个重要的制度就是为政者必须读圣贤书，为政者必须任用读书人，从制度上落实"学而优则仕"。

中国古人所读的书是圣贤书，从小耳濡目染的是圣贤教育。比如，《论语》就多次强调了信的重要性："子以四教：文行忠信。""主忠信，无友不如己者。""与朋友交而不信乎？""言忠信，行笃敬，虽蛮貊之邦行矣。言不忠信，行不笃敬，虽州里行乎哉？"这些都为读书人日后从政，做到取信于民奠定了基础。特别是从隋唐开始，用科举制选拔人才。考科举有很多科目，其中一个重要的科目就是明经科，主要内容就是儒家经典。经典强调的是"明明德，亲民，止于至善"的智慧，记载的是尧舜禹汤文武周公的治国之道，彰显的是修身、齐家、治国、平天下的经验和教训。把这些作为学习和考试的内容，古人因此有了"先天下之忧而忧，后天下之乐而乐"的政治抱负，有了"位卑未敢忘忧国""苟利国家生死以，岂因祸福避趋之"的爱国情怀，有了"富贵不能淫，贫贱不能移，威武不能屈"的浩然正气，有了"人生自古谁无死，留取丹心照汗青""鞠躬尽瘁，死而后已"的献身精神，历史上涌现了一大批优秀人才。这种教育和选人制度，把德才兼备的人选拔到领导的位置上，具有"聚天下英才而用之"的显著优势。

孔子说："自古皆有死，民无信不立。"民众只要信赖政府，虽无足食，仍可与国家共患难；如果去了民信，纵无外患，也有内乱，国家不能安立。

"故视远若迩，非道迩也，见明德也。""迩"，近。民众看远处的君主，觉得君主好像就在身边，不是因为离君主很近，而是四海之内都能感受到君主的明德。君主的德政惠及民众，民众都能感受到他的德风的滋润。

"是故兵革不动而威，用利不施而亲。此之谓明王之守，折冲乎千里之外者也。"圣王不动用武力，就有威严；不必惠施财利，臣民就会亲附。这就是圣明君王守卫国家能御敌于千里之外的道理。

【曾子曰："敢问何谓三至？"孔子曰："至礼不让而天下治，至赏不费而天下之士悦，至乐无声而天下之民和。明王笃行三至，故天下之君可得而知也，天下之士可得而臣也，天下之民可得而用也。"】

曾子曰："敢问何谓三至？"孔子进一步为曾子讲解了治理天下的最高境界是"三至"。孔子曰："至礼不让而天下治。""至礼"，最高境界的礼。至高的礼不需要讲谦让，天下就能得到治理；"至赏不费而天下之士悦。"最高的奖赏不需要耗费资财，天下之士就能感到喜悦；"至乐无声而天下之民和。"最高境界的音乐不需要发出声音，天下的百姓就会感到满足而和睦相处。如果明智的君主能认真施行这"三至"，天下的君主都会知道他的名声，天下的士人都可以做他的臣子，天下的百姓都可以为他所用。

【曾子曰："敢问此义何谓也？"孔子曰："古者明王必尽知天下良士之名，既知其名，又知其实，既知其实，然后因天下之爵以尊之，此之谓至礼不让而天下治；因天下之禄以富天下之士，此之谓至赏不费而天下之士悦。如此，则天下之明誉兴焉，此之谓至乐无声而天下之民和。故曰：所谓天下之至仁者，能合天下之至亲者也；所谓天下之至智者，能用天下之至和；所谓天下之至明者，能举天下之至贤。此三者咸通，然后可以征。是故仁者莫大于爱人，智者莫大于知贤，政者莫大于官能。有士之君，能修此三者，则四海之内供命而已矣。夫明王之所征，必道之所废者也。是故诛其君而改其政，吊其民而不夺其财。故曰：明王之征也，犹时雨之降也，至则民悦矣。是故行施弥博，得亲弥众。此之谓还师衽席之上。"】

曾子曰："敢问此义何谓也？"孔子曰："古者明王必尽知天下良士之名。"曾子听了，还是不太理解，于是问道："您这话是什么意思？能不能再详细解释一下？"孔子说，古代明智的君主对于天下贤德之士都很了解。现在有一些企业家在各自的企业落实《弟子规》，不仅自己的企业成了幸福企业，还无私无求地面向社会大众义务办班，推行伦理道德的教育。这些人对转化社会风气起到了很大的作用，做出了很大的贡献。对于这样的人，就要去了解。

"既知其名，又知其实。"仅仅知道他们的名声是不够的，还要调查一下他们是不是名副其实。很多人特别喜欢做宣传，名声很大，但不一定有真才实德。

"既知其实，然后因天下之爵以尊之。"确实名副其实，确实是不为名、不为利，就是无私奉献，目的就是使人们看到伦理道德教育的效果，让人们相信"人之初，性本善"，对传统文化生起信心，相信人是可以教得好的，传统文化在现代社会依然是适用的，那就要给他一定的名位。虽然这些人做好事不图名、不图利，但是如果国家能尊重他们，则必将带动一种尊贤的风气，引导大家向他们学习。

"此之谓至礼不让而天下治。"最高的礼不需要讲谦让，天下便能得到治理。

"因天下之禄以富天下之士。"用天下的俸禄使贤德之士富裕。国家越是认可、激励那些为国家建功立业的人，整个社会就越是知道向他们学习，去做利益国家、社会大众的事。如果一个人越是谦让，国家越是忽视他，"不哭的孩子没奶喝"，结果就是大家都要靠着哭和闹去维护自己的正当权益。所以，越是谦让，越要给他鼓励；越是去争，越要考虑是不是该给他应有的权益。如果这个权益不应该给，即使争，也不能给；如果这个权益应该给，即使不争，也不能忽视他。

"此之谓至赏不费而天下之士悦。"最高的奖赏不需要耗费太多的资财，天下的贤良之士就会非常喜悦。

"如此，则天下之明誉兴焉。"领导者做到这些，天下赞叹的声音自然就兴起了。百姓都赞叹你、佩服你，当然也愿意配合你颁布的政策。

"此之谓至乐无声而天下之民和。"至高的音乐不需要发出声音，天下的百姓就能和睦相处。

这就是"三至"。这种治理境界当然是非常理想的、人人向往的，其关键就在于领导者贤明，知人善任，能任用贤德之士。

不需要花费力气，天下就可以太平；也不需要耗费资财，天下的贤士就会因各得其所而喜悦。贤德之士在位言传身教，百姓受到良好的教化，彼此就会和睦相处，也能为国家所用。这个境界听起来容易，落实起来却很难。因为君主任用贤德之士，存在很多难处。《群书治要·申鉴》将其总结为十个方面，君主如果不能克服，贤德之人就不能得到任用，也就达不到理想的治理效果。哪十重难处呢？

"一曰不知。"不知道谁是真正的贤明之人，没有知人之明。"知人者智，自知者明""不患人之不己知，患不知人也"，这都说明知人实际上很不容易。

《论语》有一段话专门解释什么是"士"。子贡问："何如斯可谓之士矣？"实际上也是告诉世人，如何去辨别不同层次的人才。孔子说："行己有耻，使于四方，不辱君命，可谓士矣。"士一定要有羞耻心，其行为要符合仁义道德，不违背孝悌忠信礼义廉耻。一个人没有羞耻心，做什么事都无所谓，久而久之，就堕落得离禽兽不远了。孟子说："耻之于人大矣。"耻为什么对人如此重要？"以其得之则圣贤，失之则禽兽耳。"如果一个人没有羞耻心，特别是做老师的，"学为人师，行为世范"，行而无耻，就不堪为人师。有羞耻心，进而就能改过自新，"知耻近乎勇"。勇于改过，就能成圣成贤，退也不失为君子。"使于四方，不辱君命。"这样的士人出使任何国家，都不会给国家丢面子，不会辱没君主。

子贡可能觉得这是一个很高的标准，于是就问："敢问其次。"孔子曰："宗族称孝焉，乡党称弟焉。"在宗族里，在邻里乡党之中，人人都称他孝子，他还能做到兄友弟恭。他的德行也是相当不错了，这样的人可以称为士人。

子贡又问："敢问其次。"再退一步怎么讲？孔子说："言必信，行必果，硁硁然小人哉！"说话讲诚信，做事很坚决，不是知而不为。学习圣贤教诲也是真干、真落实。"硁硁然"是形容石头碰撞时发出的声音，表示不会改变，也就是矢志不渝、锲而不舍。"小人哉"，这里是指德行意义上的小人。虽然没干什么大事，但是也能谨守道德仁义，这样也不失为一个士人。之所以被称为小人，是因为不懂得变通。就像有一个叫尾生的人，他和女子约会，结果女子没来，却来了大水。他死死抱着桥柱不肯离去，最后被大水给冲走了，命也丢了。这样的人守信而不懂得变通。

孔子讲了三个层次的士人，即使是第三等，也有坚持真理、锲而不舍的精神，还能知行合一。虽然不能兼济天下，但至少也能独善其身。这样的人才够得上士的资格，达到了士的标准。这是君主要克服的第一重难处，要知道各类人的德行处在哪个层次，要知人善任。

"二曰不求。"不知道用心地去求取人才。《傅子》说："夫圣人者，不世而出者也。贤能之士，何世无之？"圣人确实不是世代都有的，古人说"五百年而有王者兴"，五百年才有一位圣王出现。但是，贤德之士、有能力的人哪一个时代都有。既然有，为什么领导者却得不到人才？

《傅子》接着说："欲王则王佐至，欲霸则霸臣出。欲富国强兵，则富国强兵之人往。求无不得，唱无不和，是以天下之不乏贤也，顾求与不求耳，何忧天下之无人乎？"像尧、舜、文、武这样的圣人，他们想施行王道，贤臣就出来辅佐他们；桓公想称霸天下，管仲这样的臣子就出现了；秦孝公想富国强兵，商鞅这样的法家人物也来辅佐他。所以，天下并不真正缺乏人才。只要求，没有求不到的。至圣的明王一旦倡导，天下的贤人自然就会应和。只看求与不求罢了，怎么还忧愁天下没有人才？

《韩诗外传》记载了这样一个故事。晋平公到河里游玩，玩得很开心，他说："为什么没有贤士和寡人共享这种快乐呢？"划船的人一听，马上就跪下了，说："君主不喜欢贤士罢了。珍珠产自大江大海，玉器产自昆仑山，它们都没有长着脚，但还是来到我们国家，因为大王您喜欢它们。贤士长着脚，却没有来到我们国家，是因为君主您没有真正喜欢贤士的意愿，哪里需要担心没有贤士呢？"

晋平公说："寡人的食客，门左有一千人，门右有一千人。早晨的食物不够吃，就派人晚上去征收赋税；晚上的食物不够吃，就派人早晨去征收赋税。怎能说我不喜欢贤士呢？我养了这么多的食客！"划船的人说："鸿鹄一振翅能飞翔千里，所依靠的是翅膀上六根强劲有力的茎羽；背上的粗毛、腹下的细毛增加一把，也不会让它飞得更高，减损一把，也不会让它飞得更低。大王您现在的食客，不过是背上的粗毛、腹下的细毛罢了。"真正有用的贤德之人少之又少。

《诗经》说，谋划的人太多，事业不能成功。不管是一个国家还是一个团队、一个企业，并不是人越多越好，而是真正贤德、有能力的人越多越好。古人说："千军易得，一将难求。"

求取贤才，关键在于领导者对于贤才有恭敬、礼遇、真诚的态度。礼敬贤才也是领导者贤明的重要标志，也是领导者建功立业的根本保证。

《尸子》说："下士者得贤，下敌者得友，下众者得誉。故度于往古，观于先王，非求贤务士，而能立功于天下，成名于后世者，未之尝有也。夫求士不遵其道，而能致士者，未之尝见也。"礼贤下士的人才能得到贤才，对敌人礼敬的人才能化敌为友，对众人礼敬的人才能获得众人的称誉。纵观整个历史发展和古代君王的治国经验，不依靠贤才，没有哪个君主可以立功于天下，成名于后世。如果君主不以礼敬来求取贤才，就不可能招致贤才。这说明求取贤才，领导者真诚、礼敬的态度非常重要。这是第二重难处。

"三曰不任。"不能任用贤德之士。《中论》记载："凡亡国之君，其朝未尝无致治之臣也，其府未尝无先王之书也。然而不免乎亡者，何也？"即使是末代的亡国之君，朝廷也不是没有可以使天下大治的臣子，府库也不是没有圣贤的典籍，但最终还是免不了灭亡。究其原因，"其贤不用，其法不行也"。虽然有贤德的人，但是没有被君主重用；虽然有治国的方法策略，但是没有被君主推行。这就是"千里马常有，而伯乐不常有"。对贤德的人要重用，对不贤德的人也要宽容。像中行氏那样，对于贤德的人不能重用，对于不贤德的人也不能罢免，就很难治理好国家。

《六韬》列举了贤者不被重用的七个具体原因。

第一，"主弱亲强，贤者不用"。君主弱小，亲属势力强大，权力无法集中于君主的手中。即使有了贤德之人，也不能被君主重用。

第二，"主不明，正者少，邪者众，贤者不用"。君主不够明智，身边正直的人少，进谗言的人多，所以贤德的人不会被重用。

第三，"贼臣在外，奸臣在内，贤者不用"。贼臣在外诽谤，奸臣在内进谗言，所以贤德的人不会被重用。

第四，"法政阿宗族，贤者不用"。法律政策都偏向自己的亲戚，任人唯亲，而不是任人唯贤，所以贤者得不到重用。

第五，"以欺为忠，贤者不用"。把欺骗自己的人当作忠臣，所以贤者不会被重用。

第六，"忠谏者死，贤者不用"。忠臣不惜犯颜直谏，指正君主的过失，君主却喜欢诡媚巴结、阿谀奉承之人，厌恶直言不讳之人，不仅不会奖赏忠臣，还会置忠臣于危险的境地。

第七，"货财上流，贤者不用"。财货都流向上位者，说明在位者贪财好利。而贤德之人最大的特点就是不自私自利，没有贪财好利之心。君主有这种喜好，贤德之人当然不会得到重用。

古人把贤德之人得不到重用的原因都一一列举出来，警示后世的领导者要引以为戒。

"四曰不终。"虽然任用了贤德之人，但是不能善始善终。《群书治要·典语》把君主和臣子之间的关系做了形象的比喻："夫君称元首，臣云股肱，明大臣与人主一体者也。"把君主比喻为头脑，把臣子比喻为大腿和胳膊，也就是四肢。君主和臣子之间就像同一个身体的头脑和四肢的关系，谁也离不开谁，互相配合，互相信任。"尧明俊德，守位以人，所以强四支而辅体也。其为己用，岂细也哉？"譬如尧帝，能明辨德才兼备之人，让他担任官职，这就如同强健了四肢，身体必然结实有力。"苟非其选，器不虚假。""假"，授予、给予的意思。假如一个人不符合选拔的标准，不是合适的人才，就不要白白地授予他官位。"苟得其人，委之无疑。"如果真正得到了德才兼备的人，就要任用他，不去怀疑。"君之任臣，如身之信手。臣之事君，亦宜如手之击身。"君主任用臣子，就像身体信任手一样；反过来，臣子奉事君主，就像手触摸身体一样。"安则共乐，痛则同忧。"同享安乐，共度患难，是一体的关系，谁也离不开谁。只有这样任用贤才，才能善始善终。不能善终，是因为对贤才起了疑虑，不能完全信任。

"五曰以小怨弃大德。六曰以小过黜大功。七曰以小短掩大美。"这三条都是在讲求全责备。《群书治要·袁子正书》说："故凡用人者，不求备于一人。桓公之于宁戚也，知之矣。"但凡君主用人、领导用人，都不能求全责备。齐桓公和宁戚的故事讲的就是这个道理。

宁戚想去齐桓公那里求得官职，奉事桓公，但是他穷困潦倒，没有办法举荐自己。于是，他就为那些走商的人驾车，来到了齐国，晚上住在城门之外。那晚，齐桓公正好到郊外去迎接客人，开了城门，让赶车的人都回避。宁戚正好在车下喂牛，看到齐桓公，赶紧敲打着牛角，唱起了凄凉的商歌。齐桓公听到歌声，说："这个唱歌的人可不是一个平凡之人。"于是，命人把宁戚载进城去。从这里也可以看到，桓公也很了不起，他听一个人的歌声，就知道这个人不平凡。

齐桓公返回宫内，宁戚求见，劝说他统一整个国家。第二天，宁戚又求见，劝说他称霸天下。齐桓公听了他的进谏，非常高兴，就想任命他做官。这个时候，群臣提出了不同意见。有人说："这个人是魏国人，魏国离齐国不远，不如派人去打听一下。如果他确实是一个贤才，又有德行，再任用也不迟。"齐桓公说："你讲得不对！如果去打听，恐怕会打听到他有小的过失。有小的过失就忘记了他大的好处，这是君主之所以失去天下贤士的原因。而且，人才本来就难以用一把尺子去衡量，没有十全十美，只要用他的长处就可以了。"齐桓公没有派人去打听宁戚的为人，而是对他委以重任，封他为卿。正是因为齐桓公对宁戚很信任，没有怀疑，所以得到了贤士，称霸天下。从这个故事可以看出：一般人不是圣贤，都有一些小的过失、不足、缺点，希望人没有任何瑕疵是不现实的，所以用人不能求全责备。

《文子》说："今人君之论臣也，不计其大功，总其细行而求其不善，即失贤之道也。"当今君主评论臣子，不在意臣子大的功劳和贡献，而在细小的行为上做文章，挑剔小的不善、错误，这是失去贤士的原因。"故人有厚德，无问其小节；人有大誉，无疵其小故。"一个人有高尚的德行，就不要在他细小的行为上做文章；一个人有崇高的声誉，就不要在他小的不足上挑剔。这都是提醒人们，人无完人，一个十全十美、一点儿错误都不犯的人是很难找到的。

《文子》说："自古及今，未有能全其行者也。故君子不责备于一人。"从历史来看，从古至今没有十全十美、德行无可挑剔的人，君子不对任何人求全责备。"夫夏后氏之璜，不能无瑕；明月之珠，不能无秽。然天下宝之者，不以小恶妨大美也。"夏禹佩戴的璜玉也不是没有瑕疵，夜明珠也不是没有污点，但是，天下人仍然认为它们是宝贵的东西，小小的瑕疵不会妨害它们的大美。"今志人之所短，而忘人之所长，而欲求贤于天下，即难矣。"今人只记着别人的短处，而忘记了他的长处，还想求取天下贤才，这是难上加难。

古人说："任人之工，不强其拙。"任用人才只用他的特长就好，不去强求他做不到的地方，这是用人的原则。这都是提醒领导者用人不能求全责备，否则会失去贤才。

"八曰以干讦伤忠正。"《群书治要·刘廙政论》说："自古人君，莫不愿得忠贤而用之也。既得之，莫不访之于众人也。忠于君者，岂能必利于人？苟无利于人，又何能保誉于人哉？"自古以来，做君主的没有不想得到忠贤之士而加以任用的。但是，得到这些忠贤之士，却又不免去向众人调查，问一问这些忠贤之士究竟如何。忠于君主的人哪里能事事都有利于他人呢？如果有一件事得罪了人，没有为人带来利益，又怎能让众人都称赞呢？又如何在众人当中得到好的名声呢？

君主自己不贤明，就不知道什么样的人是忠贤之士。即使忠贤之士已经来辅佐他了，君主也会带着猜疑，再去向众人调查。而这些人不一定都是贤德忠正之人，免不了会对贤德之人有一些偏颇的言论和评语。如果君主听信了，就会对忠贤之士产生怀疑，不予重用。

《群书治要·体论》记载："使贤者为之，与不肖者议之；使智者虑之，与愚者断之；使修士履之，与邪人疑之。此又人主之所患也。"任命了贤德之人做事，又让不贤德的人来议论；让有智慧的人来谋划，却又让愚钝的人来决断；让有修为的人去履行某一件事，却又让奸邪之人去质疑。这也是君主经常犯的错误。君主对于贤德之人做不到用而不疑，经常产生猜疑之心，结果使得贤才不能充分施展才华。这也是失去贤才的一个重要原因。

"九曰以邪说乱正度。"以邪说扰乱法度。法度是指治国的常理常法，也就是五伦、五常、四维、八德等。孔子做了鲁国的司寇，上任几天，就把少正卯给杀了，就是因为少正卯"言伪而辩"。他的言辞伪诈，不是正道，却能言善辩，这样会扰乱民心，使人迷惑。这就是"以邪说乱正度"。实际上，如果不读圣贤书，人经常把错的看成对的，把邪的看成正的。

《群书治要》记载，有人把酿造出来的酒献给禹王，禹王品尝之后说："以后肯定有人因为饮酒而亡国丧身。"所以，对于饮酒这件事要特别谨慎，过量饮酒会犯很多过失。古人告之："酒以成礼，不继以淫。"酒要点到为止，是为了完成礼，不能喝个没完，喝得酩酊大醉。特别是领导干部，喝多了，吐一地，又胡言乱语，失去威仪。

"十曰以谗嫉废贤能。"因谗言、嫉妒而废弃贤能之士，这也是领导者常见的问题。

《战国策》有一个"三人成虎"的故事。魏国大臣庞葱很受器重。

魏国的一位世子要到赵国去做人质，魏王就派庞葱陪同他一起去。这说明魏王对庞葱的能力非常认可，也信任有加。庞葱非常有智慧，知道国君很容易受身边人的影响，如果身边的人进谗言，久而久之，国君可能就不信任他了，所以在临行之前，他特意向魏王讲述了一则寓言。

他说："大王，如果有人对您讲，大街上有一只老虎在逛，您会相信吗？"魏王想都没想，哈哈一笑说："寡人当然不信。老虎招摇过市，这种事情怎么可能发生？"庞葱接着问道："如果又有一个人从街市上回来，告诉大王说，街上有一只老虎，这回大王会相信吗？"魏王犹豫了一下，说："这就难说了，得考虑一下才行。"庞葱继续问："如果第三个人也这样说，大王会信吗？"这一次，魏王肯定地点了一下头，说："如果三个人都这样讲，那肯定是真的了。"

庞葱说："街上怎么可能有老虎呢？街上没有老虎是事实，那些说街上有老虎的人，只是在互传谣言而已。可是大王您会相信，就是因为说的人太多了。我现在要陪世子到赵国去做人质，赵国远离魏国，比从这儿到大街的距离不知道远多少倍。大王对我们在那里的情况肯定不清楚，假如这个时候进谗言、诽谤我们的又不止三人，大王可能就会怀疑我们。希望大王明察。"魏王说："我明白了，我知道应该怎么办。"

庞葱走后，诽谤的声音很快就传到魏王那里。当世子结束人质的生活，回到魏国，庞葱再也见不到魏王了。这说明魏王已经不信任他，也不想任用他了。从这里可以看到，谗言的力量是多么可怕！即使庞葱已经提醒过魏王，做过预防，但仍然抵不过谗言的泛滥。

古人说：谗言止于智者。作为领导者，要明智，要知道"来说是非者，便是是非人"。一个真正有德行的人，真正希望团队和睦的人，是不会故意制造矛盾的。人君不听信谗言，臣子才能不受灾殃。父子、夫妇不听信谗言，才能相保如初。

魏王也知道不能听信谗言，但是最终还是听信了，原因就在于"谗不自来，因疑而来"。谗言不是自己来的，而是因为自己先有了怀疑，才会感召谗言。"间不自入，乘隙而入"，离间的话也是乘隙而入。因为与人有一些嫌隙、误会，所以，离间的话语才容易听进去。古圣先贤提醒后人反求诸己，检讨自己是否疑心太重，对身边的人有成见，才使得谗言趁机而入。

谗言一般都是出于嫉妒心。一般人之所以会因嫉妒而进谗言，也是因为不明了因果的规律，不知道嫉妒会给自己招致严重的恶果。《周易》说："积善之家，必有余庆；积不善之家，必有余殃。"这句话要时刻记在心里，提醒自己。

"君子乐得做君子，小人冤枉做小人。"君子看到别人做事，特别是做善事，随喜赞叹。这样，别人做的善事，自己也有一份功德在其中。看到别人做善事，生怕别人的影响、声名超过自己，而无端地去制造障碍、毁谤，结果是别人要做的善事不会因为你而做不成，你还会给自己招来祸患。嫉妒心让人心理失衡，容易生出怨恨，甚至因此做出一些诽谤、伤害他人的行为，这种心态都是扭曲。正常的心态应是《太上感应篇》所说的："见人之得，如己之得；见人之失，如己之失。"否则，心态就是扭曲、不正常了。

从这里可以看到，治国的道理说起来简单，只要秉持"修身为本，教学为先"的原则就可以，但具体实施的过程却是难上加难。

修身，就要克服自己的习气，戒除贪嗔痴慢疑。而只是一个"贪"，就很难克服。贪财、贪色、贪名、贪利、贪吃、贪睡，只要有一个没有放下，戒贪就不能圆满。还有看人不满意、嫉妒、爱生气等，都是嗔心。愚痴，就像动物一样，吃饱了睡、睡醒了吃，不明理，不知道"生所从来，死所去向"，这都是愚痴的表现。还有傲慢、怀疑，等等，修身不是那么容易的。把这个"贪"克服，也需要十年、二十年的功夫。道理说起来都容易，落实起来却非常难。

"教学为先"是尊重贤德之人。贤德之人虽然有，如果遇不到明君，也很难被重用。在重用贤才方面，还要排除以上十重难处。

孔子是圣人，他在世的时候周游列国，希望把自己的仁爱学说传播天下，为国君所采用，把国家治理好，为天下人做出一个良好的示范，让天下人都来学习，却遭遇了重重困难。当孔子来到楚国，楚昭王本来都想任用孔子了，为了表示诚意，还想把方圆七百里的土地封给孔子。这个时候，令尹子西来进谗言："大王您看，在您出使诸国的使臣之中，有没有像孔子的弟子子贡这样的人才？"楚昭王一想，摇了摇头说："没有。"子西又问："大王的相国之中，有没有像颜回这样德行高尚的人？"楚昭王说："没有。"子西说："楚国的各部长官有没有像宰予这样的人？"楚昭王说："没有。"子西说："楚国的祖先在周朝被册封为子爵，封地仅有方圆五十里。现在孔子修治三皇五帝统治天下的道术，彰明周公、召公的德业，如果大王任用他，楚国还能世代保住泱泱数千里的土地吗？周文王在丰地，周武王在镐地，他们的领地方圆不过百里，是小国的国君，最后都能称王天下。而现在，如果孔丘占有七百里土地，又有贤能的弟子辅佐，这恐怕不是楚国的福分。"言外之意，就是楚国有危险。楚昭王听了，觉得他说得很有道理，就放弃了给孔子封地的想法。

这是以小人之心度君子之腹。圣人周游列国，并不是想升官发财，而是希望遇到一位明君，推行自己的仁爱学说，让百姓过上安居乐业的生活，社会稳定，天下太平。但是，这些国君、臣子往往以小人狭隘的心理去揣度圣人的心意，结果是圣人在世，也不能得到重用。古人说：不世之君用不世之臣，才能立不世之功。卓越的臣子遇到卓越的君主，才能建立卓越的功勋。否则，即使像孔子这样的圣人，也难免被埋没。当然，孔子晚年著书立说，从事教育工作，对后世的影响是历代君王都无法比肩的。这也说明了教育的重要意义。

"十难不除，则贤臣不用。贤臣不用，则国非其国也。"如果以上列举的十难不能排除，贤人就不能被任用；贤臣不能被任用，国家就不成其为国家。君主不能任用贤德之人、远离奸佞之人，或者用人出于个人的喜好，任人唯亲，就必然导致国家的败亡。

《昌言》说："王者所官者，非亲属则宠幸也；所爱者，非美色则巧佞也。以同异为善恶，以喜怒为赏罚。取乎丽女，怠乎万机，黎民冤枉类残贼。虽五方之兆，不失四时之礼，断狱之政，不违冬日之期，著龟积于庙门之中，牺牲群丽碑之间，冯相坐台上而不下，祝史伏坛旁而不去，犹无益于败亡也。"如果君主所任用的人不是自己的亲属就是自己宠幸的人，没有任人唯贤而是任人唯亲；用人出于自己的喜好，所爱的不是美女就是谄媚巴结自己的人，以和自己的观点是否一致作为评判好人坏人的标准；根据自己的喜怒来行赏罚，高兴了就赏，不高兴了就罚；喜欢美女就怠惰朝政，无视百姓被冤枉残害；纵使对待各方祭祀都非常恭敬，毫不违背四时之礼，该祭祀的时候就祭祀，审理案件之后，都是严格地在秋冬行刑，按照四时的节律处理国家大事，用于占卜的蓍草和龟甲堆积于庙门之中，用于祭祀的纯色牲畜成群成对地系在竖石之上，占星的人坐在占星台上不下来，祝史跪在祭坛旁不离去，也无益于挽救败亡。

这段话教育意义非常深刻，告诉人们要任人唯贤。贤德之人教导百姓孝悌忠信礼义廉耻的道理，真正把人心转变了，社会、国家才能治理好。相反，如果只是迷于形式，去搞占卜、祭祀等仪式，人心不能转变，也不能免于败亡。因为注重这些礼仪，最终还是为了改变人心，并不是为了仪式而仪式。如果不能从根本上改变人心，效果也只是暂时的。所以，国家治乱安危，不在于找人来算一卦。即使算卦的人能推断出有灾祸，也仍然要改变人心、积德行善。人人都做有道德的事，社会风气好转，国家才能避免灾祸。

关于任人唯贤的重要性，《说苑》还有一段阐述："人君之欲平治天下而垂荣名者，必尊贤而下士。"君主要想平治天下，使自己的名声不朽，必须任用贤德的人，礼敬读书人。《周易·益卦》说："自上下下，其道大光。"身处上位而能以礼敬的态度对待下位的人，前途一片光明。《周易·屯卦》说："以贵下贱，大得民也。"身处高位者能谦恭对待地位卑微的人，一定能大得民心。

"夫明王之施德而下下，将怀远而致近也。"明智的君王布施恩德，以谦恭的态度对待地位卑微的人，就能使远方的人得到安抚，使近处的人得以亲附。

"朝无贤人，犹鸿鹄之无羽翼，虽有千里之望，犹不能致其意之所欲至矣。"如果朝中没有贤德之人，就像鸿鹄没有翅膀一样，虽然想翱翔千里，最终也不能达到。

"是故绝江海者，托于船；致远道者，托于乘；欲霸王者，托于贤。"想横渡江海，就要依靠舟船；想走很远的路，就要依赖马车；想称霸天下兴起王业，就必须依靠贤德的人。

"非其人而欲有功，若夏至之日而欲夜之长也，射鱼指天而欲发之当也。"这个比喻非常形象。如果所任用的不是合宜的人而想成就功业，就像在夏至那一天却期望夜晚更长，向天射箭以求射到鱼一样，这都是不可能的。"虽舜禹犹亦困，而又况乎俗主哉？"这样的事对于虞舜、大禹这样的人都是很困难的，就连他们都会陷于困境，更何况是一般的君主？要想成就功业，要把国家治理好，必须依靠贤德之人。

依靠贤德之人会取得什么样的效果？《袁子正书》说："夫处天下之大道而智不穷，兴天下之大业而虑不竭，统齐群言之类而口不劳，兼听古今之辨而志不倦者，其唯用贤乎？"想安处天下大道而智慧无穷无尽，兴天下之大业而思虑不会枯竭，统一百家之言而不费口舌，兼听古今言论而不知疲倦，这些只有任用贤德之人才能实现。所以，任用贤德之人，对于君主来说，可以不费劳苦、自身安逸就使国家得到治理。

第四讲　从婚礼看礼的教化作用

我们接着讲《孔子家语·王言》篇："故曰：所谓天下之至仁者，能合天下之至亲者也；所谓天下之至智者，能用天下之至和；所谓天下之至明者，能举天下之至贤。此三者咸通，然后可以征。"所谓天下最仁德的人，就是能和合天下最亲密的人；天下最有智慧的人，就是能任用天下最和谐的人；天下最圣明的人，就是能举荐天下最贤德的人。作为国君，这三种境界都通达了，就可以征伐不义。

这里讲到了仁，"仁者，爱人"，爱人就是让人生活得好，做到父子有亲、君臣有义、夫妇有别、长幼有序。要做到这一点，君主必须率先垂范，修身为本，教学为先。自己首先行孝悌，然后教导天下人也行孝悌。天下人口众多，国君不能亲自去教导所有人，所以必须任贤使能、兴办教育。最有智慧的人必定能任用天下最和谐的人。最和谐的人，自己身心和谐才能教导别人身心和谐，自己家庭和谐才能教导民众保持家庭关系的和谐，自觉才能觉他。自己不能觉悟，而能使他人觉悟的，未曾有过。要任贤使能，就要求君主必须有识人之明，这样才能把天下最贤德的人举荐出来，"举直错诸枉，能使枉者直"。这里的关键在于君主明智，这样才能排除各种障碍，使"贤者在位，能者在职"。

作为领导者，很重要的能力就是知人善任，能明辨是非、善恶、美丑、忠奸。之所以能做到这一点，也是因为修身有成，心地清净才能把人看得一清二楚，否则就会出现"以小人之心度君子之腹"的情况，把君子也看成小人。中国有一些古话特别耐人寻味，如"曲高和寡""自古圣贤多寂寞"，还有"善人常得谤，善事常易败"，等等。

"以小人之心度君子之腹"的现象比较普遍。小人境界平庸，做事都是以名利为出发点和推动力，也会以自己的境界揣测君子，这就是"自古圣贤多寂寞"的一个原因。圣贤也和一般人一样穿衣、吃饭、走路、喝茶，而用心却和一般人不一样，他是在内不在外，所以不为一般人所知。小人会用自己的心去揣测圣人的心，所以往往把圣人的行为看错了，对圣人误解甚至诽谤。

　　《弟子规》说："流俗众，仁者稀。"在这个社会，遇到仁者稀有难逢，遇到圣贤更是如珍如瑞。所以，圣贤难遇知音也就在所难免，只有境界相同的人才惺惺相惜。孔子在世的时候周游列国，也是希望找到能认识他并推广他的学说的君主，救民于水火，拯天下于陷溺。这个时候如果遇到一位明君，其结果会如《尚书》所说："有不世之君，必能用不世之臣；用不世之臣，必能立不世之功。""不世"，不是世世代代都能出现的。有卓越的君主才能用卓越的臣子，用卓越的臣子才能立下不朽的功勋。如果孔子遇到这样一位明君，这位明君也会因重用孔子而创下辉煌盛世，被载入史册。

　　可惜当时的君主，或者为眼前富国强兵的小利遮蔽了双眼，或者因为不能放下自己的私欲而中途退缩，或者因为孔子弟子多贤德，恐怕后世会取而代之而放弃。再看现代，有学者把孔子解读为"官迷"，以为他周游列国就是为了获得一官半职，这更是"以小人之心度君子之腹"。还有学者把愚昧、落后、封建等词用来形容孔子的思想言行，这更是诬枉圣人。

　　孔子虽然不得志于当时，但是他的思想到了汉朝被发扬光大，成为推动中国几千年社会发展的精神动力，至今仍然闪烁着智慧的光芒。孔子的后人，代代都有贤人出现。《中庸》说："夫大德者，必得其位，必得其名，必得其禄，必得其寿。"孔子所得的是"素王"之位，万世之名，百代之禄，无疆之寿。历史要从长远来看，不能因为一时不得意，就觉得古人所说的"善有善报，恶有恶报"是靠不住的。实际上，这个规律是真实的。《了凡四训》说："不论一时而论久远，不论一身而论天下。"

"善人常得谤"的另外一个原因就是先入为主的心理。古人对于善人、恶人总结了很多标准。《格言别录》讲："德薄者，其心刻傲，见人皆可憎，故目中所鄙弃者众；德厚者，其心和平，见人皆可取，故口中所许可者多。"善人都是待人厚道，而厚道的一个表现就是常看人优点、学人长处且能隐恶扬善，不会在背后扬人之恶。而恶人恰恰相反，不仅扬人之恶，甚至为一己之私无中生有，丑化甚至诽谤善人。别人听到恶人的不实之词，就会对善人产生一种先入为主的印象。就像"疑人偷斧"的例子一样，一旦形成这种印象，再从这个印象出发，观察善人的一言一行、一举一动，会觉得好像和恶人所说的、所诽谤的都相符。

恶人到处造谣生事、诽谤善人，而善人总是与人为善。即使知道恶人诽谤自己，也不去为自己辩白，"谗焰熏天，如举火焚空，终将自息"。"谗焰"，就像火焰一样。举着火把，没人理它，它自己就熄灭了。但是，那些不明就里的人，如果没有知人之明，认为这是善人的一种默认，便误以为恶人所言不虚。因为缺乏知人之智、识人之明，所以才容易听信谗言。"三人成虎"的故事讲的就是对善人的诽谤多了，大家也会觉得这是真实的。历史的教训值得后人汲取。领导者唯有保持清醒的头脑、明智的判断、无私的境界，才能避免"善人常得谤，善事常易败"的发生，让善人充分发挥作用，成就善事。对于领导者而言，知人善任、用贤不疑是重要的能力和素质。老子说："自知者明，知人者智。"明智是领导者从优秀走向卓越的关键。

魏徵在《群书治要》序言中说："大奸巨猾，转日回天，社鼠城狐，反白仰黑，忠良由其放逐，邦国因以危亡。"魏徵对这样的事情深有感触，也说明历史上忠臣被冤枉、诬陷而不得重用，奸邪之人颠倒黑白、混淆是非，令君主忠奸不分的事例很多。所以，魏徵把这些案例收集在《群书治要》之中，希望后世的领导者引以为戒，对于善人和恶人有清醒的认识，明辨善恶，这样才能保持识人之明，做到任贤远佞。

读史使人明智。虽然有人以小人之心度君子之腹，还有先入为主的偏见，使得"善人常得谤"不可避免，世人常常发出"自古圣贤多寂寞"的感慨，但历史总是公平的。《大学》说："德者，本也；财者，末也。"《周易》说："积善之家，必有余庆；积不善之家，必有余殃。""善不积不足以成名，恶不积不足以灭身。"《左传》说："多行不义，必自毙。"《尚书》说："惠迪吉，从逆凶，惟影响。"《论语》说："德不孤，必有邻。"这些经典中的教诲是恒常不变的规律，至今仍发人深省。明白了这些道理，就不会和小人斤斤计较，不会他打你一拳，你就踢他一脚，你还是会顺着进德修业的正确道路不断前行。

能否知人善任、任人唯贤，是领导者是否明智的重要标准。如果君主没有知人之明，即使贤人出现，也不能得到重用。更何况贤者不贪图名利，经常隐居不出。

《晏子》把人才分为三个等级：上、中、下。最上等的人才"难进而易退"，难以出来做官，难以被举荐，却很容易罢退，辞官而去。因为这样的人与人无争，于世无求，做不做官都不是为了私利，所以他无所求，"人到无求品自高"。如果这个国君确实有德行、有愿望把国家治理好，让社会安定，他就出来帮助、辅佐。就像诸葛亮，刘备三顾茅庐才把他礼请出来。这是最上等的人才。

中等的人才"易进而易退也"，很容易出来做官，但是也很容易罢退。因为他无论是进还是退，都看时节因缘。古代的读书人，"进则兼济天下，退则独善其身"。如果有条件，有君主赏识他、重用他，他愿意辅佐君主把国家治理好；如果君主没有德行，他就隐退了。这就是"用之则行，舍之则藏"，是进是退，完全看缘分。

"其下易进而难退也"，最下等的人才很容易被举荐出来做官，但很难罢退。显然，这些人就是为了私利、升官发财而已。为的是个人的名利，所以踊跃地出来做官，但是要把他罢退，就难上加难。

现在有些地方，学习西方竞争上岗的方式选拔人才。想一想，通过这种方式选拔的人才属于哪一等？充其量是中等的人才。他们很容易出来做官，也容易罢退。《礼记·月令》讲，季春三月要"开府库，出币帛，聘名士，礼贤者"。国君要打开府库，取出财币缯帛，聘问名士，礼敬贤者。圣王治理天下，必须选拔德才兼备的人才，所以主动访求人才。知人善任，使贤者在位、能者在职，这样才能垂拱而治。

"天下之至明者，能举天下之至贤"，这句话说起来简单，但落实起来，确实是难上加难。必须得有非常明智的君主出现，才能做到选天下之至贤。

"是故仁者莫大于爱人，智者莫大于知贤，政者莫大于官能。有士之君，能修此三者，则四海之内供命而已矣。"仁者莫过于爱人，智者莫过于知贤，善政莫过于选贤任能。君王如果能做到以上三点，四海之内的民众都会拥戴他，听命于他。

对于从政者而言，爱人就是爱民。《尚书》明确提出："民惟邦本，本固邦宁。"《尚书》记载，禹王的孙子、启的儿子太康身居帝位却不务朝政，放纵情欲而没有节制，百姓怨恨他，但是他不知反省。有一次，他到洛水之南打猎，上百天都不回京都，国民怨声载道。有穷国的国王后羿把太康拦在黄河岸边，不让他回国。

太康的五个弟弟都埋怨太康不理朝政而陷入困境，于是分别作诗来劝谏太康，这就是历史上著名的《五子之歌》。其中有一首是这样写的："民惟邦本，本固邦宁。予视天下，愚夫愚妇，一能胜予。怨岂在明，不见是图。予临兆民，懔乎若朽索之驭六马。为人上者，奈何弗敬？"民众是国家的根本，根本牢固了，国家才能安宁。我看天下的愚夫愚妇都能战胜我。对于民怨，岂能在乎已经显露的，应该在未显露的时候就有所谋划。我面对亿万民众，畏惧的心情就如同用腐朽的绳索驾驭六匹马拉的车，很容易脱缰，要非常小心。作为君主，怎能不谨慎恭敬？

孟子进一步提出了"民为贵，社稷次之，君为轻"的思想。关于民为社稷之本，荀子有这样的论述："身为执政者，拥有国家而不能爱民利民，却期求民众亲附自己、爱戴自己，这是不可能的；民众不亲附、不爱戴，而期求民众为己所用、为己效死，这是不可能的；民众不能为己所用、为己效死，而期求兵力强劲、城池坚固，这是不可能的；兵力不强劲，城池不坚固，而期求敌人不来侵犯，这是不可能的；敌兵来了，而期求没有危险、不被削弱、不被灭亡，这是不可能的。所以，人君要想国家富强、稳固、安乐，不如首先反省一下自己对待民众的态度。如果想要下属亲附、民众团结，不如首先反省一下自己政事办得如何。"荀子强调了一国之君"爱民而安"的道理。

在位者对待民众的态度与民众对待在位者的态度，就像响之应声、影之随形一样自然而然，也就是说，在位者怎么对待民众，民众就怎么对待在位者。《管子》讲："人主能安其民，则民视其主，如视其父母。故主有忧则忧之，有难则死之。"反之，"人主视民如土，则民不为用，主有忧则不忧，有难则不死"。如果国君不能使民众安乐，民众就不会为他分忧，也不会为他效死。这说明要想治理好国家，得到民众的拥护，在位者必须安其民、爱其民。

《说苑》记载，有一次齐宣王到社山打猎，老百姓听说了，就赶过来拜见。齐宣王很高兴，于是下令减免百姓租税。老百姓一听，非常欢喜，纷纷拜谢，除了一位闾丘先生。齐宣王说："可能是我封赏不够丰厚，那再减免徭役。"老百姓一听，更加欢喜，又纷纷拜谢，但闾丘先生还是没有拜谢。齐宣王就问他："先生是不是觉得我有什么过失？"这位闾丘先生说："我听说大王在此游猎，所以特地来拜见大王。我希望能从大王这里得到长寿、富裕、尊贵。"

齐宣王一听，可能觉得这个老人家太贪心了，说："死生有命，人的死生都是有定数的，所以我没有办法让你长寿。虽然我的仓廪府库很充实，但那是以备不时之需的，所以也不能让你富裕。我们国家大的官职没有缺额，小的官职又太卑贱，所以也没有办法让你尊贵。"齐宣王很委婉地拒绝了老人家的请求。

闾丘先生知道齐宣王误会自己的意思了，他说："我希望大王能选拔那些有德行的人出来做官，使法度公平合理，这样我就可以稍微延长寿命。"法度公平合理，老百姓就不会无缘无故地被抓去判刑。"赈济百姓要适时，不要有事没事随便烦扰百姓，这样我就可以稍微富裕一些。"如果遇到灾荒，国君要及时开仓赈济，让百姓得到粮食、衣服等急需物资，平时不要总是烦扰百姓。"还希望大王再发布一道命令，年少的人要尊敬年长的人，广布教化，兴起孝悌之风，这样我就可以稍微尊贵了。"

从这里可以看出，这位间丘先生对国事看得很清楚，他不是出于自私自利的贪心，为自己求得长寿、富裕、尊贵，而是希望齐宣王任用好的官吏，施行好的政策，让老百姓得到长久、真实的利益。

间丘先生接着又说："如果您让我们不交田租，也不服徭役，结果必然是仓廪空虚，国家也没有可差使的人，这当然不是我想要的。"这位间丘先生虽是一介布衣，看问题却非常深远，不是只看到眼前的蝇头小利，不是只想到自己的私利，而是从整个国家的治理、整个国家的前途命运来考虑。齐宣王由衷地赞叹："您讲得太好了！"

"爱民而安，好士而荣"，这是治理国家的两个根本原则。爱民就必然选择德才兼备的人出来做官，给百姓带来真实的利益。而德才兼备的人也必然会提醒、劝告君主要爱民如子、视民如伤，实施对百姓有利的政策。二者是相辅相成、密切相关的。

《群书治要·孙卿子》说："故君人者，爱民而安，好士而荣，两者无一焉而亡也。"具体要做的是："明分职，序事业，拔材官能，莫不治理，则公道达而私门塞矣，公义明而私事息矣。如是，则德厚者进，而佞悦者止；贪利者退，而廉节者起。"

"明分职"，"分职"，就是分掌的职务。讲求分工，把各个位置的职责都明确下来，让官员分治其事。

"序事业"，按照事情的轻重缓急来安排工作，不能把重要的事放在后面，把不重要的事摆在前面。这样就本末倒置了。

"拔材官能"，选拔贤才，任用有能力的人为官。要做到这一点，领导者必须没有猜忌之心，用人不疑，也要有识人之明。

　　"莫不治理"，一切都治理得井井有条。

　　"则公道达而私门塞矣"，为公效忠的道路畅通无阻，而行私请托的门路就会闭绝。

　　"公义明而私事息矣"，公正、道义的风气彰明，为自己谋私的事情就会止息。

　　"如是，则德厚者进，而佞悦者止；贪利者退，而廉节者起。"这样做的结果就是：德行深厚的人得到重用，谄媚奸佞的人受到遏制；贪图利益的人被辞退，廉洁奉公的人被起用。这就是好贤士的结果。

　　"仁者莫大于爱人，智者莫大于知贤，政者莫大于官能。"这三句话就是《荀子》所说的"爱民而安，好士而荣"，要求执政者必须做到爱民如子、知人善任、选贤任能。

　　我们国家的治国理念与此一脉相承。党的十八大之后，国家领导人明确提出"我将无我，不负人民""人民对美好生活的向往就是我们的奋斗目标"。"打铁还需自身硬"，为了达到这个目标，必须以零容忍的态度坚决反对腐败，坚持全面从严治党，而且特别强调了选贤任能的重要性。在用人方面提出："用一贤人则群贤毕至，见贤思齐就蔚然成风。选什么人就是风向标，就有什么样的干部作风，乃至就有什么样的党风。各级党委及组织部门要坚持党管干部原则，坚持正确用人导向，坚持德才兼备、以德为先，努力做到选贤任能、用当其时，知人善任、人尽其才，把好干部及时发现出来，合理使用起来。"还强调："中国历史上凡是有作为的政治家都非常重视人才问题，他们深深懂得'为政之道，任人为先'的道理，在选人、用人方面留下了很多可取的思想和经验，诸如知人善任、选贤任能、才兼文武、德才兼备、敬贤敬能、礼贤下士、访求俊彦、唯贤是举、人尽其才、才尽其用、避其所短、用其所长、勤于教养、百年树人等。"可见，历史的兴替演进、起伏变幻，往往沉淀出许多规律，可以古为今用、古为今鉴。这也是今天要大力倡导学习《群书治要》的重要原因。学习《群书治要》，对于深入理解和认真落实习近平新时代中国特色社会主义思想，坚定文化自信，具有重要的意义。

"夫明王之所征，必道之所废者也。是故诛其君而改其政，吊其民而不夺其财。故曰：明王之征也，犹时雨之降也，至则民悦矣。是故行施弥博，得亲弥众。此之谓还师衽席之上。"圣明君王所征伐的，必定是道义废弃的国家，诛杀其国君，改变其混乱的政治，安抚民众而不夺取他们的财物。圣明君王的征伐就像天降及时雨，民众喜悦。因此，施惠的范围越来越广博，得到的亲附越来越多。这就是所谓的征伐也能稳操胜券，安享太平。

历史上汤王伐夏桀、武王伐纣，都是解民于倒悬，为民除害，因此被称为"吊民伐罪"，安抚人民，讨伐有罪之人。目的达到了就止息兵戈，帮助民众恢复正常的生产生活，所以能得到民众的拥戴和信任。圣明的君主对待战争问题，始终是坚持不战、慎战。只有在一种情况下是可以使用武力的，那就是施行仁义，这样才能战无不胜、攻无不克。

我国领导人对于中国传统的慎战思想也有深刻的把握，在讲话中指出："中华文明历来崇尚'以和邦国''和而不同''以和为贵'。中国《孙子兵法》是一部著名兵书，但其第一句话就讲：'兵者，国之大事，死生之地，存亡之道，不可不察也。'其要义是慎战、不战。几千年来，和平融入了中华民族的血脉中，刻进了中国人民的基因里。""回顾历史，支撑我们这个古老民族走到今天的，支撑五千多年中华文明延续至今的，是根植于中华民族血脉深处的文化基因。中华民族历来讲求'天下一家'，主张民胞物与、协和万邦、天下大同，憧憬'大道之行，天下为公'的美好世界。我们认为，世界各国尽管有这样那样的分歧矛盾，也免不了产生这样那样的磕磕碰碰，但世界各国人民都生活在同一片蓝天下，拥有同一个家园，应该是一家人。世界各国人民应该秉持'天下一家'理念，张开怀抱，彼此理解，求同存异，共同为构建人类命运共同体而努力。"

学习传统文化的人，读到这些讲话会觉得特别熟悉。实际上，这是用现代语言把中国传统的慎战、不战，以及战争必须以仁义为出发点的思想又讲述了一遍。

《孔子家语·大婚》篇主要节录了孔子与鲁哀公的对话。对话以天子、诸侯的婚事为核心，故以"大婚"作为篇名。春秋时期，天子、诸侯的婚事是国家政治延续的根本。而且，在任何时期，夫妻关系都是五伦关系的核心，所谓"有夫妇然后有父子，有父子然后有君臣"。夫妇之间的伦理关系端正了，对内尽宗庙祭祀之礼，延续祖宗的家风、家道、家业，对外以礼义治理天下，树立上敬下爱之风。古人言："正天下，首正人伦；正人伦，首正夫妇。"

【孔子侍坐于哀公，公问曰："敢问人道谁为大？"孔子对曰："夫人道，政为大。夫政者，正也。君为正，则百姓从而正矣。君之所为，百姓之所从也。君之不为，百姓何从？"】

孔子侍坐于哀公，公问曰："敢问人道谁为大？"哀公就是鲁定公之子鲁哀公，鲁国第二十六任君主。孔子陪鲁哀公坐着说话，哀公问孔子："请问人道之中什么最重要？"

孔子对曰："**夫人道，政为大。夫政者，正也。**"孔子回答说："人道之中政治最重要。"如果把政治办好，国泰民安，百姓过上幸福的生活，人心自然归附。"天道敏时，地道敏树，人道敏政。"人道之中政治是最重要的，孔子也鼓励自己的弟子从政。从政，首先自己要学为君子，学为圣贤。这样，所办的政治才称为圣贤政治。孔子接着对"政"下了一个定义："夫政者，正也。""正"就是使人端正。如何使人端正？

"**君为正，则百姓从而正矣。**"君主自己端正了，百姓自然就会跟着端正。办政治就是要"使人正"，领导者率先垂范，以身作则，带领大家做正当的事。

"**君之所为，百姓之所从也。君之不为，百姓何从？**"君主的所作所为都会为百姓所效法。如果君王做得不正，也不作为，百姓跟他学什么？

《论语》中孔子多次强调在位者的率先垂范。他说："苟正其身矣，于从政乎何有？不能正其身，如正人何？"假如在位者能端正自身，那么，办理政治这件事又有何难处呢？如果在位者不能端正自身，又怎能端正别人呢？《群书治要·政要论》说："故君子为政，以正己为先，教禁为次。"君子办理政治，首先要端正自身，教育和约束在其次。

"教"这个字，《说文解字》解释为"上所施，下所效也"。良好有效的教育方式是上面怎么做，下面就跟着怎么效法。"教"这个字的小篆是鞍：左边是一个"孝"（斈），上面是两个一模一样的叉，再下面是个孩子的"子"；右边（攴）是一只手拿着柳条。这是告诉我们，教育要从教"孝"开始，"百善孝为先"。"孝弟也者，其为人之本与？"怎么教"孝"？上面这个叉是父母、老师画的，下面一模一样的叉是孩子画的，这是告诉我们身教胜于言教。右边（攵）一只手拿着柳条，告诉我们教育不是一蹴而就的，老师、父母要耳提面命，拿着教具不断提醒，要有耐心。如果孩子教不好，属下教不好，学生教不好，就要从这两方面来找原因：第一，自己的身教做得如何？如果身教做得不错，再看第二，自己是不是有耐心？习气的形成不是一天两天，改正也需要时间，要时常提醒，时常劝导。

《论语》中孔子把上行下效的道理讲得更加具体，他说："上好礼，则民莫敢不敬。"上位者好礼，民众就不敢不恭敬。

《孝经》说："君子言思可道，行思可乐，德义可尊，作事可法，容止可观，进退可度，以临其民。是以其民畏而爱之，则而象之。故能成其德教，而行其政令。"上位者说话不能随随便便。《论语》说："一言兴邦，一言丧邦。"身为一国之君，身为一个团队的领导者，每讲一句话都要考虑到这句话的影响；所作所为能给民众带来益处，能让民众欢喜接受；德行、道义使人尊重；做事能为民众所效法，容貌举止都有可观之处，言外之意就是很文雅，让人仰望；一言一行、处事待人接物、进退都符合法度。这样统领民众，民众对上位者既恭敬又爱戴，向他学习、效法，国家就能推行德教。这就是"上好礼，则民莫敢不敬"，在下位的百姓就会生起恭敬心，也会彬彬有礼。

"上好义，则民莫敢不服。"在上位的喜好义，"义者，宜也"，和"适宜"的"宜"是相通的，也就是上位者的所作所为都合情、合理、合法，民众就没有人敢不服从。所以，上位者按照规矩来做，按照道来做，才能让人心悦诚服。这说明上位者处事要公平，符合正义。

《大学》说："尧、舜帅天下以仁，而民从之；桀、纣帅天下以暴，而民从之。"尧、舜、禹、汤、文、武、周公有仁爱之心，行的是仁义，全国百姓也就兴起了仁义之风。而到了末代的夏桀王、商纣王，行的是暴虐的统治，天下百姓也从而行暴。一个国家、一个团队之所以出现很多问题，很大程度上都是因为领导者出了问题。

《德育课本》记载，唐朝有一位官员叫张镇周，本来在寿春当官，后来调回自己的家乡舒州去做都督。调回故乡任职，可想而知，那里有很多亲戚故旧。如果他徇私枉法，老百姓就会生怨，因为有失公平；如果一律铁面无私，那又伤人情，怎么办？

张镇周先回到故里，大摆宴席，请所有的亲朋好友大吃大喝了十天。大家都吃得很高兴。到了第十天，亲朋好友要离开的时候，他送给每个人一个大礼包，里边装满金银绸缎等，都是大家非常喜欢的东西。他送大家出去，流着泪说："我回到自己的故乡当官，而官员是要与民众保持距离的，所以过了今天，我就不能跟你们这样常常吃喝畅谈了，以后凡事都要秉公处理。"讲到这里，他痛哭流涕。亲戚朋友在这儿吃了十天，接受了厚礼，又听他说了这番真诚的发自肺腑的话，当然能体谅他的难处。所以，之后没有亲戚朋友通过私人关系来向他求情。他处理事情不徇私枉法，老百姓都心悦诚服，民心很快就安定下来。他刚刚回来任职的时候，老百姓可能会担心他偏向自己的亲朋好友。结果他处事公平，让大家生起了信心，所以也没人心生不平。古人处理事情做到了合情、合理、合法，让人心服口服。这就符合义，就是"上好义，则民莫敢不服"。

"上好信，则民莫敢不用情。"在上位的人讲求信用，说话算话，信守承诺，民众就不敢不用情。"情"就是情实，"用情"就是以诚相待。上位者好诚信，就没有人不用真情、不尽忠。

"夫如是，则四方之民襁负其子而至矣。"真正做到这些，即上位者好礼、好义、好信，四方之民就会背负着小孩投奔你而来。舜在历山耕田的时候，"一年成聚，二年成邑，三年成都"。舜到历山一年，这个地方就成了小村落，聚集了很多人；两年后，来投奔的人更多了，此地成了小镇；过了三年，此地成了一个大城。

这也启发人们思考：中华文化如何走向世界？《大学》说："古之欲明明德于天下者，先治其国。"要把中华文化推广到全世界，为全世界带来安定、和平，首先要把自己的国家治理好。用中华文化把自己的国家治理得井井有条，人民安居乐业，整个社会呈现出一片祥和，大家自然愿意来学习。

中华文化要想真正走向世界，首先我们必须树立高度的文化自觉和文化自信。在经济发展、国家富强的同时，要大力弘扬中华优秀传统文化，用伦理道德、圣贤教育重塑礼仪之邦。只要中华民族一代接着一代追求美好、崇高的道德境界，我们的民族就永远充满希望。一个生机勃勃、充满希望和祥和之气的民族，当然会吸引全世界的目光，世界各国人民都来学习中华文化，并把这种爱好和平、追求和平的文化带回自己的国家。这种意义上的走出去，才能真正影响世界，拥有持久的生命力，才能真正体现中华文化的软实力。

如果在位者不好礼乐，不喜欢礼乐道德的教化，大家即使来到这个国家，政治混乱，他们也待不下去。这就是《孟子》所说的："虽有粟，吾得而食诸？"现在有些国家，本来有人想到那里投资做生意，但是一看政局不稳，还常有战乱，也就不敢去了。所以，要想中华文化走向世界，重要的是深入理解自己的优秀传统文化，对自己的文化生起信心，把国家治理好。

【公曰："敢问为政如之何？"孔子对曰："夫妇别，父子亲，君臣信。三者正，则庶物从之矣。内以治宗庙之礼，足以配天地之神也。出以治直言之礼，足以立上下之敬也。物耻则足以振之，国耻则足以兴之。故为政先乎礼，礼，其政之本与。"】

公曰："敢问为政如之何？"鲁哀公接着问："请问如何处理政事？"怎样把政治办好？从哪里入手？

孔子对曰："夫妇别，父子亲，君臣信。三者正，则庶物从之矣。""庶物"，就是万物、众物的意思。孔子回答说，夫妇有别、父子有亲、君臣有信这三种关系处理好了，万事万物之间的关系也就跟着理顺了。特别是作为国君，能把这三种关系处理好，更能为百姓做出表率。

夫妇有别，这个"别"并不是地位和身份上的差别，而是说在职责上有分工。做丈夫的要负担家庭的经济收入，养家糊口，使家人衣食无忧，而做妻子的要承担起教育儿女的责任。"不孝有三，无后为大"，如果没有后继的人才，家道、家业、家风都无法承传。

周朝之所以享国八百年，成为历史上最长的一个朝代，一个重要原因就是重视家庭教育，有良好的母教。现在很多人都把夫人尊称为"太太"，就来自周朝的三位贤良淑德的女人。文王的祖母是太姜，母亲是太妊，夫人是太姒，这三位都是圣贤母亲，教导出圣贤儿孙。把"夫人"尊称为"太太"，就是期许她教导出圣贤儿孙。

史书记载，文王的母亲太妊在怀孕的时候就非常重视胎教，她做到了"目不视恶色，耳不听淫声，口不出傲言"。不好的景色不看；淫词歌舞不去观听；口里所讲的是很温柔的话，连傲慢的言语都没有，更何况粗鲁骂人的话？正因为母亲是贤人，所以教出的孩子也是圣贤。古代对人的教育贯穿一个人的一生，是从胎教到慎终追远。所以，中国人是非常懂得教育的，教育的效果也非常明显。五千多年的文明史，大部分时间都保持了和平稳定的局面，靠的就是教育。所以，夫妇有别，才能保持一个家族的可持续发展。

"父子亲"，父子之间的亲情不是圣人规定下来的。父母爱儿女，儿女爱父母，他们之间有一种自然而然的亲情。怎么把这种自然的亲情保持一生，顺着亲的方向发展？这就要做到父慈子孝。

"慈"，上面是一个"兹"，下面是一个"心"。从这个字可以感受到父母的心，念兹在兹，时时刻刻都在儿女的身上。《大学》说："未有学养子而后嫁者也。"没有谁是先学了养孩子才出嫁的，有了孩子，自然而然就知道怎样教养。孩子一哭，就知道孩子可能要吃奶了，可能尿床了。因为母亲有真诚心、爱心，所以她自然而然就懂得如何去照顾、抚养孩子。当然，慈并不是一味地满足儿女的欲望，而是教导他做人的道理。孩子做错事，教训他，这仍然是对孩子的慈。

"孝"，上面是"老"字的一半，下面是一个"子"字，告诉我们下一代和上一代是一体的。如果有代沟，这个"孝"就不存在了。中国几千年历史，儿女和父母之间很少有代沟的问题，就是因为有孝道的教育。

"君臣信"，领导者与被领导者之间要建立信任关系。如果没有信任，在位者发号施令，下属都不去执行，政令就得不到实施，所以没有执行力。"夫妇别，父子亲，君臣信"，这三者都做到，政事才能办好。

"内以治宗庙之礼，足以配天地之神也。"宗庙就是古代天子、诸侯祭祀祖宗的地方。在家族内部修明祭祀祖先的宗庙之礼，使之足以配祭天地之神。《论语》中曾子说："慎终追远，民德归厚矣。"民风淳厚是结果，原因在于人心厚道，都有知恩报恩、饮水思源、返本报始的意识。怎样设立制度来培养这种意识？中国古人有一种思想，就有相应的制度来促使这种思想落实。希望民风淳厚，所以就有了祭祖的制度。一个人连祖先都念念不忘，想着定时去祭祀，对于眼前的父母，哪有不照顾、不孝顺的道理？而君王率先垂范，甚至以祖先配祀天地，这样隆重显示了对祖先的尊敬和不忘本，百姓也会起而效法，结果就是民风淳厚。

"出以治直言之礼，足以立上下之敬也。""直言"，根据郑玄注解，就是正言，也就是出政教。朝廷颁布推行政教之礼，足以树立上下之间的恭敬。夹注说："夫妇正，则可以治政言礼矣。"夫妇这一伦端正了，然后才可以治理政事，谈论礼的教化；"身正乃可以正人矣"，自身端正才可以端正他人。

"物耻则足以振之，国耻则足以兴之。故为政先乎礼，礼，其政之本与。""物"，《玉篇》解释："凡生天地之间，皆谓物也。""兴"，兴起。以万事万物不合理法为耻，则足以振兴礼制；以国家有丧乱为耻，则足以兴建礼制。所以，治理国家必须先推行礼的教化，这是政治的根本。

中国古人是以礼治国。以婚礼为例，来讲一讲礼的作用。为什么礼重要？怎样推行礼？以礼治国的效果是什么？

《礼记·昏义》讲："昏礼者，将合二姓之好，上以事宗庙，而下以继后世也，故君子重之。"古人是在黄昏的时候娶妻，"昏"就是黄昏。根据郑玄注解："娶妻之礼，以昏为期，因名焉。必以昏者，取其阳往阴来之意。"娶妻之礼都是在黄昏进行，所以称为"昏礼"。之所以选在黄昏的时候进行，是取阳往阴来的意思。"将合二姓之好"，婚礼是将缔结两个姓氏之间的美好。礼上有规定："昏，同姓不昏。"同一个姓，比如同是刘姓的两人是不能结婚的，这也是避免近亲结婚。"上以事宗庙，而下以继后世也"，上要敬事宗庙、祭祀祖先，下要传宗接代，培养贤德的儿孙，也就是要把祖宗美好的家道、家风、家业代代相传。所以，古人非常重视婚礼。

《礼记集解》中吕大临注解："物不可以苟合，必受之以贲。盖天下之情，不合则不成，而其所以合也，敬则能终，苟则易离。必受之以致饰者，所以敬而不苟也。昏礼者，其受贲之义乎？故自纳采至亲迎，皆男先乎女，所以别疑远耻，成妇之顺正也。"

"物不可以苟合，必受之以贲。"这句话出自《周易·序卦传》："物不可苟合而已矣，必受之以贲。"苏轼在《东坡易传》卷九讲："君臣、父子、夫妇、朋友之际所谓合也，直情而行谓之苟，礼以饰情谓之贲。"君臣、父子、夫妇、朋友之间，如果只是顺着这个情，直截了当地去表达，这就叫"苟"。"苟"，也是随意、随便、苟且的意思。"礼以饰情谓之贲"，通过礼来文饰情感，以礼表达情义，这就叫"贲"。所以，"贲者，饰也"。贲卦的"贲"就是修饰、美饰、装饰、文饰的意思。人与人之间不可以随意。如果没有礼，有情感就结合在一起，那与动物又有什么区别？

"盖天下之情，不合则不成，而其所以合也，敬则能终，苟则易离。必受之以致饰者，所以敬而不苟也。"大概因为天下的情感不结合就不能成全，所以有了结合之道，结合必须采取敬慎的态度。敬慎则能善始善终，随意就容易离散。只接受经过礼义修饰节度的感情，就是敬慎而不随意的表现。假如男人喜欢女人，女人喜欢男人，就随便结合在一起，将来也会很容易地分开。现代人对这些道理了解得很少，很多年轻人羡慕西方人试婚、未婚同居，觉得这样很随意、很自由，没有负担，却不知道其结果可能很不好。"敬则能终，苟则易离。"这也是古人重视婚礼的原因，要有这么多步骤来体现对婚礼的重视。

"昏礼者，其受贽之义乎？故自纳采至亲迎，皆男先乎女，所以别疑远耻，成妇之顺正也。"婚礼不就是接受经过礼义修饰的情感之义吗？不能有了情感就直接表达，必须经过礼义的文饰才接受这种情感，这才是合情合理的。因此，从纳采到亲迎的整个过程，都是男子先于女子，也就是男子主动，女子被动。这样做是为了避免嫌疑，远离耻辱，成就妇人顺从贞正的美德。

男大当婚，女大当嫁，这是人之常情。就像孟子所讲的："丈夫生而愿为之有室，女子生而愿为之有家。"但是，有室有家必须遵从礼的规定，不能有苟且的行为。孟子说，假如"钻穴隙相窥，逾墙相从，则父母国人皆贱之"。假如钻个洞去窥视人家，跳墙和人家私奔，无论是父母还是国人，都会瞧不起他们。

元朝吴澄说："不受币则不可以成男女之合。"也就是男女之间如果没有纳币订婚，就不能亲近往来，更不能有不正当的关系。礼有防患于未然、防微杜渐的作用，让男女双方对婚姻都有慎重的态度。

可见，婚礼的设计是顺着人情来的。男女双方相互吸引是正常的，但是又不能像动物那样苟且随便，所以才有了婚礼。婚礼是人生最重大的仪式，所以要隆重。但这个隆重并不是奢侈浪费、打闹嬉戏，而是要有敬慎重正的态度，这样才能走得长远。

《礼记·昏义》讲："敬慎重正，然后亲之，礼之大体，而所以成男女之别，而立夫妇之义也。"《礼记正义》孔颖达疏："敬慎重正者，言行昏礼之时，必须恭敬谨慎，尊重正礼，而后男女相亲。若不敬慎重正，则夫妇久必离异，不相亲也。"如果没有这种敬慎重正的态度，夫妇相处久了，可能就会离异，也没了这种相亲相爱的感情。

《礼运》讲的是"夫义妇顺"，但是在《昏义》中没有谈"顺"，而是着重谈"义"。因为担心的不是妇不够顺，而是"苟于顺而伤于义也"，就是随随便便的顺从。这种顺从是有伤于义的，是不符合礼义的。如果不符合礼义，这个顺也不可长保。所以，这里特别强调立"夫妇之义"。婚礼的设计，目的是成就两个人长久的幸福，给人以教育的作用，培养人对婚姻的责任感，这就叫"因其情而节之以礼，从其欲而制之以义"。这个礼是"因其情"，顺着人情，又不能让人情泛滥，要以礼来节度。顺着人的欲望，用义来节制。

"义简而备，礼易而法，去情不远，故民之从命也速。"这个义理简单而又完备。例如，中国古代的价值观就五个字：仁、义、礼、智、信。简单到极处，易记、易行，容易记忆，也容易在社会上普遍推行。但是，义理又非常深刻。如"仁者爱人"，这个"仁"包括"亲亲"，亲爱父母，孝敬父母，又包括"仁民"，仁爱百姓，还包括"爱物"，对万物都要有仁爱之心。怎样去行仁？孔子说："己所不欲，勿施于人。""己欲立而立人，己欲达而达人。"要把恕道作为行仁的方法。培养人的仁爱之心，要从孝敬父母做起，"孝弟也者，其为仁之本与？"这个"仁"字展开来讲，义理简要详明，"义简而备"。"礼易而法"，礼设置得很简易，所以容易遵守。"法"，效法。"去情不远，故民之从命也速。"古人设置礼是非常有学问的，离人情不远，设置得合情合理，人们才能迅速地遵从它。《礼记》讲，祭礼不能设计得太频繁，次数太多就会让人生起厌烦之心，变得粗心大意。同时，祭礼也不能设计得太稀疏，如果好长时间也没有一次祭祀，人就会疏忽，甚至给淡忘了，也就生不起对祖先的敬意。礼要设计得恰如其分，合情合理，才容易让人遵行。

治国以礼，结果是"四体既正，肤革充盈，人之肥也"。按照礼去做，身心泰然端正，肌肤丰满润泽，这是个人的康健。"君子坦荡荡，小人长戚戚"，君子身心清净，在脸上有所表现，他的肌肤干净、充盈、滋润，而不是满面暗沉。

"父子笃，兄弟睦，夫妇和，家之肥也。"五伦关系处得好，父子情笃，兄弟亲睦，夫妇和顺，这是家庭的康健。现在很多人愿意学传统文化，因为学了之后，本来夫妻要离婚的，结果不离了；本来儿女不孝父母的，结果变得孝顺了；本来兄弟为了财产要吵上法庭的，最后和睦相处了。这就是学的效果，学和不学大不相同。

"大臣法，小臣廉，官职相序，君臣相正，国之肥也。"大臣秉公执法，小官清正廉明，官职序位明确，各尽其责，君臣相互匡正，这是国家的康健。"君臣相正"的"正"，就是匡正的意思。古人认为，忠臣最大的特点就是看到国君有过失能犯颜直谏。不能一味地顺从国君，谄媚巴结，那叫佞臣。

"天子以德为车，以乐为御，诸侯以礼相与，大夫以法相序，士以信相考，百姓以睦相守，天下之肥也。是谓大顺。"天子以道德为车乘，以乐教来驾驭，诸侯之间以礼友好往来，大夫之间以法排定次序，士人之间以诚信彼此成就，百姓和睦相处，这是天下的康健。这种状态被称为"大顺"。这样的治理境界，正是因为古圣先王能修礼以达到

"义"，践履诚信。这样的太平盛世是以礼治国，顺应天理、人情的必然结果。这就是为什么说礼是政治的根本。

【孔子遂言曰："昔三代明王之必敬妻子也，盖有道焉。妻也者，亲之主也。子也者，亲之后也，敢不敬与？是故君子无不敬也。敬也者，敬身为大；身也者，亲之支也，敢不敬与？不敬其身，是伤其亲；伤其亲，是伤其本也；伤其本，则支从而亡。三者，百姓之象也。身以及身，子以及子，妃以及妃。君修此三者，则大化忾于天下。"】

孔子遂言曰："昔三代明王之必敬妻子也，盖有道焉。""妻子"，妻子和儿女。孔子接着说："从前夏、商、周三代的圣王必定敬重自己的妻儿，这是有大道理的。"

中国的传统没有不敬妻子的，更没有歧视女人。"男女有别"并不是说男女地位上有差别，而是根据自然之道来指导人生得出的结论。道就是自然而然的规律。"顺天者昌，逆天者亡"，顺应天道来生产生活才昌盛发达，违逆天道就免不了灭亡。

男女从出生起，生理和心理就是有差别的，这个差别是自然而然的。按照这个差别来分配工作任务，就是"男主外，女主内"。特别是在农业社会，创造经济收入是由男子来承担。女子，根据其生理、心理特点，承担的主要工作是教育儿女，把儿女培养成人。

根据职责分工，就要求"夫义妇德"，做丈夫的要有恩义、有道义、有情义；做妻子的要有德行，这样才能言传身教，把儿女教导好，起到相夫教子的作用。只有做到"夫义妇德"，夫妻关系才能处理好。

"妻也者，亲之主也。"妻子负责祭祀祖先、孝敬公婆、助夫成德、和睦妯娌、教育子女，所以她的责任无比重大。古人说，娶一个好太太可以旺三代，而娶一个不好的妻子可以败三代。这不是夸张。

作为妻子，不图名，不图利，一心一意把家照顾好，帮助丈夫成就事业，让他没有后顾之忧。面对这样的妻子，丈夫怎能不感恩、不敬重？《周易》说："地势坤，君子以厚德载物。"女子要效法大地的德行，安静、平稳，所以，做妻子的不能常常发火。"安"字，上面是一个宝盖，代表家，下面是个"女"字。女子在家，家庭就安、就幸福。女子还要厚德沉稳，具有像大地一样的德行。"地之秽者多生物"，污秽、肮脏的地方，植物反而长得茂盛。所以，女子越是忍辱负重，越有德行，这个家的幸福就越有保证。做妻子的对家庭有这么大的贡献，当然受到丈夫的敬重。

做丈夫的也有丈夫之道，要做到"领妻而不管妻"，把妻子领到为人处世的大道之上，而不是时时事事都去管她。因为你去管她，她也不会服从，甚至还会逆反。领妻，就是丈夫自己首先要走在做人的正道上，立住"三刚"。"三刚"不是"三纲五常"的"三纲"，而是"性刚无脾气、心刚无私欲、身刚无嗜好"。

"性情刚正"并不是说脾气很大，脾气很大的人是"暴夫"，软弱的人是"懦夫"。"刚正"恰恰体现在能克制自己的脾气，不随意发怒。如果丈夫的脾气不好，身边的妻子、孩子就会没有安全感，感到紧张、有压力，不愿意和他相处。因为不知道什么时候，他就会因芝麻大的小事而大发雷霆。时间久了，周围的人都神经紧绷，战战兢兢。

"心刚无私欲"，不能娶了媳妇忘了娘，偏爱妻子、儿女，而薄待父母。"身刚无嗜好"，做丈夫的要修身，不要有不良嗜好。丈夫修身修得好，又能创造经济收入，家庭生活就有保障。丈夫有恩义、有道义、有情义，妻子当然会敬佩，愿意听从教导，教也是身教胜于言教。

做丈夫的敬重妻子，体现在对妻子体贴，对妻子的付出感恩，还要让妻子有安全感、有所依靠，生活得踏实、幸福。

"子也者，亲之后也，敢不敬与？"其次，还要处理好和孩子的关系，也就是敬子，因为孩子是祖宗的后代。但是，敬子并不是孩子要什么就满足什么，而是把祖宗的德行和精神品质、人生的经验、创业的教训传授给他，让这些好的家风、家道代代相传。这才是真正的敬子。

古人总结出很多教子的格言，比如，孝悌为传家之本，勤俭为持家之本，谨慎为保家之本，和顺为齐家之本，诗书为起家之本。如果能多读一些圣贤书，在教子方面就会少走很多弯路。

现在很多孩子被惯成了"小公主""小皇帝"，就是因为做家长的"爱之不以道"。爱儿女，却没有用正确的方法引导他、教育他，结果把孩子给害了。溺爱的"溺"字写得很有味道，它是三点水加一个"弱"字。这是告诉世人：爱孩子，把孩子爱得身体很弱、办事能力很弱，没有任何承受挫折的能力，肩不能担，手不能提，上个学书包还要由父母、保姆代劳，这都是"爱之不以道，适足以害之也"。《孟子》说："天将降大任于斯人也，必先苦其心智，劳其筋骨，饿其体肤，空乏其身……增益其所不能。"人要成才，必须经受各种各样的锻炼，让身体得到锻炼，让心智得到磨炼，不管面对什么样的境况都能坦然处之，做到泰山崩于前而色不变。这样才能把孩子培养好。

敬，特别重视用圣贤教诲来引导孩子，不能一味地满足孩子的欲望。古人说，"惯子如杀子""养子不教如养驴，养女不教如养猪"。养了儿子不教育，长大了脾气像驴一样，顶撞父母，不尊敬父母，甚至打爹骂娘，没有丝毫感恩之心。养了女儿不教育，让她只会吃喝享受，到了婆家不知道孝敬公婆，也不知道怎么做家务，不知道助夫成德，更不懂得如何教育儿女，自己的责任都没有尽到，每天都很懒惰，这就像养猪一样。

"是故君子无不敬也。"君子没有不恭敬的，也就是恭敬一切。

"敬也者，敬身为大；身也者，亲之支也，敢不敬与？"敬，最重要的是敬身，也就是敬重自身。自身是祖宗父母的分支，不敢不恭敬。《礼记》中这个"支"写作树枝的"枝"。"亲之支也"，意思就是父母的分支。敬重自身要做到两点：第一，保护好自己的身体。《弟子规》说："身有伤，贻亲忧。"身体有损伤，父母会跟着不放心。《孝经》说："身体发肤，受之父母，不敢毁伤，孝之始也。"把自己的身体保护好，不要一会儿头疼了，一会儿胃又疼了，这都会让父母很忧心。这是孝的开始。第二，提升自己的德行。"德有伤，贻亲羞"，德行有亏，为人处世、待人接物还有很多问题，处处有障碍，会让父母跟着担心。一个真正让父母放心的人，就是一个比较完美的人。所以古人才说"求忠臣于孝子之门"。孝子"一举足不敢忘父母""一出言不敢忘父母"。一言一行、一举一动都会想到是否会让父母蒙羞，所以，他小心谨慎。为人子的，最怕别人说的一句话就是"你这个人没有教养"。这句话不仅指向自己，还牵连了父母。所以，自己德行上有亏欠，就会让父母蒙羞。《孝经》说："立身行道，扬名于后世，以显父母，孝之终也。"这样才能把孝尽得圆满。

"不敬其身，是伤其亲；伤其亲，是伤其本也；伤其本，则支从而亡。"不敬重自身就是伤害了父母，伤害了父母就是伤害了根本，伤害了根本，枝干也就随之枯亡。

"三者，百姓之象也。""象"，就是效法的意思。这三者，自身、妻子、儿女，百姓也同样都有，所以自然会以君主为榜样。

"身以及身，子以及子，妃以及妃。君修此三者，则大化忾于天下。""大化"，广远、深广的教化。"忾"字有两个读音，当"满"解的时候读作"kài"，当"志"解的时候读作"xì"。"身以及身"，就是敬重自身，进而推及敬重他人。一个人只有自爱才能爱人，只有自尊才能尊人。《弟子规》说："将加人，先问己，己不欲，即速已。""这件事我该不该做？"首先扪心自问，"我希不希望别人以这样的态度和方式对待我？"如果我不希望别人这样对待我，那我也不能这样对待别人。敬爱自己的儿子，天下人都是父母所生，所以也知道敬爱天下人的儿子。一个真正爱儿子的国君，不会轻易发动战争，因为他知道一旦发动战争，多少家庭的儿子都要走上战场，丧失生命。敬爱自己的妻子，也就会敬爱他人的妻子，做到以礼相待。这种推己及人的做法能使自己的心量拓开，以至胸怀天下、心系苍生。君王做好这三件事，教化才能推广到整个天下。

【公曰："敢问何谓敬身？"孔子对曰："君子过言则民作辞；过动则民作则。言不过辞，动不过则，百姓恭敬以从命。若是，则可谓能敬其身；能敬其身，则能成其亲矣。"公曰："何谓成亲？"孔子对曰："君子者，乃人之成名也。百姓与名，谓之君子，则是成其亲为君而为其子也。"】

公曰："敢问何谓敬身？"这段话说明哀公很好学。哀公问孔子："请问什么是敬重自身？"对于一国之君而言，敬重自身就是使自己修身有成，这样才能使江山事业代代相传。

孔子对曰："君子过言则民作辞；过动则民作则。言不过辞，动不过则，百姓恭敬以从命。若是，则可谓能敬其身；能敬其身，则能成其亲矣。"孔子回答说："国君发表错误的言论，民众就会说不当的话；国君做了错事，民众就会起而效法。国君的言论不可超越政令，行动不可超越规范。言行不超越政令、规范，民众就会恭敬地听从国君的命令。这样就可以说是敬重自身；能敬重自身，就可以说是成就双亲的名声。"

公曰："何谓成亲？"哀公又问："什么是成就双亲的名声？"

孔子对曰："君子者，乃人之成名也。百姓与名，谓之君子，则是成其亲为君而为其子也。"孔子回答："所谓君子，就是成就了名声的人。能敬重自身的人，百姓称其为君之子，就是君的儿子，这就使双亲得到荣显，成就了双亲的名声。"

【孔子遂言曰："为政而不能爱人，则不能成其身；不能成其身，则不能安其土；不能安其土，则不能乐天；不能乐天，则不能成身。"公曰："敢问何谓成身？"孔子对曰："夫其行己不过于物，谓之成身。不过于物，合天道也。"】

孔子遂言曰："为政而不能爱人，则不能成其身；不能成其身，则不能安其土；不能安其土，则不能乐天；不能乐天，则不能成身。"孔子随后又说："治理政事而不能爱护民众，就不能成就自身。不能成就自身，就不能安守自己的国家；不能安守自己的国家，就不能乐行天道；不能乐行天道，就不能成就自身。"

公曰："敢问何谓成身？"哀公问："什么是成就自身？"

孔子对曰："夫其行己不过于物，谓之成身。不过于物，合天道也。"孔子回答说："使自己无过错于天下，称之为成就自身。无过错于天下，就是国君的言行、思想都符合天道。国君能做到这一点，就是成就自身。"

作为国君，敬重自身并不是一件很容易的事，要求他的一言一行、一举一动都能成为民众效法的榜样。言行举止没有过错，不违背常理，还要符合天道。要成为一个好的君主，不能不好学，不能不学习经典，因为道都记在经典之中。"人不学，不知义""人不学，不知道"。如果不学习经典，不了解什么是治国的常理常法，按照自己的喜好治国，往往背道而驰，结果就是逆天者亡。

第五讲　人才的五个等级

　　《孔子家语·问礼》篇是鲁哀公向孔子请教礼的问题，以"问礼"作为篇名。孔子阐明了礼的作用以及古代先王是如何推行礼的教化，为什么现代的君王不能推行礼的教化。

　　【哀公问于孔子曰："大礼何如？子之言礼，何其尊也？"孔子曰："丘闻之，民之所以生者，礼为大。非礼则无以节事天地之神焉；非礼则无以辨君臣、上下、长幼之位焉；非礼则无以别男女、父子、兄弟、婚姻、亲族疏数之交焉。是故君子此为之尊敬，然后以其所能教示百姓。"】

　　哀公问于孔子曰："大礼何如？子之言礼，何其尊也？"鲁哀公问孔子："请问大礼是什么样的？为什么您说到礼总是那么尊崇？"

　　孔子曰："丘闻之，民之所以生者，礼为大。"孔子说："我听说，民众之所以能正常生活，就在于礼发挥了最重要的作用。"古人特别强调上下尊卑之间的秩序，孔子回答国君的时候是称自己的名。为了表示尊重，我们把"丘"读"mǒu"音。

　　"非礼则无以节事天地之神焉。""节"，节制。"节事"，行事有节制，合乎标准。没有礼，就无法按照合适的标准来祭祀天地神明。

　　古人通过祭祀天地神明表达一种知恩报恩、饮水思源、返本报始的意识。因为日常的生活所需、衣食住行都来自天地万物，所以祭祀天地就代表了对天地万物的敬畏之心、感恩之心，对天地万物不能过度索取。

　　这里提到天地之神，我们要对中国古书中的"神"有正确的理解。这个"神"和西方文化背景中的"神"是不一样的。这个"神"是指在世的时候，对国家、民众有贡献的人，去世后被人们尊称为"神"，立庙祭祀，如赵云庙、岳王庙、关帝庙等，这些人都有某种品德值得后人学习。庙实际上相当于现在的纪念堂、纪念馆、纪念碑等。《礼记》明确记载，对哪些人应该祭祀，对哪些人要定时纪念。这都是教导人不忘本。如果人人都能知恩报恩、饮水思源，心善、行善、言善，社会环境就会非常美好。

《礼记·月令》记载，仲夏之月，就是夏天的第二个月，国君要祭祀那些曾为民众做出重大贡献的人，如句龙、后稷等。句龙是共工氏的儿子，共工氏被颛顼打败之后，颛顼任命句龙为土正官，负责平整土地、疏导河流。他在这方面贡献很大，所以被后世尊为"后土"之神加以祭祀。后稷是帝喾的儿子，他教导民众稼穑、树艺五谷，所以被誉为"农耕始祖""五谷之神"。后人经常说社稷，社"就是指土地神，"稷"就是指五谷神。

现在大家都喜欢供财神，中国人祭祀的财神常常是文财神范蠡。为什么把他作为财神来供奉？并不是你在他面前放上一百块钱，他就保佑你赚一百万。范蠡本来是越王勾践手下的谋士，他协助勾践打败吴国，收复失地。在庆功的时候，他发现勾践可以共患难，不可以同富贵，就偷偷地离开越国，来到了当时的齐国，隐姓埋名，开始做生意，结果很快就赚了一大笔钱。但是，他没有用这些钱过骄奢淫逸的生活，而是都拿出去救济那些有需要的穷亲戚、旧邻居等。然后又从小本生意做起，又赚了一笔钱，又散了出去。如此反复三次，所以历史上有范蠡"三聚财，三散财"之说。后人认为他很会做生意，所以尊他为财神。看到这个财神像就想到，要想赚钱，就要懂得舍得的道理："小舍小得，大舍大得，不舍就不得。"当然，有时候你小舍，虽然花的钱很少，但是你的心量很大，那也会大得。

中国古代的教育是高度艺术化的，让人看到这个人的塑像，就想到这个人在世的功德以及他身上的品质。这实际上都有教育的内涵。

古人祭祀天地也有教育的内涵。祭祀天地，首先自己就有敬畏之心，不敢去做坏事。《周易》说："积善之家，必有余庆；积不善之家，必有余殃。"什么叫无法无天？就是既不相信法律，觉得行贿就可以逃脱，又不相信天理。这个天理、自然的规律就是"种瓜得瓜，种豆得豆"，就是"善有善报，恶有恶报"。有了这个观念，自然不敢去做坏事，自然就会远祸得福。

祭拜天地，知道有天道的存在，就会顺应天道自然的规律来生产生活。例如，一年有四季，春生、夏长、秋收、冬藏，按照这个节律来搞农业才不违农时。

古人也是按照这个自然节律来办政治。例如，在春季选拔人才，到秋天行刑问斩。而且，天道好生而恶杀，天地都是成就万物、给予万物，无私无我，不求回报。按照这个规律办政治，就要"礼主刑辅"，要以伦理道德、礼仪教化为主，而以刑罚为辅。这也是"一阴一阳之谓道"的体现。

观察天地万物，可以从中学到一些美德，如"天无私覆，地无私载，日月无私照"。天地有一种平等无私的情怀，对万物一视同仁、包容关爱。不是说它是绵羊，天地就对它很照顾；它是老虎、狮子、狼，天地就对它不照顾。以这种理念办政治，贫富贵贱都要同样地关爱。这就是效法天地无私的精神。《孟子》说："亲亲而仁民，仁民而爱物。"不仅把人当成同胞兄弟一样关爱，还要以这种仁爱之心关爱万物，包括关爱动物、关爱自然生态。有这种爱心，就不会破坏生态、破坏环境。

祭祀天地有这么多好处，所以孔子说："我祭则得福。"孔子祭祀为什么得福？因为"祭如在，祭神如神在"。孔子对天地万物有一种恭敬之心、敬畏之心。福田靠心耕，一个人这样存心，才会有福报。这是得福的真正原因。

"非礼则无以辨君臣、上下、长幼之位焉。"没有礼，就无法确立君臣、上下、长幼之间的秩序。比如君南面，臣北面，这是君臣之间的位次。"上"是指公卿大夫，"下"是指士，公卿大夫列位于上，士列位于下。一个家庭，父子之间的关系也需要礼才得以确立。父母要慈爱教导儿女，儿女要孝敬父母。"父母呼，应勿缓；父母命，行勿懒。父母教，须敬听；父母责，须顺承"，还有"亲有过，谏使更，怡吾色，柔吾声"，这都是对父母的恭敬。

兄弟姐妹之间也有一种伦常秩序，兄长要友爱帮助弟弟妹妹。"友"在古代的写法是 ⺈⺈，两只手互相搀扶，意思是说，弟弟妹妹有了困难，做兄长的要去帮助，这是天经地义的事，不要再讲什么条件。当弟弟妹妹的，即使是高官，即使有财富，对于兄长也依然要恭敬听从。所以，君臣上下，父子兄弟之间，如果没有礼，就没有办法确立各自的名位和本分。

汉朝刚刚建立的时候，礼制还没有确定。很多大臣都出身草莽，有时候喝醉了酒，就在皇帝面前争功，甚至大喊大叫，剑拔弩张，还破坏宫殿的建筑。这不仅使皇帝威严扫地，官员之间的凝聚力也大打折扣。于是，叔孙通就建议汉高祖议定礼仪制度，在整个朝廷加以推行，以正君臣之位。经过一段时间的演礼，这些王公大臣都学会了朝堂之礼，再也不像以前那样松散邋遢了。

可见，治理国家如果没有礼，臣子就会懈怠，君主也没有威严。君主没有威严不是一件好事。因为君主说的话，大臣都不当回事，政令就会很难推行，缺少执行力。《弟子规》是最简单的礼。最简单的礼做到了，很多问题都迎刃而解。例如，"或饮食，或坐走，长者先，幼者后"，无论吃饭还是走路，都是长者在先，幼者在后。这个次序规定下来，就能在日常生活的点点滴滴中培养孩子的恭敬心、感恩心。爷爷奶奶已经忙碌一天，又是做饭，又是收拾屋子，又是洗衣服，而孩子在家庭的贡献最少、付出最小，他怎么有资格当"小公主""小皇帝"？长幼之间也是一个有次序的伦理关系。

"非礼则无以别男女、父子、兄弟、婚姻、亲族疏数之交焉。""疏数（cù）"，就是稀疏和密集，这里指亲疏。礼的功能之一就是确定人与人之间的亲疏远近关系。其最明显的表现，就是古代服丧有五服制度。丧服有五等，称为五服。这五服就是斩衰、齐衰、大功、小功、缌麻，通过所穿的丧服可以看出和亡者的亲疏关系。与亡者的关系越近，穿的丧服越粗，因为这个时候他的哀思之情是难以控制的，他是毫不修饰，来不及置办精细的丧服；与亡者的关系越远，穿的丧服越精细。这就是根据五服的礼制来确定人与人之间亲疏远近的关系。这个制度一确立，和亡者是什么关系，该穿什么服饰，就很清楚了。

"父子有亲"，父子之间到底到什么程度才叫亲？是否应该向西方人学习，父子之间直呼其名或者称兄道弟，像朋友一样，这样才显得亲近？中国有五千年的文明，但是现在有些中国人崇洋媚外，认为凡是西方的就代表先进，所以西方人怎么做，就跟着怎么学，把人伦关系搞得紊乱。

父母在家庭当中应该保持一份怎样的尊严？《孝经》说"圣人因

严以教敬"，这在礼上也有规定。例如："祖可以弄孙，父不可弄子。"孙子承欢膝下，祖父可以享受天伦之乐，可以和孙子玩耍，但是父亲跟儿子就不可以。因为做父亲的还承担着教育儿女的责任，要让孩子对父亲有恭敬之心，父亲时时表现出一种威严。如果做父亲的威严扫地，孩子会很轻慢，不把他的话放在心上，就会造次，这样就教育不好孩子。如果不懂得这些道理，等孩子长大了，教育出了问题，后悔也来不及。

礼有"定亲疏"的作用。懂得这些礼，对于现在一些流行的说法、做法，就知道是对的还是错的，问题的原因在哪里。礼不是繁文缛节，不是古人闲得没事干了，想出很多规定用来约束人们。恰恰相反，礼源自生活，是出于深远的考虑。它是为了让人生活得更幸福，让人得到保护才设计的。

古人说，礼有"绝恶于未萌，起敬于微眇"的作用，也就是在生活的微小之处培养人的恭敬之心。如"或饮食，或坐走，长者先，幼者后"，这是很微小的一件事，但就是在这微小之处培养了一个人的恭敬心。"绝恶于未萌"，父子之间有亲，但是不能过分亲密，这样儿女就不敢造次，就不会不把父母的话放在心上，也就是说，在这个恶还没有萌芽之前就把它斩断了。

当一个刑事犯逃亡，要发动很多警察去抓捕他，光是每一天的花费都很多，更别提他对人的生命和财产可能造成的损害。想一想，如果有了这种礼仪道德的教化，后边这些可能就省了，所以怎能说是繁文缛节？其实，恰恰是礼，让社会治理变得低耗、高效。

"是故君子此为之尊敬，然后以其所能教示百姓。"所以，君王对此十分重视，用自己能做到的事情教化、引导百姓顺礼而行。正是因为古代的君王对礼的重要性认识得非常深刻，所以他们能带头恭敬行礼。身教者从，上行而下效，老百姓也会顺礼而行，礼的教化在全社会就很容易推广开来。

具体的做法是："卑其宫室，节其服御，车不雕玑，器不雕镂，食不二味，心不淫志，以与万民同利。古之明王之行礼也如此。""卑其宫室"，就是使自己的宫室低矮简陋。"节其服御"，节制服饰、车马等器用。"雕玑"，就是刻画漆饰成凹凸花纹。"雕镂"，就是雕琢、刻镂。君王居住在低矮简陋的宫室，服饰、车马等器用节俭朴素。乘坐的马车不加雕刻漆饰，使用的器物不加雕琢刻镂，饮食味道单纯，不放纵欲望，以便与万民同享利益。古代贤明君王就是这样恭敬行礼的啊！

这让我们想到历史上一些圣君的所作所为。《史记》记载："尧之王天下也，茅茨不翦，采椽不斫。"尧统治天下的时候，他的房屋非常简陋，茅草盖的屋顶不加修剪，栎木做的椽子也没有砍削，没有过多的装饰，非常朴素。

《群书治要·墨子》针对宫室建造还专门有一段论述："圣王建造房屋是便于生活的，而不是让人观赏的；制作衣服、腰带、鞋子，也是有益于身体，不是用来显示奇异的。圣君自身节俭，并以此教育百姓，因此天下可以得到治理，财物用度可以得到满足。如今的君主建造宫室完全不同，他们凶残地掠夺百姓用于衣食的资财，用于宫室台榭的建造、曲直交错的景观和彩绘雕刻的装饰。国君建造这样的房屋，左右亲近的臣子也纷纷仿效。这样做的结果就是，国家的财物不足以应对饥荒、救济孤寡，所以国家贫穷，百姓也难以治理。"最后，墨子得出结论："如果国家领导者确实想要天下太平，建造宫室就不能不节俭。"

墨子的这段论述，把建造宫室节俭还是奢华提到关系国家兴衰成败的高度，这也成为有识之士的共识。君主一旦出现这方面的奢侈，臣子就会极力劝谏。《国语·楚语》就记载了这样一个故事。楚灵王建造了章华台，非常奢华。他和伍举一起登上楼台，问："这个楼台美吗？"伍举回答说："臣听说，国君以尊敬任用贤人为美事，以安定人民为乐事，以听从善言为耳聪，以能招致远方的民众为贤明，还没有听过以建筑物的高大庄严、彩绘雕刻考究精致为美的。先君庄王建造匏居台，高度能观望预示吉凶的天象就够了，大小仅够容纳宴用的石器和餐具，所用的木材不妨碍城郭的守备，所用的经费也不由府库支出。百姓不会因此耽误农时，官吏不必改变上朝的常规，庄王因此能平定动乱、战胜敌人，而不被诸侯所憎恶。如今，君上建造这座高台，劳民伤财，致使五谷不丰、官吏烦劳，历时几年才建成，臣不明白它究竟美在何处。所谓美，应该是对上下内外、大小远近都没有害处，这才称得上美。如果将财物用尽，还要侵占百姓应得的利益，使自己富有而使百姓贫穷，怎能算得上美呢？作为一国之君，要领导百姓，与百姓共处。如果百姓都瘦了，君主又怎能独肥呢？先王建造台榭，选择的是贫瘠坚硬、不适合耕种的土地，用的是加固城防剩下的木料，官员是在政事之余才参与进去，百姓利用的是农闲时间。建造台榭是为了有益百姓，没听说要穷尽百姓资财的。如果君上认为这楼台很美，把建造楼台视为正事，楚国就危险了。"

读《群书治要》，可以使人们建立一种共同的荣辱观和道德观。到底什么是荣、什么是耻，是以建造奢华的办公大楼为荣，还是以勤俭为荣，大家读了，就会达成一致。《群书治要》没有太多具体的政策制度，讲的都是道理。道理明白了，大家就会达成共识，自然知道应该怎么做。这就是古人所说的理得心安。

读《群书治要》，可以成为有文化的人。文化的本质就是以文化人，以经、史、子中的文章所包含的道理来教化人民。从不知道节俭变得节俭，从不知道感恩变得感恩，从不知道孝亲尊师变得孝亲尊师，这就叫以文化人。通过读文章变化人的气质，变化人的行为方式，提升人的品德，这就是文化的作用。圣明的君主读《群书治要》，对他们为政会起作用。唐太宗靠《群书治要》的理念，开创了"贞观之治"。

《贞观政要》记载了唐太宗很多故事。其中，《论俭约》记载，贞观元年（627），唐太宗对侍臣说："自古帝王凡是有兴土木的大事，都要顺应民心。从前大禹凿九山、通九江，耗费人力巨大，却没有人抱怨，因为这是人心所向，反映了百姓的意愿。秦始皇营建宫室，人们都反对，因为秦始皇是为了满足自己的私欲，违背了民心。朕现在想建造一座宫殿，材木等已经准备好了，但是想一想秦始皇的教训，决定不建了。古人说，不要做无益的事情而损害了有益之事；不见到引起贪心的东西，心就不会被扰乱。由此可知，见到那些诱人之物，心很容易被污染。对那些精雕细镂的器物、服饰，如果纵情享受，灭亡的日子很快就会到来。"他还要求自王公以下，宅第、车服、婚嫁、丧葬等用度不能超过规定而过于奢华。此后二十多年，社会风俗崇尚俭朴，财用富足，少有挨饿受冻的情况。虽然国家富强，但是没有骄奢淫逸，富人知道节俭，所以贫富差距没有那么大。

贞观二年，有公卿上奏："依礼夏季最后一个月可以居住在建在高台上的楼榭里。现在暑热未退，秋季的连绵大雨刚刚开始，皇宫低下潮湿，所以请陛下营建一座楼阁。"唐太宗说："朕是有气力衰竭的病，不适宜居住在低下潮湿的地方，但是如果同意了你们的请求，浪费实在太多。从前，汉文帝想建造一座露台，但是算了一下，相当于十户中等民户的家产，他就放弃了这个念头。朕的德行比不上汉文帝，而耗费的财物却要超过他，难道这是作为民之父母的国君应做的吗？"尽管公卿再三上书奏请此事，唐太宗终究没有答应。唐太宗确实汲取了历史的经验教训，知道节制自己的欲望，不能损害百姓的利益。

《贞观政要·论君道》记载，贞观元年，唐太宗对侍臣说："朕每思伤其身者不在外物，皆由嗜欲以成其祸。若耽嗜滋味，玩悦声色，所欲既多，所损亦大，既妨政事，又扰生民。且复出一非理之言，万姓为之解体，怨讟（dú）既作，离叛亦兴。朕每思此，不敢纵逸。"唐太宗说："朕常常想，能伤害自身的并不是身外的东西，而是自身有这样那样的不良嗜好才酿成灾祸。如果一味地讲究吃喝，沉溺于声色，欲望很多，损害也就很大，既妨碍政事，又扰害百姓。如果再说出一些不合理的话，更会弄得人心涣散，怨言四起，众叛亲离。每当想到这些，朕就不敢放纵享乐，贪图安逸。"

魏徵听了，说："古代圣明的君主，也都是先从自身入手，才能远而推及一切事物。过去楚庄王请教詹何，问他治理好国家的要领，詹何却用加强修身的方法来回答。"这在《群书治要》中也有记载。詹何说："没听说过自身修养好而国家混乱的。陛下所明白的道理，实在很符合古人所说。"从这段话我们也体会到魏徵和唐太宗是同心同德，确实是古人所说的"同声相应，同气相求"。所以，君臣齐心协力，共同创下"贞观之治"。

这里讲的"节其服御"，还有"心不淫志，车不雕玑，器不雕镂"，历史上有很多案例。《后汉书》记载了汉明帝的皇后马皇后的故事。被立为皇后之后，马皇后更加谦和恭敬。她能诵《易经》，爱读《春秋》

《楚辞》，尤其喜欢《周官》。她穿的衣服常常都是用厚缯做的，裙子上连装饰的花边都没有。宫中各位姬妃来请安，远远地看，还以为她穿的是绫绸绉纱之类的，但是走到跟前一看，才知道原来是用粗布做的，就都笑了。马皇后说："这种厚缯特别适合染色，所以用来做衣服。"她的品德，后宫没有不赞叹的。

建初二年（77）夏遭了旱灾，朝臣认为这是没有封外戚的缘故，所以纷纷上奏，说应该遵照过去的章程。结果太后（章帝即位后，马皇后被尊为太后）下诏，不准给自己的兄弟们进封。诏书这样写道："我虽然是天下之母，但是身穿厚缯衣服，饮食不求甘美，左右只穿黑布衣服，没有麝香，不加修饰，就是想以身作则，让他们反躬自问，但他们只笑着说太后平日喜好节俭。之前从濯龙门上经过，看到外家问候起居的人，车如流水，马如游龙，奴仆们都穿着绿色臂衣，领和袖子都是纯白色的。回头看一看我的御者，不及他们很多。我之所以不谴责他们，只是停了他们每年的开支用度，是希望能用这种方法使他们私下里觉得惭愧，但他们仍然懈怠，没有忧国忘家的观念。"他们还是只顾着小家的幸福，没有考虑到国家应该提倡节俭。太后考虑到整个国家的兴衰，为的是不给整个国家造成不良影响，所以才不同意封这些外戚。但是，在外亲中凡是谦和本分、有义行的，太后都对他们温言劝勉，并赏赐些财物。若有人犯了细小的过错，她先是不假辞色，然后再批评教育。对于那些车服华丽、不遵守法度的，便取消他们的资格，遣送回故里。这样一来，朝廷内外受到感化，衣被、车服规划如一，外家惶恐，比明帝永平年间更加谨慎。太后率先垂范，所以能感化自己的兄弟，让他们能自我贬抑，而不是奢侈浪费、争功争名。

"心不淫志"，不过分放纵自己的欲望。东汉有位贤臣叫宋弘，"糟糠之妻不下堂"的典故说的就是他。有一天，他在和汉光武帝谈话，刚好宫廷里面换了几幅新的仕女图，图上的仕女都画得很美，汉光武帝眼神就飘到上面去了。宋弘看到皇帝的眼神飘来飘去的，注意力也不集中了，马上提醒。他说了一句很善巧的话："孔子说：吾未见好德如好色者也。"圣人的话十分管用，因为古代的皇帝都是从小熟读圣贤之书，一经提醒，汉光武帝就不好意思了，马上说："来人，把它们撤掉。"汉光武帝也很难得，一听到规劝的话，马上就加以改正。他问宋弘："我听到这么好的教诲，马上就去做，这样可以吗？"皇帝有这样的态度，这也是百姓之福、社稷之福。

《尚书》有段话："内作色荒，外作禽荒。甘酒嗜音，峻宇雕墙。有一于此，未或弗亡。"对内兴起迷恋女色之风，对外喜欢游猎，没有节制，还喜欢饮酒，沉溺于靡靡之音，住的房屋又高又大，墙上还雕刻着花纹，这都说明极尽奢侈。以上描写了六种情况，只要有其中一种，就没有不灭亡的。这都是警告领导者要克制欲望。

现代人讲竞争，其实竞争不是去和别人争，而是和自己的坏毛病、坏习气做斗争。人在没有成为圣人之前，各有各的习气。贪嗔痴慢疑，光这个贪，就有贪财、贪色、贪名、贪利、贪吃、贪睡等不同的贪。还有的人贪玩，也有的人贪功。只要遇到好的缘分，贪爱之心就生起来了。虽然习气各有不同，但是都离不开一个"贪"字。所以孔子说："克己复礼为仁。"

修学要从哪里修起？从克服自己的欲望开始，返回到礼的要求上来。一个人能改掉自己的毛病习气，外在的财色名利都不贪了，这样的人才被称为大英雄。真正的英雄一定能过美人关。过不了的，不配称为英雄。例如关公，他被称为忠义之人，特别讲道义。人们之所以设关帝庙供奉他，万世景仰，就是因为他能抵御财色名利的诱惑，有道义、有恩义、有情义。一个人能战胜自己的习气，才是无往而不胜的。

所以，不要去跟别人争，而要和自己的欲望、习气做斗争。现在有很多富人，但是没有希望别人称自己"暴发户"的。暴发户有了钱、有了势，就骄奢淫逸，买名牌衣服、名牌轿车、名牌配饰、名牌化妆品，不知道把钱用在哪里。而尊贵的人即使有钱有势，也仍然生活得很俭朴，拿钱去救济贫苦、兴办教育、搞慈善事业。特别是早年下南洋的那些华人，他们身上有尊贵的气质。他们很多人都是白手起家，挣了钱，事业有成，对于祖国的建设，特别是兴教育、办学校，特别慷慨。

【公曰："今之君子，胡莫之行也？"孔子对曰："今之君子，好利无厌，淫行不倦，荒怠慢游，固民是尽，以遂其心，以怨其政，忤其众，以伐有道。求得当欲，不以其所；虐杀刑诛，不以其理。夫昔之用民也由前，今之用民也由后，是即今之君子莫能为礼也。"】

公曰："今之君子，胡莫之行也？"哀公说："当今的君主，为什么不能行礼了？"

孔子对曰："今之君子，好利无厌，淫行不倦，荒怠慢游，固民是尽，以遂其心，以怨其政，忤其众，以伐有道。求得当欲，不以其所；虐杀刑诛，不以其理。"孔子回答说："当今的君王追求利益，贪得无厌，放纵行为而不知疲倦，过分怠惰，游手好闲，一定要搜刮尽百姓的钱财来满足自己的私欲，招致百姓的怨恨，又违逆民众的意愿去征讨有道义的国家。为了满足自己的欲望而不择手段，也就是无原则地求取。暴虐地对待人民，肆意刑罚杀戮，不按法度治理国家。"

"**夫昔之用民也由前，今之用民也由后，是即今之君子莫能为礼也。**"从前的君王治理国家，用的是前面所说的方法，现在的君王用的却是后面的做法，也就是说，现在的君王不懂得修明礼的教化。

在这里，孔子一针见血地指出，君王之所以不能成功地推行礼的教化，一个重要原因就是他们自己不能像古圣先贤那样厉行节约，节制欲望，过着奢侈浪费、荒淫无度的生活。在位者不能力戒骄奢淫逸之风，为了满足自己的私欲而不择手段，不顾民众死活，所以礼的教化不能推行。这就是上行而下效。

《淮南子》讲："成康继文武之业，守明堂之制，观存亡之迹，见成败之变，非道不言，非义不行，言不苟出，行不苟为，择善而后从事焉。"周成王和周康王继承了文王和武王的基业，遵守明堂制度，明察前代兴亡，看清国家成败。不合乎道义的话不说，不合乎义理的事不做，言论不随便出口，举止不随意而为，选择好的方法和方式再去行事。正是因为他们能做到这些，所以开创了"成康之治"，社会安定，甚至达到了囹圄空虚、刑措不用的境界。

从成王、康王一直到汉代，将近一千年间，想治理好天下的君王很多，太平盛世却不复出现。《汉书》用一句话讲出了原因："以其舍法度而任私意，奢侈行而仁义废也。"在位者放弃了治国的常理常法，放纵欲望，奢靡风行，荒废了仁义。和圣明的君主恰恰相反，他们是以骄奢淫逸为乐。唐朝诗人李商隐在《咏史》中说："历览前贤国与家，成由勤俭败由奢。"这是总结了历史兴衰成败的规律。

礼仪道德教育之所以不能深入人心，不能让人产生信心，甚至还产生反感，其中一个重要原因就是在位者把它变成说教，说得很好，但是自己做不到。《礼记》说："下之事上也，不从其所令，而从其所行。上好是物，下必有甚矣，故上之所好恶，不可不慎也，是民之表也。"这说明良好有效的道德教育是正己化人，是"上所施，下所效"。《论语》记载，季康子患盗而向孔子求教，孔子回答："苟子之不欲，虽赏之不窃。"如果自己没有贪心，即使给予赏赐，百姓都不会去盗窃。上位者没有贪欲，下位者也会以贪欲为耻。正所谓："政者，正也。子帅以正，孰敢不正？""其身正，不令而行；其身不正，虽令不从。"教育者和领导者先受教育才符合道德教育的规律。所以，从领导干部开始做起，反对奢靡之风、享乐主义，才能带动整个社会兴起勤俭节约的风气。

《礼记》说："国奢，则示之以俭。"如果一个国家奢侈之风盛行，就要教导人们崇尚节俭。《论语》说："礼，与其奢也，宁俭。"虽然奢和俭都不符合礼，一个是过，一个是不及，但相对而言，强调节俭更符合礼的要求。提倡节俭，必须从在位者做起才能起到好的作用。

针对奢靡之风，我国领导人在讲话中指出："有些领导干部爱忆苦思甜，口头上说是穷苦家庭出身，是党和人民培养了自己，但言行不一，心里想的是自己当上官了，终于可以扬眉吐气了，要好好享受一下当官的尊荣，摆起官架子来比谁都大。享乐主义实质是革命意志衰退、奋斗精神消减，根源是世界观、人生观、价值观不正确，拈轻怕重，贪图安逸，追求感官享受。奢靡之风实质是剥削阶级思想和腐朽生活方式的反映，根源是思想堕落、物欲膨胀、灯红酒绿、纸醉金迷。"党的十八大之后，党中央提出了"八项规定"，提倡节俭，反对浪费。这就是"国奢，则示之以俭"。而在位者即领导干部能带头节俭，上行下效，就会起到立竿见影的教育效果。

唐朝杨绾做了中书侍郎、同平章事，他为官清廉、崇尚节俭。他受封命令下达的当天，郭子仪正在宴客，听到这个消息，立刻就把座中的声乐减了五分之四；京兆尹黎干的随从本来人数众多，也于当天减少了；中丞崔宽把房屋建造得豪华奢侈，也马上下令把它拆毁。从这个例子就可以看到上行下效的效果，就像影之随形、响之应声一样迅速、自然。

读史使人明智。研读《群书治要》这部涵盖了经、史、子中的资政巨著，可以让领导干部深刻地认识到奢靡之风的危害，从而自觉响应党中央提出的"厉行节约，反对浪费"的号召。把外在的道德要求转化为内在的信念，主动追求，才能杜绝享乐主义和奢靡之风。

《孔子家语·五仪》篇中孔子将人分为五等，也就是"五仪"，详述了"五仪"的不同标准，所以这一篇以"五仪"作为篇名。

【哀公问于孔子曰："寡人欲论鲁国之士，与之为治，敢问如何取之？"孔子曰："人有五仪：有庸人，有士人，有君子，有贤，有圣。审此五者，则治道毕矣。所谓庸人者，心不存慎终之规，口不吐训格之言，不择贤以托其身，不力行以自定。见小暗大而不知所务，从物如流而不知所执，此则庸人也。所谓士人者，心有所定，计有所守。虽不能尽道术之本，必有率也；虽不能备百善之美，必有处也。是故智不务多，务审其所知；言不务多，务审其所谓；行不务多，务审其所由。智既知之，言既得之，行既由之，则若性命形骸之不可易也。富贵不足以益，贫贱不足以损，此则士人也。所谓君子者，言必忠信而心不怨，仁义在身而色不伐，思虑通明而辞不专。笃行信道，自强不息，油然若将可越而终不可及者，此君子也。所谓贤者，德不逾闲，行中规绳，言足法于天下而不伤于身，道足化于百姓而不伤于本。富则天下无宛财，施则天下不病贫。此贤者也。所谓圣者，德合天地，变通无方，穷万事之终始，协庶品之自然，敷其大道而遂成情性。明并日月，化行若神。下民不知其德，睹者不识其邻。此圣者也。"】

哀公问于孔子曰："寡人欲论鲁国之士，与之为治，敢问如何取之？"鲁哀公向孔子请教："我想辨识选拔鲁国的贤能之士，用他们来治理国家。请问如何选用？"如何选拔人才非常重要。

孔子曰："人有五仪：有庸人，有士人，有君子，有贤，有圣。审此五者，则治道毕矣。"孔子回答说："人可以分为五个等级：庸人、士人、君子、贤人和圣人。能审慎地辨别这五等人，治国之道就具备了。"

"所谓庸人者，心不存慎终之规，口不吐训格之言，不择贤以托其身，不力行以自定。见小暗大而不知所务，从物如流而不知所执，此则庸人也。""训格"的"格"是法的意思，也就是规范、典范。"托"是托付、寄托。"暗"是不明。"务"是专力。

所谓庸人，就是心中没有慎重行事、善始善终的规范；口里也说不出可以奉为行为准则的教诲之言；不选择贤者以为人生的寄托；也不力行圣贤教诲以安定自己；小事聪明而大事糊涂，不知道该追求什么；凡事随波逐流而没有主见，不知道该执守什么。

世上的庸人很多，每天张家长李家短，甚至损人利己。他们对于怎么谨慎地落实圣贤教诲，怎么提升自己的德行，或者说回归自性明德，都没有时间去理会。

"所谓士人者，心有所定，计有所守。虽不能尽道术之本，必有率也；虽不能备百善之美，必有处也。是故智不务多，务审其所知；言不务多，务审其所谓；行不务多，务审其所由。智既知之，言既得之，行既由之，则若性命形骸之不可易也。富贵不足以益，贫贱不足以损，此则士人也。""率"，遵循。"处"，定。"骸"，《释文》解释："手足首身也"。

所谓士人，心中有坚定的目标信念，谋划有执守的原则。虽不能彻底洞悉道德、技艺的根本，但是一定有所遵循；虽不能完全具备所有的美善，但一定有其操守。所以，智慧不求多，对自己所学的是否合乎道一定要有所辨别；言辞不求多，一定要知道自己说的是什么，能明确地表达自己的意思；行为不求多，一定要知道自己为什么这样做。智慧能判断所学正确，言谈能得其要旨，行为能遵循事理，就像人的性命、身体一样不可改变，这就是心有所主，不会随意地改变自己的志向。富贵不足以使他骄慢，贫贱也不会让他忧戚，这就是士人。

从这里可以看到，成为士人也不是一件容易的事。士人的目标、志向非常明确，而且坚持不懈、持之以恒，还能做到宠辱不惊，这都是比较高的要求了。

"所谓君子者，言必忠信而心不怨，仁义在身而色不伐，思虑通明而辞不专。笃行信道，自强不息，油然若将可越而终不可及者，此君子也。""伐"，自我夸耀。"专"，擅自，专断。

所谓君子，言语必定忠实守信，内心没有抱怨；身行仁义而没有自我夸耀的神色；考虑问题通达明智而言辞不专断。笃行自己所信守的道义，自强不息，从容不迫，好像人将超越他，但最终达不到他的境界，这就是君子。"油然"是不进之貌，就好像他的所作所为也没有特别努力、特别精进，是自然而然的。就好像你能超越他，但终究还是赶不上。

"所谓贤者，德不逾闲，行中规绳，言足法于天下而不伤于身，道足化于百姓而不伤于本。富则天下无宛财，施则天下不病贫。此贤者也。""逾闲"，逾越法度。"行中规绳"，"中"，合；"规"，法度；"绳"，戒。"宛财"，积聚的财物。

所谓贤人，德行不逾越法度，行为中规中矩，言语可以让天下人效法，而不会招来灾祸，道德足以教化百姓，而不会伤害自身。他若富裕，天下就可以不积聚私财；他若施惠，天下就没有贫苦之人。这样的人就是贤人。

他的言语足以让天下人效法，而不会招来灾祸，因为他的言语都符合道德，他的德行和名声相匹配，不会出现德不配位的现象。如果他富裕了，他不会"积财伤道"，他会惠施百姓，而不是把钱财积聚在自己家中，"朱门酒肉臭，路有冻死骨"的现象就不会发生。

"所谓圣者，德合天地，变通无方，穷万事之终始，协庶品之自然，敷其大道而遂成情性。明并日月，化行若神。下民不知其德，睹者不识其邻。此圣者也。""庶品"是众物、万物。"敷"是布、散。"识"是认识、识别。"邻"有境界、界域的意思。

所谓圣人，他的品德符合天地之道，变通自如；能穷尽万事万物的发展规律，协调万物，使之自然和谐；把大道传布天下，从而成就其道德品性。他的明德智慧与日月同辉，教化遍行若神，民众不知道他的德行，见到他的人也看不出他的境界。这样的人就是圣人。

圣者的德行合于天地，就像《周易》所说的，圣人与"天地合其德"。他不是像贤者那样中规中矩地做事，而是会随着时节因缘的变化，变通无碍，不会执着。就像"法无定法"，会随缘而变。就像孟子评价孔子，说他是"圣之时者也"，"可以仕则仕，可以止则止，可以久则久，可以速则速"，穷通万事万物终始循环往复的规律。中国人不说"始终"，而说"终始"，说明这个结束并不是真的结束了，而是又一个开始。

明白万事万物循环往复的规律，能使万物自然协调，能把大道传布天下，使天下人自然地改变情性，就如春风化雨，润物无声，自然地就改变情性了，而后成就其道德品性。圣人的光明和日月同辉，他的教化影响广泛迅速，就像神明一般。百姓不知道他的德行，即使见到他，也不知道他的高深，不知道他到底达到了怎样的境界，甚至觉得他和常人没什么两样。

可见，圣人不是故意表现得与众不同，更不会让人感到稀奇古怪。圣人看起来和常人无异，常人做什么，他也做什么，但他的存心是不同的。他能与社会大众和光同尘，他的德行教化影响却非常广泛，这样的人是圣人。

君主能区别由低到高五种境界的人，就知道如何重用君子、贤人、圣人，把国家治理好，建立不世之功。所以，首先要知道如何分辨不同等级的人才。

【公曰："善哉！非子之贤，则寡人不得闻此言也。虽然，寡人生于深宫之中，长于妇人之手，未尝知哀，未尝知忧，未尝知劳，未尝知惧，未尝知危，恐不足以行五仪之教。若何？"孔子曰："君入庙而右，登自阼阶，仰视榱桷，俯察机筵，其器皆存而不睹其人。君以此思哀，则哀可知矣。昧爽夙兴，正其衣冠，平旦视朝，虑其危难，一物失理，乱亡之端。君以此思忧，则忧可知矣。日出听政，治乎中昃，诸侯子孙，往来为宾，行礼揖让，慎其威仪。君以此思劳，则劳可知矣。缅然长思，出乎四门，周章远望，睹亡国之墟，必将有数焉。君以此思惧，则惧可知矣。夫君者，舟也；民者，水也。水所以载舟，亦所以覆舟。君以此思危，则危可知矣。既明此五者，而又少留意于五仪之事，则于政治乎何有失哉？"】

公曰："善哉！非子之贤，则寡人不得闻此言也。虽然，寡人生于深宫之中，长于妇人之手，未尝知哀，未尝知忧，未尝知劳，未尝知惧，未尝知危，恐不足以行五仪之教。若何？"哀公说："太好了，要不是您这样贤明，寡人就听不到这样的至理名言。尽管如此，寡人从小生在深宫之中，由妇人们抚养长大，未曾感受过哀痛、忧虑、辛劳、恐惧、危险，恐怕不足以推行您所讲的关于五等人的教诲，那该怎么办？"

孔子曰："君入庙而右，登自阼阶，仰视榱桷，俯察机筵，其器皆存而不睹其人。君以此思哀，则哀可知矣。""阼阶"是东阶，主人迎接宾客的地方。"榱桷（cuījué）"是屋椽。"机筵"是几案和座席。"筵"，《说文解字》解释为"竹席也"，古人铺在地上的座席。孔子说："君上您每次进入宗庙，沿着右侧行走，从东侧阶梯登上庙堂，抬头看屋顶的椽子，低头看盛满祭品的几案和座席。这些器物都在，却再也见不到逝去的先祖，君上您因此就可以知道什么是哀伤。"

"昧爽夙兴，正其衣冠，平旦视朝，虑其危难，一物失理，乱亡之端。君以此思忧，则忧可知矣。""昧爽"，天将晓而尚暗之时。"夙"，"早敬也"，早。"兴"，起。"昧爽夙兴"，天刚刚亮就起床了。"平旦"，古人根据天色，把夜半以后分为鸡鸣、昧旦、平旦三个阶段。鸡鸣是指天明之前，昧旦是指天将亮而未亮，"平旦"是指天亮。天未亮就起床，穿戴整齐，天刚亮就临朝听政，考虑国家的危机、困难。一件事处理不当，就可能导致祸乱灭亡，君上您因此就可以知道什么是忧虑。

"日出听政，治乎中昃，诸侯子孙，往来为宾，行礼揖让，慎其威仪。君以此思劳，则劳可知矣。""中昃"，日过午而见西斜。太阳刚刚出来就开始处理朝政，一直到下午太阳西斜，接待各国诸侯子孙等来往宾客，行礼揖让，谨慎保持自己的威严礼仪，君上您因此就可以知道什么是辛劳。

"缅然长思，出乎四门，周章远望，睹亡国之墟，必将有数焉。君以此思惧，则惧可知矣。""缅然"，遥远的样子。"周章"，周遍流行，遍及各地。追念遥远的历史，走出国门，放眼四望，看到许多灭亡国家的废墟，君上您因此就可以知道什么是恐惧。

"夫君者，舟也；民者，水也。水所以载舟，亦所以覆舟。君以此思危，则危可知矣。既明此五者，而又少留意于五仪之事，则于政治乎何有失哉？"国君是舟，百姓是水，水可以载舟，也可以使舟沉没，君上您因此就可以知道什么是危险。明白这五个方面，再稍稍留意五等人才的识别任用，办理政事就不会有失误。

"君者，舟也；民者，水也。水所以载舟，亦所以覆舟。"这也成了一句名言。唐太宗对这句话深信不疑，并常用这句话来教导太子。《贞观政要》记载，唐太宗说："我听说古人很重视胎教，我却没有时间顾及这些，但是，我总是不失时机地教导太子。自从他被立为太子，我总是在生活中给予他适时的引导。"

譬如，太子在吃饭的时候，唐太宗问："你知道饭的道理吗？"太子答："不知道。"唐太宗说："饭是经过农民辛勤耕种才获得的。要注意使民以时，不夺农时，这样才能经常吃到这样的好饭。"

看到太子骑马，唐太宗又问："你懂得马的道理吗？"太子摇摇头说："不知道。"唐太宗说："马可以帮人做很多事，帮人劳作、拉车。要注意不能把马力用尽，这样才能总有马骑。"

太子去乘船，唐太宗问："你懂得船的道理吗？"太子答："不知道。"唐太宗说："君主就好比是船，百姓就好比是水。水可以载船，也可以把船颠覆。你以后要当皇帝，对于这个道理，不能不小心敬慎。"

看到太子靠在一棵树上休息，唐太宗又问："你懂得树的道理吗？"太子答："不知道。"唐太宗说："你看这棵树虽然弯曲了，但是你用墨线来校正它，它仍然可以作为直木来使用。君主哪怕德行不够，但只要听从臣下的劝谏，也仍然可以成为圣君。"

唐太宗经常这样引导太子，认为按照这些道理去做，自己的位置才能稳固，天下才能太平，江山才能代代承传。读书，特别是读经典的好处就是让人明理，理得心安。这样才不会像一般人那样忙忙碌碌地去追求大房子、豪车，过骄奢淫逸的生活。《周易》说："君子以俭德辟难，不可荣以禄。"领导干部常常学习这些教诲，并能身体力行，很多灾祸就可以避免。

当然，也有人会问："不能贪财、贪色、贪名、贪利、贪吃、贪睡、贪玩，那人生还有什么自由可言？人生还有什么意思呢？"其实，他们所说的这个"自由"并不是真正的自由，那是被自己的欲望控制而不能自拔。

中国古人认为的自由，是掌控自己的欲望，面对财色名利等诱惑如如不动，能把持住自己。例如，在钱财面前不动心，在钱财面前就自由；面对美色不动心，在美色面前就自由；对名利不动心，在名利面前就自由。这才是真正的自由。

孔子的弟子颜渊，"一箪食，一瓢饮，在陋巷，人不堪其忧，回也不改其乐"，因为他已经看破，已经把这些外在的财色名利放下了，这些东西就不足以成为控制他身心的枷锁。

中国人有个词叫"名缰利锁"，喜欢名，名就是一根缰绳，把你缠了一道；喜欢利，利是一条锁链，又把你缠了一道。层层捆绑，你就喘不过气来了，会烦恼重重，压力很大。颜渊活得这么自在，是因为他明白，这些外在的东西，财色名利，是身外之物；连自己的身体都不能控制，又怎能控制这些身外之物？颜渊明白这个道理，把这些东西放下了，获得了真正的身心自由。所以，如果贪财，别人拿钱财来贿赂，你就得为人办事，甚至冒着丢官的风险，钱财就成为诱饵，你就可能因贪财而跳下深渊；如果贪色，就有人送来美色作为诱饵，你就可能因贪色而身败名裂。哪有自由可言？

儒家讲："人到无求品自高。"如果有求，就会对人低三下四。所以，儒家的君子确实能做到无求。"进则兼济天下，退则独善其身"，无论是进还是退，都随缘而已。有人用就兼济天下，没人用就独善其身。而有求就放不下，就会被这些所求之物束缚身心。就像李白诗中所说的："安能摧眉折腰事权贵，使我不得开心颜？"对名利没有放下，对权势没有放下，就得"摧眉折腰事权贵"。

我们看庄子的故事。楚威王听说庄子贤能，就派遣使臣带着丰厚的礼物去聘请他出任宰相。庄子笑着对使臣说："千金，确实是厚礼；卿相，确实是高贵的位置。但是，您难道没见过祭祀天地用的犀牛吗？喂养它好几年，然后给它披上带有纹饰的绸缎，把它牵进太庙去做祭品。在那个时候，它即使想做一头没人看顾的小猪，难道还能办得到吗？您赶快离去，不要玷污了我，我宁愿在小水沟里身心愉快地游戏，也不愿被国君所束缚。我终身不愿意做官，这样可以使自己的心志愉快。"

中国人给隐士做了传记，因为这些隐士有一个特点，就是与人无争，于世无求，他们把财色名利等都看得很淡，不愿意受其束缚。当然，还有一种人，他们连"品自高"这个"品"都不求了，把"我"完全放下了，去帮助众生觉悟，这样的人是更高境界的人。把"我"放下了，"我贪、我爱、我痴、我慢、我疑"自然就没有了。如果还有一个"我"，就会有"我"要控制、"我"要占有、"我"很得意等一系列问题。

这个"我"，实际上是不好放下的。相较于贪财色名利等外物的人，儒家的一些君子已经把这些身外之物放下了，但是还有一个"品自高"，他们并没有真正地放下"我"，还有一个"我的品"没有放下。真正把"我"放下的人，是只看对方需要什么，大众需要什么，社会需要什么，民族需要什么，国家需要什么，我的身体算什么？我的生命算什么？这些全都可以奉献出来，这是更高的境界。

【哀公问于孔子曰："请问取人之法。"孔子对曰："事任之官，无取捷捷，无取钳钳，无取啍啍。捷捷，贪也；钳钳，乱也；啍啍，诞也。故弓调而后求劲焉，马服而后求良焉，士必悫而后求智能者焉。不悫而多能，譬之豺狼不可迩也。"】

哀公问于孔子曰："请问取人之法。"哀公问孔子："请问选取人才的方法。"

孔子对曰："事任之官，无取捷捷，无取钳钳，无取啍啍。捷捷，贪也；钳钳，乱也；啍啍，诞也。故弓调而后求劲焉，马服而后求良焉，士必悫而后求智能者焉。不悫而多能，譬之豺狼不可迩也。""捷捷"，贪食不已的样子，引申为贪得无厌。"钳钳"，胡乱应对，不谨慎诚实。"啍啍（zhūnzhūn）"，多言而欺诈的样子。"愨（què）"，谨慎诚实的样子。孔子回答说："根据个人所能胜任的事授予官职。不要任用贪得无厌的人，不要任用言语胡乱应对、不谨慎的人，也不要任用多言欺诈、不诚实的人。所以，射箭的弓要调整好才能使它强劲；马要驯服才能期待它成为良马；读书人必须先具备诚敬的德行，然后才看他的智慧和才能。没有德行而又能力很强的人，就像豺狼一样不可接近。"

这段话用很形象的比喻告诉世人，为什么选人必须坚持德才兼备、以德为先的原则。弓如果没有调整好，却强劲有力，可能伤到自己或自己人；烈马还没有驯服，骑上去，可能摔下来，伤到自己；士人必须首先具备恭敬、谨慎、诚实等德行，如果没有这些德行，却多才多艺、能力很强，亲近他，也容易伤到自己。

司马光在《资治通鉴》中对德才的关系有这样一段论述："才者，德之资也；德者，才之帅也。"据此，将人分为四类："才德全尽谓之圣人，才德兼亡谓之愚人，德胜才谓之君子，才胜德谓之小人。"在这四类人中，最当引起注意的就是才能胜过德行的小人。博学多才固然重要，但是如果没有德行作为基础，就可能知识越多、能力越强，对社会的危害反而越大。所以司马光提出，凡是选举人才，如果得不到圣贤君子，与其得到小人，还不如得到愚人。这是因为君子用才能来行善，小人却用才能来作恶。用才能行善，则善无不至；用才能作恶，恶也会席卷而来。

古人这个比喻确实非常好。现代人用很简单的语言把人才分成四个层次：第一，"有德有才是正品"。就像工厂生产产品，一个人既有德行又有能力，这是社会所急需的，叫正品。第二，"有德无才是次品"。这个人有德行，但是才能不够，经过培养还是可以任用的。虽然不像正品那么好用，但也不至于给国家社会造成危害。第三，"有才无德是毒品"。有才能和聪明智慧，但是没有德行的人，就如毒品一样，会对国家社会造成很大危害。比如，用高科技犯罪，用自己的技能去"黑"别人的网站，设置很多障碍，让网站不能顺利运行。这些人没有将所学的知识技能转化为奉献社会的资粮，反而窃其为犯罪的工具。另外，还有一种精致的利己主义者，冠冕堂皇地穿着道德的外衣，戴着伪君子的面具，却做着自私自利、以权谋私的丑恶勾当。一旦被人发现，人们会对道德教育丧失信心。有一些腐败分子，前几天还在大会上慷慨激昂地说："我们一定要把反腐败作为关系到党和国家前途命运的重要问题来抓。"结果过了几天，自己被带走了。他们作为道德体系的腐蚀剂，危害更深，这是毒品。第四，"无才无德是废品"。当然，这样的人占少数。

《韩诗外传》中孔子把士分成五种：有权势的士人，家庭富裕、资财雄厚的士人，天资勇猛强悍的士人，智慧聪敏的士人，相貌美好的士人。这五种士人都拥有美好的天然禀赋。但是，如果家里有权势的士人，不用尊贵的权势爱护民众、实行道义，反而横行无忌、暴戾傲慢；家庭富裕的士人，不用财富赈济穷苦，反而过着骄奢淫逸、糜烂无节制的生活；天资勇猛强悍的士人，不去勇敢地保家卫国、建功立业，反而欺凌百姓，甚至挑起私人之间的争斗；智慧聪敏的士人，不用智慧为国家出谋划策，反而用聪明做邪恶之事，掩饰奸诈的行为；相貌美好的士人，不用美貌统御群臣、治理民众，反而去蛊惑他人，以满足自己的私欲。这些士人就丧失了他们天然拥有的美好禀赋。

有些人虽然有优势、有才能，但是没有道德，不为国家、不为社会做贡献，反而对国家社会造成危害。孔子说："其人存，则其政举；其人亡，则其政息。"领导者任用人才，要以公义为出发点，不能出于私心，结党营私。只有任用德才兼备的人才，以德为先，才能把政事办好。

【哀公问于孔子曰："夫国家之存亡祸福，信有天命，非唯人耶？"孔子对曰："存亡祸福，皆在己而已，天灾地妖，弗能加也。昔者殷王帝辛之世，有雀生大鸟于城隅焉。帝辛介雀之德，不修国政，殷国以亡。此即以己逆天时，得福反为祸者也。又其先世殷太戊之时，道缺法邪，以致夭孽。桑穀生朝，七日大拱。太戊恐骇，侧身修行。三年之后，远方慕义，重译至者，十有六国。此即以己逆天时，得祸转为福者也。故天灾地妖，所以儆人主也；寤梦征怪，所以儆人臣也。灾妖不胜善政，梦怪不胜善行。能知此，至治之极也，明王达此也。"】

哀公问于孔子曰："夫国家之存亡祸福，信有天命，非唯人耶？"孔子对曰："存亡祸福，皆在己而已，天灾地妖，弗能加也。""地妖"，在大地上生长的反常怪异之物。《左传·宣公十五年》说："天反时为灾，地反物为妖。"天时不正常叫灾，如六月飞雪；"地反物为妖"，地上长出了不正常的植物等，这就叫妖。哀公问孔子："国家的存亡祸福，确实是由天命支配，不是人力所能左右的吗？"孔子回答说："国家的存亡祸福都是由人自己决定的，天灾地妖都不能改变国家的命运。"

"昔者殷王帝辛之世，有雀生大鸟于城隅焉。""城隅"，城的角落。"帝辛"是指商纣王，因为他沉湎酒色、穷兵黩武，和夏桀并称"桀纣"，是典型的暴君。殷商帝辛时期，有一只鸟雀在城墙角生下一只大鸟，这在当时被认为是一种吉祥的征兆。

"帝辛介雀之德，不修国政，殷国以亡。"商纣王借鸟雀的瑞相福德而不理朝政，结果殷商因此灭亡。

"此即以己逆天时，得福反为祸者也。"这就是因为自己违逆天道，得到福瑞却把它转为灾祸的事例。

"又其先世殷太戊之时，道缺法邪，以致夭孽。桑穀生朝，七日大拱。""夭孽"，物类反常的现象，古人认为是不祥之兆。"夭"，通"妖"。"桑穀"，两种树木的名字，古时以桑穀生于朝为不祥之兆。"大拱"的"拱"是"敛手也"，两手合围，形容其粗大。纣王的祖先殷太戊统治时期，道德缺失，法度不正，以致树木生长出现反常，桑穀二树生长于朝堂，七天就长到两手合围那么粗。

"太戊恐骇，侧身修行。三年之后，远方慕义，重译至者，十有六国。""侧身"，倾侧其身，表示戒惧不安。"重译"，重重翻译。太戊十分恐惧，马上谨慎、恭敬地修养德行。三年之后，远方国家仰慕他的道义，通过重重翻译前来朝拜的国家多达十六个。

"此即以己逆天时，得祸转为福者也。"这就是因为自己顺应天道，将祸兆变为福祉的事例。

"故天灾地妖，所以儆人主也；寤梦征怪，所以儆人臣也。""寤梦"，醒时有所见而成的梦。"征怪"，怪异的征兆。所以说，天降灾害、地生妖异是用来警告国君的，各种梦异和怪诞的征兆是用来警告大臣的。

"灾妖不胜善政，梦怪不胜善行。能知此，至治之极也，明王达此也。"天降灾害、地生妖异胜不过政治的清明，梦异和怪兆胜不过人的善行。能明白这个道理，就可以达到治国的最高境界。只有圣明的君王才能达到这个境界。

这个故事主要是告诉世人，天灾地妖都是上天垂相，是用来警告君主和大臣的，让他们能反省自己。如果他们能及时反省，修养德行，推行善政，就可以转变这种不祥的征兆；能转至太平，根本还在于人心的转变。

《周易》说："善不积不足以成名，恶不积不足以灭身。"决定一个人前途、命运、祸福的，是自己的德行。"积善之家，必有余庆；积不善之家，必有余殃。""德者，本也；财者，末也。""天视自我民视，天听自我民听。"这才是必然的规律。

第六讲　以仁爱、谦逊、谨慎存心

《孔子家语·致思》篇记载，孔子游于农山，命弟子们"于斯致思"，谈论志向。

【季羔为卫士师，刖人之足。俄而，卫有乱，季羔逃之。刖者守门焉，谓季羔曰："彼有缺。"季羔曰："君子不逾。"又曰："彼有窦。"季羔曰："君子不隧。"又曰："于此有室。"季羔入焉。既而追者罢，季羔将去，谓刖者曰："吾不能亏主之法，而亲刖子之足。今吾在难，此正子报怨之时，而子逃我，何故？"刖者曰："断足，故我之罪也，无可奈何。曩者君治臣以法令，先人后臣，欲臣之免也，臣知之。狱决罪定，临当论刑，君愀然不乐，见于颜色，臣又知之。君岂私臣哉？天生君子，其道故然。此臣之所以悦君也。"孔子闻之曰："善哉为吏！其用法一也。思仁恕则树德，加严暴则树怨，公以行，其子羔乎？"】

季羔为卫士师，刖人之足。俄而，卫有乱，季羔逃之。刖者守门焉，谓季羔曰："彼有缺。"季羔曰："君子不逾。"又曰："彼有窦。"季羔曰："君子不隧。"又曰："于此有室。"季羔入焉。"士师"，古代掌管刑狱的官名。"刖"，断足之刑。"窦"，"空也，穴也"，洞穴的意思。孔子的弟子高柴，字季羔，也叫子羔，担任卫国的刑官，为官清廉，执法公平而又有仁慈之心。季羔在卫国担任士师时，对一个人执行了断足之刑。不久，卫国发生动乱，季羔要出城避难。被季羔断足之人恰恰负责把守城门，他对季羔说："城墙上有缺口，可以出去。"季羔说："君子不翻墙。"守门人又说："城墙下有洞穴。"季羔说："君子不钻洞。"守门人又说："这里有间内室。"季羔就进入室内躲避。

既而追者罢，季羔将去，谓刖者曰："吾不能亏主之法，而亲刖子之足。今吾在难，此正子报怨之时，而子逃我，何故？"等追兵走后，季羔要离去的时候，对守门人说："过去我不能违背国家的法律，亲自下令砍了您的脚。现在我处于危难之中，正是您报仇的时候，您却帮助我逃脱，这是为什么？"

刖者曰："断足，故我之罪也，无可奈何。曩者君治臣以法令，先人后臣，欲臣之免也，臣知之。狱决罪定，临当论刑，君愀然不乐，见于颜色，臣又知之。君岂私臣哉？天生君子，其道故然。此臣之所以悦君也。""曩（nǎng）"，"久也"。"愀（qiǎo）"，"颜色变也，容色变也"。守门人说："我被砍断脚，本来就是罪有应得，这是无可奈何的事。您依据法律审理我的案子，下令先审理别人的，再审理我的，是想让我有减免的机会，这一点我知道。案件审理完，确定罪名之后，到了行刑的时候，您的脸色表现得非常忧伤，我又看到了。您哪里是对我有所偏爱？天生君子，为人之道本来如此。这就是我之所以爱戴您的原因。"

孔子闻之曰："善哉为吏！其用法一也。思仁恕则树德，加严暴则树怨，公以行，其子羔乎？"孔子听说了这件事，说："子羔为官做得太好了。同样是执行法律，如果以仁爱、宽恕存心，树立的就是仁德；如果存心严酷残暴，树立的就是仇怨。真正做到了公正而又有德行，就是子羔吧。"

这个故事情节很简单，义理却非常深刻。它提醒执法工作者，同样是做司法工作，但是存心不一样。有的人看到百姓犯罪就发怒，用残酷的刑罚来对待他们，从而树立自己的威信，且以此为荣；有的人对于犯罪人员心存怜悯，认为他们是没有接受良好的道德教育才走到今天。存心不一样，百姓对他们的回报也是截然不同的。

《群书治要》告诉世人，如果抛弃了圣人治国的常理常法而不予伸张，毁坏了圣人的礼义道德，百姓犯法就把他们抓起来惩处，这就好比打开栏圈，放出禽兽，然后又用毒箭射杀。这是毫无仁慈之心的表现。曾子说："上失其道，民散久矣！如得其情，则哀矜而勿喜。"当政的人丧失道义，民心离散已经很久了。如果了解了这样的实情，就应该怜悯人民，而不是因知晓了犯罪的实情而沾沾自喜。作为执法人员，如果不去忧虑百姓没有治理好，反而夸耀自己抓到坏人，这就像捕鸟的人看到鸟落入自己设置的罗网就喜出望外一样。

《汉书》记载了酷吏严延年的故事。严延年身材矮小，精明强干，办事灵活敏捷。作为一郡的长官，凡是下属忠诚奉公的，他都像对待家人一样优待亲近他们，一心为他们着想，居官办事也不顾个人得失。所以在他治理的地区，没有什么事是他不知道的。但是，他有一个毛病，就是极端痛恨坏人坏事，所以被他严惩的人很多。严延年特别擅长写狱词以及官府文书。凡是他想诛杀的人，他都亲自写奏折。大家觉得他的狱词写得很有道理，所以上级很快就会核准。到了冬天，严延年命令把各县要杀的犯人都押到郡府，一起集中处死，一时间血流数里。郡里的人给他起了个外号叫"屠伯"。伯仲叔季，"伯"是老大的意思，"屠伯"就是屠宰的老大。在他管辖的地区，"有令则行，有禁则止"，全郡上下一派清明。

有一次，严延年的母亲从东海来看他，本来是想和他一起行祭礼的。母亲到了洛阳，正好碰上严延年处决犯人，非常震惊，于是就住到了道旁的亭舍里，不肯进入郡府。严延年出城到亭舍拜见母亲，母亲却关门不见。他在门外脱帽叩头，过了好一会儿，母亲才让他进去。

见了面，母亲就斥责说："你有幸当了一郡的太守，治理方圆千里的地方，但是没有听说你以仁爱之心教化百姓，保全百姓让他们平安，反而利用刑罚大肆杀人，以此树立自己的权威。难道身为百姓的父母官，就应该这样行事吗？"严延年听了，赶紧向母亲认错，重重地叩头谢罪，还亲自为母亲驾车，把母亲迎到郡府里去住。

祭祀完毕，母亲对严延年说："苍天在上，明察秋毫，岂有滥杀而不遭报应的？想不到我人老了，还要看着壮年的儿子遭受刑戮。"母亲在这个时候就已经预感到，严延年以后的结果会很不好。母亲又说："我走了，回到东边的老家去为你准备葬身之地。"严母回到家乡，见到严延年同族兄弟，就把以上的话讲给他们听。一年之后，严延年果然出了事，东海郡的人没有不称颂严母贤明智慧、深明大义的。

中国古代很多读书人有先见之明，看到一个人的所作所为，就知道他以后的结果如何。严母也是如此，儿子这样行刑，没有仁慈之心，实际上是有违上天的好生之德，所以就预见儿子的结局不好。这都是因为古人明白天道自然的规律，治国、生产生活都要按照自然的常理常法去做。

古人把地方官称为"父母官"，所谓"民之父母"，应该爱民如子。《盐铁论》说："故为民父母，似养疾子，长厚恩而已。"父母官对待百姓，应该像父母对待自己生病的孩子一样，增施恩惠、宽容厚待。没有父母对儿女屠戮的道理。如果把百姓，包括那些犯罪的人，放在自己的对立面，把逮捕多少人、屠戮多少人、给多少人处以刑罚作为自己的功绩去称颂，而毫无怜悯之心，这是与天道不相符的。所以，古人看一个人所作所为是否与天道相应，就能判断他的兴衰成败，还有以后的结局。

严延年赏罚分明，也很廉洁，但是对待百姓过于苛刻，百姓不会感恩，还会怨声载道。这就是孔子在子羔的故事中所评价的"加严暴则树怨"，这与"仁政"的要求还是有相当距离的。而子羔却能做到既公正执法，又心存仁恕。相应地，德行深厚的人，回报给他的也是很美好的；与人结怨太深的人，自己也会有灾祸。所以，最大的德行莫过于仁，最大的祸害莫过于苛刻。即使是执法者，也要宽和、行仁恕。这一正一反两个故事，对于理解为什么必须坚持依法治国与以德治国相结合的原则，以及如何实现依法治国与以德治国相结合的问题，都有很重要的启示。

《傅子》讲："明君必顺善制而后致治，非善制之能独治也，必须良佐有以行之也。"明智的君主一定是顺着好的制度，包括法律监督机制、激励机制等，以达到社会大治的结果。换句话说，这些制度的健全非常重要，"法者，治之端也"。但是，仅仅有了制度的健全还是不够的，还必须有君子圣贤来推行，二者缺一不可。而君子圣贤必须通过圣贤教育才能培养出来。由此可知，为什么教育必须秉持"立德树人"的理念？因为圣贤君子都是教出来的。

现在社会出现了很多问题，就像一棵大树有很多枝叶花果一样，看似纷繁复杂，追根究底，还是人心坏了，人的良心泯灭了。要解决这个问题，仅仅靠法律监督机制，让人从外在的行为上不敢触犯法律是不够的。要改善人心，必须依靠道德教育，"建国君民，教学为先"。

建立一个国家，领导一国的老百姓，教育是最重要的。"人之初，性本善。性相近，习相远。苟不教，性乃迁。"一定要相信，人是可以教得好的。那怎么教才能教得好？《说文解字》给"教"下了一个定义："教，上所施，下所效也。"《学记》说："教也者，长善而救其失者也。"教育的目的是使人的善良不断增长、过失得以挽救，而良好有效的道德教育是上行下效。

孔子说："人而不仁，疾之已甚，乱也。故民乱反之政，政乱反之身。身正而天下定。是以君子嘉善而矜不能，恩及刑人，德润穷夫，施惠悦尔，行刑不乐也。"对于不仁的人，憎恨得如果太过分了，也会招致祸乱。百姓动乱，就要回过头来从朝政上找原因；朝政乱了，就要回过头来反省执政者自身。自身端正，天下才能安定。君子赞美鼓励善行，又能怜悯不能为善的人；对受刑的人要给予恩惠，对穷人要施行仁德；施恩惠时感到喜悦，实施刑罚时则感到难过。这才是做父母官的仁爱之心。看人家落难，还沾沾自喜，甚至拿着别人的痛苦去邀功请赏，没有丝毫怜悯之心，这就是没有同情心的表现。

《汉书》说："以礼义治之者，积礼义；以刑罚治之者，积刑罚。"用礼义治理国家，积累起来的就是礼义；用刑罚治理国家，积累起来的就是刑罚。"刑罚积则民怨背，礼义积而民和亲。"刑罚用得多了，百姓就会怨恨背叛；礼义积得多了，百姓就会和睦亲爱。"故世主欲民之善同，而所以使民善者或异。"世代君主想让百姓德行美好的意愿本是相同的，但是他们用以使人们德行美好的办法不同。"或导之以德教，或驱之以法令。导之以德教，德教洽而民气乐；驱之以法令者，法令极而民风哀。"有的是用道德教化来引导，有的是用法令来驱使。用道德教化来引导的，德教协和时，人们的精神状态表现出欢乐；用法令来驱使，法令严酷时，人们表现出哀怨。

孟子说："徒法不足以自行。"法律法规再健全、再完备，最终还是要靠人来推行。作为执法人员，因为修养、境界、德行不同，存心也不一样。有人用严酷的刑罚对待百姓，树立自己的威信，且以此为荣；

有人心存仁爱宽恕，百姓对他的回报和态度不同，他所取得的治理效果和达到的治理境界也不同。

《史记》记载，历史上出现过三种不同境界的治理。子产治理郑国，把法律设计得很完备，老百姓想欺骗他都不成，他达到的是"不能欺"的境界。西门豹治邺县，把法律设计得很严苛，老百姓一触犯法律就处以严惩，老百姓战战兢兢，没有人敢欺骗他，他达到的是"不敢欺"的境界。孔子的弟子子贱治理单父，把仁义忠恕的理念运用到管理之中，老百姓不忍心欺骗他，他达到的是"不忍欺"的境界。"建国君民，教学为先"，达到"不忍欺"的境界，才能垂拱而治、无为而治。

【子路为蒲宰，为水备，修沟渎。以民之烦苦也，人与一箪食，一壶浆。孔子止之。子路曰："由也以民多匮饿者，是以与之箪食壶浆，而夫子使止之，是夫子止由之行仁也。"孔子曰："尔以民为饿，何不白于君，发仓廪以给之，而私以尔食馈之？是汝明君之无惠也。速已则可，不已，则尔之见罪必矣。"】

子路为蒲宰，为水备，修沟渎。以民之烦苦也，人与一箪食，一壶浆。孔子止之。"备"，《唐韵》解释："先具以待用也。"防备水患的设施。"渎"，是沟的意思。"箪"，小筐。孔子的弟子子路在蒲地做县宰，修堤防患，兴修沟渠。看到老百姓辛苦劳累，就发给每人一箪饭食，加一壶浆饮。孔子阻止了他的这种做法。

子路曰："由也以民多匮饿者，是以与之箪食壶浆，而夫子使止之，是夫子止由之行仁也。""匮"，乏，也有竭的意思。子路说："我是看到老百姓大多因粮食匮乏而饥饿，才发给他们一箪食物和一壶浆饮，夫子您却派人来阻止我，您这是在阻止我施行仁爱！"

孔子曰："尔以民为饿，何不白于君，发仓廪以给之，而私以尔食馈之？是汝明君之无惠也。速已则可，不已，则尔之见罪必矣。""白"，下级向上级禀告。"仓廪"，储藏米谷的地方。谷藏曰仓，米藏曰廪。孔子说："你既然知道民众饥饿，为什么不向国君禀报，发放国库的粮食补给他们，却私自把自己的粮食馈送给他们？你这是在表明国君对百姓没有恩惠。立即停止还可以；如果不停止，一定会被治罪的。"

作为臣子，所作所为一定要考虑对君主可能产生的影响，不能因为自己的行为而使民众对君主产生错误或不好的看法。道理很简单，君主是一国之君，负责发号施令。如果君主有威严，受臣民爱戴、尊敬，就会一呼百应，属下也有执行力，他发布的政令能顺畅执行。反之，如果君主没有威望，不受人尊敬、爱戴，他发布的政令不能顺畅执行，办事没有效率，国家甚至会陷入混乱。所以，作为臣子，既然选择在朝廷为官，就必须维护君主的威望。

当然，如果觉得君主做得不如法，可以劝谏。古代忠臣有一个重要的特点，就是犯颜直谏。如果劝谏了三次，君主都坚持不改，就可以离他而去，因为已经尽到了臣子的职责。如果觉得这个君主根本就不行，不值得辅佐，可以选择隐居，不出来做官。既选择出来做官，奉事君主，又说君主不好，就会影响君主的威望，导致政治混乱。对政权的稳定、政治的清明、政府办事效率的提高，没有起到正面的、积极的作用，反而起到负面的、消极的作用。而且，有智慧的人也会产生疑问：既然你觉得他不好，为什么还要奉事他？有可能是像郑板桥那样为了有益民众，难得糊涂，忍辱负重，但是这样的人少之又少；更多的是为了一己之私，有智慧的人是不会亲近这样的人的。

在这个故事中，子路的行为是出于对百姓的仁爱，看到百姓匮乏劳苦，想给百姓馈赠一些食物。但是这样做，就会显得国君不关心百姓疾苦，结果可能就是百姓感恩子路，但是对国君产生怨憎。国君如果知道这件事，轻则怪罪子路的行为显得自己对民众疾苦不闻不问，不能对百姓施加恩惠，影响自己在民众中的形象，重则怀疑他收买人心，有谋逆之嫌。

由此可知，即使想做好事，也要讲求方式方法，也要符合礼法的规定，要考虑流弊和影响。弘扬中华优秀传统文化也是如此，不能仅仅凭着一腔热情或者单方面的善良愿望去办事，要特别注意国家的法律、政策、规章和制度，考虑方方面面的想法和感受。特别是要换位思考，尤其要站在政府部门的角度来考虑问题。放下个人的利害得失、名闻利养，才能把事情办得如理如法，避免好心办坏事的现象。

【子贡问治民于孔子，孔子曰："懔懔焉，如以腐索御捍马。"子贡曰："何其畏也？"孔子曰："夫通达之属，皆人也。以道导之，则吾畜也；不以道导之，则吾仇也。若之何其无畏也？"】

子贡问治民于孔子，孔子曰："懔懔焉，如以腐索御捍马。""懔懔"，敬畏谨惧的样子。"捍马"，夹注说："突马也。""突马"，急速向前冲的马。弟子子贡向孔子请教治理百姓的办法，孔子说："治理百姓要敬畏谨惧，就像用腐朽的缰绳驾驭急速前冲的马一样。"这句话体现了以民为本、民惟邦本的民本思想。这是中国自古以来"一以贯之"的思想，在各部经典中都有所体现。

《尚书》记载，帝禹的孙子，也就是启的儿子太康，身居帝位，但是不务朝政，特别喜欢游猎，经常放纵情欲，没有节制。百姓怨恨，他还不知反省。有一次，他又到洛水之南去打猎，一百多天都不回京都。有穷国的后羿趁此把太康拦在了黄河岸边，不让他回国。太康的五个弟弟也侍奉着母亲随其打猎，在洛水和黄河的交界处被拦住，几个弟弟都埋怨太康不理朝政，才导致眼下的困境。他们五个人分别作了一首诗来劝诫太康，这就是历史上著名的《五子之歌》。

第一个弟弟说："民惟邦本，本固邦宁。"百姓是国家的根本，只有根本牢固了，国家才能安宁。"予视天下，愚夫愚妇，一能胜予。"我看天下的愚夫愚妇都能胜过我。"怨岂在明，不见是图。"对于民怨，岂能只在乎已经显露的？应该在尚未显露的时候就有所谋划。"予临兆民，懔乎若朽索之驭六马。为人上者，奈何弗敬？""临"，治。我治理亿万民众，畏惧的心情就像用腐朽的绳索驾驭六马之车。作为君主，不能不时刻保持敬慎、警惕。

第二个弟弟说："训有之。"我们的老祖宗大禹，早就有这样的教训："内作色荒"，对内兴起迷恋女色之风；"外作禽荒"，对外喜欢游猎，没有节制；"甘酒嗜音"，喜欢饮酒，沉溺于靡靡之音；"峻宇雕墙"，住的房屋又高又大，墙上还雕刻着花纹；"有一于此，未或弗亡"，这六种情况有一种出现在你的生活中，就没有不灭亡的。

第三个弟弟说："惟彼陶唐，有此冀方。今失厥道，乱其纪纲，乃底灭亡。""陶唐"是指尧帝。因为有了尧帝，才有了"冀"这个地方。如果丢弃了尧帝的治国之道，扰乱了尧帝的法纪纲常，就会招致灭亡。

第四个弟弟说："明明我祖，万邦之君，有典有则，贻厥子孙。关石和钧，王府则有。荒坠厥绪，覆宗绝祀！"我们十分圣明的祖先是众多邦国的君王，有治国的典章和法则，把这些都遗留给子孙，我们却荒废了前人的事业，倾覆了宗庙，断绝了祭祀。

第五个弟弟说："呜呼曷归？予怀之悲。万世仇予，予将畴依？郁陶乎予心，颜厚有忸怩。弗慎厥德，虽悔可追？""畴"，谁。"郁陶"，哀伤。"忸怩"，羞愧。我们将何日回归？我的内心怀着深深的悲伤。普天之下的人都怨恨我们，我们还将依靠谁？我的内心充满了哀伤，脸皮再厚，也藏不住内心深深的羞愧。平日不慎修自己的品德，虽然后悔，也追不回了。

这五个弟弟都强调"民惟邦本"，应该"爱民如子"，劝导太康克制自己的欲望，做到视民如伤。这个故事对人非常有启发意义。现在有多少领导干部银铛入狱，就是因为"内作色荒，外作禽荒，甘酒嗜音，峻宇雕墙"。要学习经典，经者，常也。它讲的是恒常不变的规律，常理常法，它讲的是道。孔子说："志于道，据于德，依于仁，游于艺。"古圣先贤之所以不惜身家性命，也要把经典传承下去，就是不希望把治国的常理常法丢掉。没了这些常理常法，都是按照自己的想法去治国，放纵欲望，自身会招致祸难，国家也会衰败。

《春秋左氏传》："国之兴也，视民如伤，是其福也；其亡也，以民为土芥，是其祸也。"经典教导要爱民如子、视民如伤。国家之所以兴盛，就是因为把百姓视为自己的伤病一样加以体恤、关爱，这才是一个国家的福祉所在。之所以灭亡，就是因为把百姓视为小草、泥土一样低贱，随意践踏，这是一个国家取祸的原因所在。

子贡曰："何其畏也？"孔子曰："夫通达之属，皆人也。以道导之，则吾畜也；不以道导之，则吾仇也。若之何其无畏也？""通达"，明白事理。"畜"，顺从，驯服。子贡问："为什么要这样畏惧？"孔子说："能明白事理之类的是人。如果用道来引导，则顺从我；不用道来引导，则会成为仇敌。怎能不敬畏？"

作为领导者，一定要起到君、亲、师三个职能。不仅仅要率领、管理民众，还要像父母关爱儿女一样去关心民众。更重要的是教导民众，知道君臣、君民都是一体的关系，是一荣俱荣、一损俱损。教和不教，效果大相径庭。

有一个企业学了《弟子规》，发生了很大变化，最明显的变化就是老板和员工之间的关系变得特别亲密。学习了传统文化的企业，老板对员工体恤有加，员工和老板相互感恩。有传统文化的熏陶和没有传统文化的熏陶，人们的行为是截然不同的。

过去的中国，经历了对传统文化的错误批判，中国人一度丧失了民族自信和文化自信。可喜的是，党的十八大以来，国家大力弘扬中华优秀传统文化，越来越重视经典的学习。提倡要读历史、读经典，因为经典记载的是治国的常理常法，是古人对于天道的体悟，是大浪淘沙的结果，是经得起历史检验的智慧。我们要有文化自信，对自己五千年的文化要有坚定的信心，要把它发扬光大，应用在治理体系之中，一定会取得非常好的效果。

《三恕》篇记载的是孔子关于修身的言论，其中提到"君子有三恕"，因此以"三恕"作为篇名。三恕就是君臣、父子、兄弟之间都要讲求恕道。

【孔子曰："君子有三恕。有君弗能事，有臣而求其使，非恕也；有亲弗能孝，有子而求其报，非恕也；有兄弗能敬，有弟而求其顺，非恕也。士能明于三恕之本，则可谓端身矣。"】

孔子曰："君子有三恕。"孔子说，君子应该具有三种恕。"恕"是"己所不欲，勿施于人""推己及人"。

"有君弗能事，有臣而求其使，非恕也。"自己不能尽心尽力地奉事君主，却要求部属供他使唤，这就不是恕道。一个人有多种角色和职位，可能既是领导者，又是被领导者。作为被领导者，对于领导者是什么样的态度，直接影响部属对待他的态度。因为他的一言一行、一举一动，部属都在观察、学习。希望部属竭忠尽智地对待自己，讲诚信，言出必行，自己也必须以这样的态度对待领导。

"有亲弗能孝，有子而求其报，非恕也。"如果自己对父母不能力尽孝道，却要求孩子回报自己、孝顺自己，这也不是恕道。现在很多父母对儿女的关心无微不至、有求必应，对父母却不理不睬、不闻不问，结果把孩子溺爱成"小公主""小皇帝"，以自我为中心的意识很强，十件事有九件事给他做了，只有一件事没有做好，孩子就会哭闹。这就是以自我为中心、以功利思想为人处世，觉得以后要靠孩子赡养、照顾，所以对孩子很用心。而父母已经老了，成了累赘，就没耐心，疾言厉色或者嫌弃，甚至打骂。孩子看到了、学到了，以后自然也会这样对待自己。对孩子很用心，当成宝贝，但是对父母很不耐烦，这就是身教没有做好。

父母和儿女之间的关系用一棵大树来做比喻：果实是孩子，树干是父母，而树根是爷爷奶奶。希望这棵树枝繁叶茂、果实累累，就应该把水和养分浇在根上。而现在不少家长是把水和养分直接浇在了果实上，果实吸收不了，反而腐烂了。这就是当今教育儿女问题的症结所在。希望孩子孝敬，就要一言一行、一举一动做出榜样给他效法。

学习传统文化要重视力行，重视从《弟子规》学起。有一位老教授做过这样一个比喻："在我们面前放着一个天平，一边是《弟子规》，一边是《四库全书》，包括四书五经等都放上去，这两边的重量是相等的。"来自大学的这些教授就听不懂了："为什么这一本小小的册子却和《四库全书》这么多的经典分量相等？"老教授说："《弟子规》代表的是行，《四库全书》代表的是知，知和行是相等的。如果只有知，而不能去行，那还不如这一本小册子管用。"所以，学儒不能变成儒学。"知之非艰，行之惟艰。"《弟子规》代表的是行，如果有知而没有行，那就是没有做到《中庸》里"博学之，审问之，慎思之，明辨之"后边的那个"笃行之"。

学习传统文化不能把文化变成知识。比如，九州都有哪九州？可以对答如流，考试得一百分，但仍然是"内作色荒，外作禽荒，甘酒嗜音，峻宇雕墙"，违法乱纪，贪污受贿，骄奢淫逸，这就是把文化当作知识来学习了。"锄禾日当午，汗滴禾下土。谁知盘中餐，粒粒皆辛苦。"可以倒背如流，默写下来一个字都不错，但是吃饭的时候，白花花的米饭、馒头扔得到处都是，不知道节俭。这就叫有知识没文化。

学习经典，学习传统文化，不能将其当成知识来学习，一定要潜移默化地让心灵受到触动，在伦理道德、因果教育上着力。要提倡学儒，而不是搞儒学。写了一大堆的文章、专著，为的是评职称，与为人处世、待人接物毫不相关，这就是搞儒学，而不是学儒。

《大学》说："古之欲明明德于天下者，先治其国；欲治其国者，先齐其家；欲齐其家者，先修其身。"修身，是齐家、治国、平天下的基础。而修身前面还有四个步骤：格物、致知、诚意、正心。修身从格物做起。格物就是格除物欲，也就是在财色名利面前如如不动，把持住自己，保持清醒的头脑，这才叫格物。做到这一点，智慧就提起来了，不会情令智迷、利令智昏。学习传统文化要重视知行合一，要知道"上所施，下所效"才是良好有效的道德教育的途径。父母希望儿女孝敬自己，自己首先要真诚地感恩父母。这样，自然就会影响孩子。

"有兄弗能敬，有弟而求其顺，非恕也。"有兄长不能尊敬，却要求弟弟顺从自己，这不是恕道。做弟弟妹妹的财大气粗，或者自己的官位很高，对哥哥姐姐就没了应有的尊重，没有做到弟恭。这也不是恕道。

兄友弟恭，哥哥姐姐对弟弟妹妹要有友爱之心。弟弟妹妹有了困难，哥哥姐姐出手援助是义不容辞，不能再讲什么条件。正因为哥哥姐姐对弟弟妹妹有这样一种态度，所以弟弟妹妹对哥哥姐姐要顺从、感恩。弟弟妹妹无论官做多大、多有钱，都要时刻想到从小到大哥哥姐姐对自己的照顾、体恤和帮助，这种感恩之心终生不忘。

"士能明于三恕之本，则可谓端身矣。""端"，正。端身，端正自身。读书人能明白忠于君、孝于亲、悌于兄是恕道的根本，就可以说是端正自身了。恕道的精神就是"己所不欲，勿施于人"。事事反省自己而不要求别人，"正己而不求于人，则无怨"，这才是把恕道落实在生活之中。

【孔子观于鲁桓公之庙，有欹器焉。孔子问于守庙者曰："此为何器？"对曰："此盖为宥坐之器。"孔子曰："吾闻宥坐之器，虚则欹，中则正，满则覆。明君以为诚，故置于坐侧也。"顾谓弟子曰："试注水焉。"水实之，中则正，满则覆。夫子喟然叹曰："呜呼！夫物恶有满而不覆者哉？"子路进曰："敢问持满有道乎？"子曰："聪明睿智，守之以愚；功被天下，守之以让；勇力振世，守之以怯；富有四海，守之以谦。此所谓损之又损之道也。"】

孔子观于鲁桓公之庙，有欹器焉。孔子问于守庙者曰："此为何器？"对曰："此盖为宥坐之器。"孔子曰："吾闻宥坐之器，虚则欹，中则正，满则覆。明君以为诚，故置于坐侧也。""欹器"，古代一种倾斜易覆的盛水器。"宥"，通"右"。孔子到鲁桓公之庙参观，看到里边有一种欹器。孔子就问看守宗庙的人："这是什么器具？"那人回答：

"这可能就是叫作宥坐的器物。"孔子说:"我听说过宥坐这种器具,当它里面是空的时候就会倾斜,当装水适中的时候就端直,当装满水的时候就倾覆。贤明的君主以此来警诫自己,把它放置在座位的右边,所以叫宥坐。"

顾谓弟子曰:"试注水焉。"水实之,中则正,满则覆。夫子喟然叹曰:"呜呼! 夫物恶有满而不覆者哉?" "恶",相当于何、安、怎么。孔子回头对学生们说:"试着往里面装水看一看。"弟子把水灌进欹器,水达到容器一半时就端直,装满后就倾覆。夫子感叹道:"唉,哪有事物盈满而不倾覆的?"

子路进曰:"敢问持满有道乎?"子曰:"聪明睿智,守之以愚;功被天下,守之以让;勇力振世,守之以怯;富有四海,守之以谦。此所谓损之又损之道也。" "损",减损。子路上前问道:"请问夫子,想要保持盈满却不倾倒,有什么办法吗?"夫子说:"聪明睿智,要用愚笨的态度来持守;功盖天下,要用推让的态度来持守;勇力震撼当世,要用胆怯的态度来持守;拥有四海的土地财富,要用谦逊的态度来持守。这就是所谓减损又减损的办法。"也就是谦退再谦退、低了再低的办法。

老子说:"功成名遂身退,天之道也。"功成名就,要懂得退位。批注讲:"言人所为,功成事立,名迹称遂。"名声显扬起来,"不退身避位,则遇于害",不懂得急流勇退,往往遭人陷害。因为名和利是人之所必争,会让人生嫉妒心,可能还会毁谤、陷害,所以要懂得退。"此乃天之常道,譬如:日中则移,月满则亏,物盛则衰,乐极则哀也",这都是大自然给人的启示。欢喜是好,但是欢喜太过分,乐极会生悲。有多少欢喜,往往也伴随着多少苦痛。明白这个道理,心就平,就不再追求刺激的生活、过分的欢乐。弘一大师在他所编辑的《格言别录》中讲："物忌全胜，事忌全美，人忌全盛。步步占先者，必有人以挤之。事事争胜者，必有人以挫之。"这些都是教导人时时保持谦虚谨慎的处世之道。

中国人有很多观人的方法，一个人有没有德行，一个重要的方面就是看他是否谦虚。如果一个人功成名就，不能自谦而尊人，反而傲慢无礼、自视甚高、目中无人、目空一切，他的事业往往会很快败落。《孝经》讲："在上不骄，高而不危；制节谨度，满而不溢。高而不危，所以长守贵也。满而不溢，所以长守富也。"身处高位而不骄慢，虽然富裕，但还是遵守法度、谨慎行事，不骄奢淫逸。这才是长守富贵之道。

《好生》篇是孔子对古代史事的评论。因孔子谈论舜为君，"其政好生而恶杀"，故以"好生"作为篇名。

【哀公问于孔子曰："昔者舜冠何冠乎？"孔子不对。公曰："寡人问于子，而子无言，何也？"孔子曰："以君之问不先其大者，故方思所以为对焉。"公曰："其大何乎？"孔子曰："舜之为君也，其政好生而恶杀，其任授贤而替不肖，德若天地之虚静，化若四时之变物。是以四海承风，畅于异类。凤翔麟至，鸟兽驯德。无他，好生故也。君舍此道而冠冕是问，是以缓对。"】

哀公问于孔子曰："昔者舜冠何冠乎？"孔子不对。公曰："寡人问于子，而子无言，何也？"孔子曰："以君之问不先其大者，故方思所以为对焉。"哀公问孔子："过去的舜帝戴的是什么样的帽子？"孔子没有回答。哀公问："寡人向您提问，您却不说话，为什么？"孔子说："因为您问问题不是先问重要的，所以我正在思考如何回答。"

公曰："其大何乎？"孔子曰："舜之为君也，其政好生而恶杀，其任授贤而替不肖，德若天地之虚静，化若四时之变物。是以四海承风，畅于异类。凤翔麟至，鸟兽驯德。无他，好生故也。君舍此道而冠冕是问，是以缓对。""虚静"，清虚恬静。"变物"，使万物变化生长。"承风"，承受教化。"异类"，古代对四方少数民族的称呼。"驯德"，"驯"，顺的意思，顺从德化。哀公问："重要的是什么？"孔子说："舜做君主时，爱护生灵，不嗜杀戮，任用贤能之士来取代那些不贤德之人，他的德性如天地一样冲虚清净，教化如四季交替一样使万物自然生长。因此，天下之人都普遍接受他的德风教化，甚至在四方少数民族也畅行无阻；凤凰飞翔集聚，麒麟纷纷到来，连飞禽走兽都从其德风。达到这种境界，没有别的，就是因为他有好生之德。君王您舍弃这样的治国大道不问，而问戴什么帽子之类的事，所以我才回答得慢了。"

这段话是讲舜的治国之道，最重要的是按照天道自然的规律来治国，也就是"天道好生而恶杀"。自己修身很好，然后任用贤德之人，"同声相应，同气相求"，这样自然感召贤德之人出仕为官。这就做到了"举直错诸枉，能使枉者直"。没有仁德之心而高高在上，就会把他的过错传播给广大民众。仁德之人在上，上行下效，百姓自然兴起德风，讲道德，讲仁善。不仅如此，即便是禽兽，受到舜的德风感化，也纷纷到来。

这就是古人的"天人合一"思想。"天人合一"思想有一个重要特征就是天人相感，这种天人相感的观念在现代社会也被科学所证明。人心善良，对周围环境也产生潜移默化的影响，周围环境也跟着变好、变善，这就是境随心转。懂得了境随心转的道理，我们就可以将其运用到很多方面。

"福人居福地，福地福人居"，很多人喜欢看风水，其实风水的根本在于人心。人心善良，这个地方本来风水不是很好，住上一段时间，环境也会跟着变好；人心不善良，即使找了一块风水宝地，住上一段时间，好的风水都被破坏了。如果你是一个有福德的人，所到之处自然吉祥。没有福德，所到之处也不会是一片吉祥，最重要的还是自己的心。

"相由心生"，一个人的相貌就是离心最近的环境。比如，一个人长期做什么事，脸上也会现出什么样的表情，现出什么样的相貌。一个人经常生气，发怒的时候充满戾气，脸上的肌肉和平时也不一样。如果经常这样，会有一种嗔相。**福田靠心耕，从自己的心上来转变，才是最根本的转变，是求得吉祥、求得顺利、求得幸福的根本方法。**

《观周》篇是孔子带领弟子们参观周明堂和后稷庙的情景，其中有"孔子观周"一句，故以"观周"作为篇名。

【孔子观于明堂，睹四方之墉。有尧舜桀纣之象，而各有善恶之状、兴废之诫焉。又有周公相成王，抱之而负斧扆，南面以朝诸侯之图焉。孔子徘徊而望之，谓从者曰："此则周之所以盛也。夫明镜者所以察形，往古者所以知今。人主不务袭迹于其所以安存，而忽忽于其所以危亡，是犹未有以异于却步而欲求及前人也，岂非惑哉！"】

孔子观于明堂，睹四方之墉。"明堂"，古时君王所建的最庄重的建筑物，用作朝会诸侯、发布政令、大享祭天，并配祀祖宗。天子在明堂可以听察天下，又可宣明政教，是体现天人合一的神圣之地。"墉"，根据《广韵》注解："筑土垒壁曰墉。""墉"是墙壁。

有尧舜桀纣之象，而各有善恶之状、兴废之诫焉。又有周公相成

王，抱之而负斧扆，南面以朝诸侯之图焉。孔子参观周明堂，看到四周墙壁上有尧帝、舜帝、夏桀、商纣的画像，各自有其慈善或凶恶之态，以及关于国家兴亡的告诫。还有周公辅佐成王时，抱着成王，背靠屏风，面朝南接受诸侯朝见的画面。"斧扆（yǐ）"，也写作斧依，朝堂所用的状如屏风的器具，通常放在户牖之间。上面有斧形图案，因此名斧扆。

孔子徘徊而望之，谓从者曰："此则周之所以盛也。夫明镜者所以察形，往古者所以知今。人主不务袭迹于其所以安存，而忽怠于其所以危亡，是犹未有以异于却步而欲求及前人也，岂非惑哉！"孔子徘徊在这些画像前仔细观看，对跟随在身边的弟子们说："这就是周朝之所以繁荣兴盛的原因。明镜是用来察照人的形体的，以往的历史则是用来察知当今之事的。如果君主既不因循前朝之所以安存的经验和轨迹，又忽视前人之所以危亡的原因，这就如同往后退步，却祈求能赶上前面的人，难道不是很糊涂吗？"这段话有些拗口，"未有以异于却步"，是双重否定，就是如同却步。

这段话主要是说以古鉴今、汲取历史经验教训、古为今用的重要性。历史上凡是有成就的领导者，大部分都是以史为鉴，特别是唐太宗，是"多识前言往行，以畜其德"的榜样。他看了《群书治要》，认为其中所记载的典故、经验、教训，乃至治国的方法、道理，很多他都没有听说过。这部书让他能借鉴历史经验，遇到事情知道如何处理而不迷惑。

可以说，唐太宗之所以创下"贞观之治"，和他熟读《群书治要》密不可分。《贞观政要》记载了唐太宗和臣子的谈话，从中可以看到，唐太宗确实是把《群书治要》的教诲运用在治国中了。

《群书治要·论贪鄙》记载，贞观元年（627），唐太宗对侍臣说："一颗价值连城的明珠，没有人不视之为珍宝。如果拿着它去射鸟雀，岂不是很可惜？人的性命比明珠珍贵得多，但是，有人一看到金银钱帛就立刻接受，不畏惧法律的惩罚，这就是不懂得爱惜性命。明珠是身外之物，尚且不能拿去射鸟雀，更何况是用比明珠更加贵重的性命来换取财物？群臣如果能尽忠职守、正直公道，有益于国家，有利于百姓，官职、爵位立刻就可得到，不必用这种受贿的手段求取荣华富贵。事情一旦败露，自身将受到损害，确实是很可笑的。"在这里，唐太宗用了一个明珠射鸟雀的比喻形象地告诫官员，不要拿着自己的官位不珍惜，去贪污受贿、以权谋私，那样做的结果只会是得不偿失。

贞观二年，唐太宗对侍臣说："朕说过，贪婪的人不懂得爱财的道理。例如，五品以上的官员俸禄优厚，一年所得的收入本来就很多了。如果接受别人的财物贿赂，不过几万钱而已，一旦丑行败露，就会被革去官职，这样做，哪里是懂得爱财的道理？这是因小失大，得不偿失。过去鲁国的宰相公仪休很喜欢吃鱼，但从不接受别人送的鱼。"

在这里，唐太宗引用了《群书治要》中的一个典故。鲁国宰相公仪休为官清廉，对属下要求很严格，从来不与民争利。他有一个嗜好，就是很喜欢吃鱼。有人投其所好，送给他很多鱼，他却拒不接受。那人就问他："我知道您爱吃鱼，所以特意选了上好的鱼送给您。您为什么不接受，又给我送回来？"公仪休说："正是因为我爱吃鱼，所以才不能接受您的鱼。我爱吃鱼，我自己去买就好，我是宰相，我也买得起。如果我今天接受了您的鱼，慢慢发展至贪污受贿被抓起来，关进监狱，我还能再吃到鱼吗？还有人再来送给我鱼吗？正是因为我爱吃鱼，所以才不能接受您的鱼。"

唐太宗引用这个典故，得出这样一个结论：从不接受别人送鱼的官员，才可以长久地吃上鱼。唐太宗又说："如果国君很贪婪，必定亡国；做臣子的贪婪，必定丧命。"他还讲了历史上的一些故事，这样的例子举不胜举，提醒臣子不要做得不偿失的事。作为皇帝，唐太宗确实秉持了"建国君民，教学为先"的理念，时时警示朝廷百官，让他们引以为戒。

贞观四年，唐太宗对公卿大臣们说："朕整日都不敢懈怠，不但忧念爱护百姓，也想让你们长守富贵。天高地厚，朕长久以来小心谨慎，敬畏天地。你们如果能小心谨慎，总是像朕敬畏天地那样遵守法令，不但百姓安乐，自己也可常得快乐。古人说：'贤者多财损其志，愚者多财生其过。'"本来是贤德的人，但是财富多了，容易骄奢淫逸，过上放纵的生活，不思进取，志向也不似以前那么坚定了。"自古公卿出白屋"，很多有成就的人，年轻的时候生活都很贫苦，在贫苦中坚守自己的志向，磨炼自己的意志。"愚者多财生其过"，没有智慧的人，本来就愚钝的人，财富多了，挥霍放纵，钱财更助长了他的过失。

唐太宗说："这话可引以为戒。如果徇私贪污，不但破坏国法，还伤害百姓。即使事情没有败露，心中怎能不常存恐惧？恐惧多了，也有因此而导致死亡的。"贪官总是战战兢兢，只要外面一响起警笛，就在想是不是来抓自己的。这种压力，让自己身心都得不到安宁。

唐太宗说："大丈夫岂能为了贪求财物而害了自己的身家性命，使子孙蒙受羞耻？"一旦锒铛入狱，不仅害了自己，还害了自己的亲人，儿孙、父母都跟着蒙羞，走到哪里都会被人家指着后背说："他们家的谁谁谁，因为职务犯罪被关到监狱了。"这就是"德有伤，贻亲羞"。

此外，唐太宗还经常用"君者，舟也；民者，水也"的比喻提醒自己，教诫太子。从这些记载可以看到，唐太宗是一个真正明理的人，能以史为鉴。正如他自己所说，通过读《群书治要》，知道了社会风俗教化的根本，也明白了治理国家应该从君主的修身开始。所以在他治下，短短几年就有了国泰民安、万国来朝的盛况。

《群书治要》是中华优秀传统文化的精华之精华。四书五经本来就是精华，《群书治要》又把其中修身、齐家、治国、平天下的精髓撷取出来。因为是给皇帝看的，所以字字珠玑，看一句就有一句的用处，看一句就有一句的启发。很多电视节目，如果能从《群书治要》中选择题材、素材，可以说用时少、费力少，效果却非常好，事半功倍。因为《群书治要》经魏徵、褚亮、萧德言、虞世南等社稷之臣寓目，把最精要的东西筛选了一遍，给后人省了很多时间和精力。而且，所筛选的是符合道的东西。这部书真正做到了取其精华。

汲取古圣先贤的经验教训，对于治国特别重要。站在巨人的肩膀上才能看得更远。现在我们面临的很多社会问题，古人都经历过，已经找到了解决的方法。如果我们能借鉴这些方法，就可以少走很多弯路，也可以避免盲目地向西方学习。

【孔子观周，遂入太祖后稷之庙。庙堂右阶之前，有金人焉，参缄其口，而铭其背曰："古之慎言人也。戒之哉！无多言，多言多败；无多事，多事多患。安乐必诫，无行所悔。勿谓何伤，其祸将长；勿谓何害，其祸将大；勿谓不闻，神将伺人。焰焰不灭，炎炎若何？涓涓不壅，终为江河；绵绵不绝，或成网罗；豪末不扎，将寻斧柯。诚能慎之，福之根也；口是何伤，祸之门也。强梁者不得其死，好胜者必遇其敌。盗憎主人，民恶其上。君子知天下之不可上也，故下之；知众人之不可先也，故后之。温恭慎德，使人慕之；执雌持下，人莫逾之。人皆趣彼，我独守此；人皆惑惑，我独不徙。内藏我智，不示人技。我虽尊高，人弗我害，唯能于此。天道无亲，常与善人。戒之哉！戒之哉！"孔子既读斯文，顾谓弟子曰："小子志之，此言实而中，情而信。"】

孔子观周，遂入太祖后稷之庙。庙堂右阶之前，有金人焉，参缄其口，而铭其背曰："古之慎言人也。""参"通"三"。"缄"，缄封。孔子带着弟子们去周家参观，进入了供奉周家始祖的后稷庙。庙堂右边阶梯前有一尊铜铸的人像，嘴巴被封了三层，背上刻有铭文："这就是古代说话谨慎的人。"现在有一个成语叫"三缄其口"，就是来自这个典故，提醒人们言语要非常谨慎。

"戒之哉！无多言，多言多败；无多事，多事多患。安乐必诫，无行所悔。"要警戒啊！不要多说话，说话多则过失多；不要多事，多事则忧患多。安逸快乐时一定要警戒，不要做任何令自己后悔的事。

不要多说话，因为言多必失；不要多事，事一多，人的心就很难定下来，考虑得不周密就会做错事，为自己招来忧患。所以，一定要戒慎恐惧。特别是领导干部，面对财色名利的诱惑，一定要保持"战战兢兢，如临深渊，如履薄冰"的态度。当别人带着金钱、美色来诱惑自己，不要很得意，觉得自己是领导，别人都来巴结、讨好自己。其实，自己只不过是站在悬崖边上，别人拿着诱饵，诱惑自己跳下悬崖。如果把持不住，一只脚迈了出去，还想后悔？后悔，那都是后面才悔，悔之晚矣！这就是古人所说的"一失足成千古恨"。

唐太宗对大臣们说："古人说，飞鸟栖息于树林，还唯恐树木不够高，要筑巢于树木的顶端。鱼藏在水中，还唯恐水不够深，所以居于水底洞穴之中。然而，它们依然被人捕获，就是因为贪图诱饵，抵不住诱惑。你们现在接受任命，居高官，享厚禄，应当忠诚正直、廉洁无私。这样才没有灾祸，可以长守富贵。古人说：'祸福无门，惟人自召。'那些以身试法的人，都是因为贪图财利。这些人与那些鱼和鸟又有什么不同？你们应当好好想想这些话，以此作为借鉴和自我告诫。"

学习《群书治要》对于反腐倡廉是有帮助的。如果领导干部都能读一读这些历史教训，也看一看唐太宗是如何身体力行圣贤教诲的，就知道贪财好利的结果是竹篮打水一场空，得不偿失。唐太宗在这里还引用了"祸福无门，惟人自召"这句话。这些道理明白了，把钱财摆在面前，你都不敢妄取。这就是学习的意义，"人不学，不知道""人不学，不知义"。

"勿谓何伤，其祸将长；勿谓何害，其祸将大；勿谓不闻，神将伺人。""伺"，察。不要以为这没什么关系，要知道它后患无穷。不要以为这没多大害处，要知道它的祸害会越来越大。更不要以为没人知道，其实神明无时无刻不在暗中观察。

"焰焰不灭，炎炎若何？涓涓不壅，终为江河；绵绵不绝，或成网罗；豪末不扎，将寻斧柯。诚能慎之，福之根也；口是何伤，祸之门也。""焰焰"，火苗初起的样子。"炎炎"，形容火势旺。"涓涓"，细水慢流的样子，涓涓细流。"壅"，拥塞。"豪"，通"毫"，毫毛的末端，比喻非常微细的东西。

这里做了几个比喻，反复强调防微杜渐、谨小慎微的重要性。"焰焰不灭，炎炎若何？"火苗初起的时候不去扑灭它，等到熊熊燃烧的时候，又该怎么办？"涓涓不壅，终为江河。"涓涓细流不去堵塞，终究会汇聚成大江大河。"绵绵不绝，或成网罗。"绵绵细丝不予斩断，或许就会织成网罗。"豪末不扎，将寻斧柯。"树苗刚刚萌芽的时候，不将它拔除，将来就必须用大斧。能慎重行事，就树立了福佑的根基。不要认为多言善辩没有什么损伤，实际上它正是致祸的门径。这都是说要谨言慎行，在事物萌芽的时候就要小心谨慎，把它遏止在萌芽阶段。

明朝张翰（谥号恭懿）到都察院任职，当时的都台长官王廷相非常器重他，觉得他是可塑之才，所以特别提点他。王廷相对他讲："昨天下过雨之后，我出门看到一车人穿着新鞋下了车，他们从灰场经长安街走了很远的路。雨后的地很泥泞，因为穿着新鞋，他们都选择比较干的地方踩，唯恐自己的新鞋被泥水染污了，非常小心谨慎。但是到了贯城，地越来越泥泞，偶尔一次把鞋弄脏了，就不再像以前那样顾惜了。为官修身之道也是如此。如果第一次把持不住自己，比如第一次收了贿赂，第一次犯下邪淫，以后恶事连连，就不再顾惜了。"张翰非常感佩王廷相这番话，终身谨记。

这个故事提醒人们，在没有作恶的时候能严守自己的节操，但是第一次放纵了，之后就很难再像以前那样把持操守。所以，人一定要懂得慎于始，懂得把贪欲消灭在萌芽阶段。当然，已经做错了，也要懂得"亡羊而补牢，未为迟也"。否则，就会一错再错，从而铸成大错，一失足成千古恨。

"强梁者不得其死，好胜者必遇其敌。盗憎主人，民恶其上。""强梁"，刚强横暴的人。"憎"，憎恶。刚强横暴者往往得不到善终，争强好胜的人一定会遇到强敌。中国人说"强中自有强中手，能人背后有能人"，还说"恶人自有恶人磨"。如果你是一个恶人，一定会遇到比你更恶的人，把你制服。盗贼憎恶财物的主人，民众往往厌恶高居上位的人。

"君子知天下之不可上也，故下之；知众人之不可先也，故后之。"

君子深知不能位居天下人之上，所以甘居人下；深知不可位列于天下人之先，所以退居人后。这就叫明哲保身。古人说："既明且哲，以保其身。"明哲保身不是贬义词，它是褒义词，就是在明了天道自然规律的基础上，做出正确、智慧的选择。天道自然的规律是有日就有夜，有寒就有暑，有春夏就有秋冬，有潮涨就有潮落。用现在的话来说，就是物极必反、盛极必衰、消极必长。

"温恭慎德，使人慕之；执雌持下，人莫逾之。人皆趣彼，我独守此；人皆惑惑，我独不徙。""雌"，比喻柔弱。"惑惑"，就是东西转移之貌。温和恭敬，谨慎仁德，使人倾慕；以柔弱示人，谦卑居下，谁都无法逾越。人人都奔向别处，争名夺利、争强好胜、崇尚竞争、夸夸其谈，希望别人尊重自己，都在做这样的事。"我独守此"，只有我坚守此处。坚守不敢为天下先，与人无争，于世无求，把名利都看破放下，向圣人学习"为而不争，利而不害"。圣人也有所为，但是从来不和别人比较和竞争，所做的事情都是利益社会大众、国家民族，不给任何人带来伤害。"人皆惑惑，我独不徙"，别人都是东奔西走、心无定处，我却坚定不移。为什么我能如此坚定不移？因为理得心安。**心有定处，是因为明理。**

现在很多人，无论贫富贵贱，都是身心不安，忙忙碌碌地去妄求，追名逐利，心浮气躁，还怨天尤人，原因就是不明理。古人云："但行好事，莫问前程。"处处助人为乐，与人广结善缘、成人之美、心存善意，未来自然是祥和、幸福、安宁的，命运也越来越好。用不正当的方法和手段去求不属于自己的东西，叫妄求。

"内藏我智，不示人技。我虽尊高，人弗我害，唯能于此。天道无亲，常与善人。戒之哉！戒之哉！"把智慧深藏在内心深处，不向别人显示自己的技能。因为有的人嫉妒心很强，看到你有智慧、有技能，生怕你的能力超过他，名声超越他，影响超越他，就会想方设法地阻碍你，不让你出头。所以，即使有智慧、有技能，也要收敛，要懂得韬光养晦。即使处于尊贵的地位，别人也不会伤害我，因为我明了这个道理，坚守此道。上天不论亲疏，只扶助那些行善之人。一定要警醒，以此为戒。

"天道无亲，常与善人。"这句话其实很好理解：法官公正，体现在什么地方？无论是亲属还是陌生人，在法律面前人人平等。作恶就给惩罚，作善就给奖赏，这就是"天道无亲，常与善人"。

孔子既读斯文，顾谓弟子曰："小子志之，此言实而中，情而信。" 孔子读完这篇铭文，回头对弟子们说："你们要用心记住这些教诲，说得中肯、合乎情理而又令人信服。"

《常礼举要》说"口为祸福之门"，说话一定要谨慎，要经过一番考虑再说。一个人的吉凶祸福多半都决定在口上。《易经》讲"括囊"，什么叫"括囊"？"囊"是布袋。把布袋的口扎起来，里面的东西就出不来，比喻人不要乱讲话，不能胡言乱语。

《周易》讲："躁人之辞多。"一个人说话太多，他的前途一般不会太乐观。观察一下，凡是遇人就滔滔不绝的人，大多是心浮气躁之人。这样的人多半会遭遇很多挫折。中国人特别讲求养生之道，话多伤气，对人的身体也是有影响的。

道家讲求收敛自己的精气神，其中重要的一点就是少说话。"吉人之辞寡。"吉祥的人说话是很少的，说话说到点子上。言为心声，说出的话都是内心的表达，凡是关系到人的利害、事情的成败，说话之前都要想一想，这些话说出来对人是有利的还是有害的？

有个成语叫"君子一言，驷马难追"，出自《论语》。《论语·颜渊》："棘子成曰：'君子质而已矣，何以文为？'"君子讲本质就可以了，为什么要那么多文饰，讲求那么多礼仪？这句话听起来好像也对，子贡却说："惜乎，夫子之说君子也！驷不及舌。"可惜呀，夫子您这话说错了。君子是文质彬彬，不仅仅讲求本质好，也很注重外在的形式和礼仪，也很讲求文。只讲文而不讲质是不对的，比如见人就微笑，但是皮笑肉不笑，让人看了觉得很假；只讲质而不讲文也是不对的，比如有些人心地善良淳朴，但是在公共场合光着膀子，就不像一个君子。确实有好的本质，但是没有外在的礼仪和形式，也不会让人有好的观感。所以子贡说，君子应该文质彬彬，既讲求内在的本质纯朴，也讲求外在的形式和礼仪。二者调和得恰到好处，才是君子。棘子成这么论说君子，子贡说"驷不及舌"，不正确的言语说出去，用四匹马拉的车子也追不上。由此也就有了这个成语："君子一言，驷马难追。"提醒人们，话一说出去，是非善恶就确定了，后悔都来不及。开口讲话，特别是有影响力的人，一定要三思。

《论语·子张》说："君子一言以为知，一言以为不知，言不可不慎也。"君子一句话说得好，别人就觉得你有智慧；一句话说得不好，别人就认为你没有智慧。言语确实很重要，代表了一个人的心理、修养和学问。古人对于言语有很多教诫，告诉世人不能说谎、骂人，不能欺骗人、不诚信，不能说粗鲁骂人的话、伤害他人的话，也不能搬弄是非、斗乱两头，让人起纷争、起误解，更不能说勾引人邪思邪念的话。所以，每一天都要反省自己从早到晚的言论，包括所写的文章，是不是有违这几条？"戒之哉，勿多言"，"言"，不只是说话，还包括写文章、发表各种言论等，这些都要慎重。

第七讲　为国荐贤才是真正的贤德

《孔子家语·贤君》篇是孔子与诸侯、与弟子们谈论贤君、贤臣的标准，因篇中有"当今之君，孰为最贤"，故以"贤君"作为篇名。

【哀公问于孔子曰："当今之君，孰为最贤？"孔子对曰："丘未之见也，抑有卫灵公乎？"公曰："吾闻其闺门之内无别，而子次之贤，何也？"孔子对曰："臣语其朝廷行事，不论其私家之际也。"公曰："其事如何？"孔子曰："卫公之弟曰公子渠牟，其智足以治千乘，其信足以守之。灵公爱而任之。又有士曰王林国者，见贤必进之，而退与分其禄，是以卫国无游放之士。灵公知而尊之。又有士曰庆足者，国有大事，则必起而治之；国无事，则退而容贤。灵公悦而敬之。又有大夫史鳅，以道去卫，而灵公郊舍三日，琴瑟不御，必待史鳅之入而后敢入。臣以此取之，虽次之贤，不亦可乎？"】

哀公问于孔子曰："当今之君，孰为最贤？"孔子对曰："丘未之见也，抑有卫灵公乎？"公曰："吾闻其闺门之内无别，而子次之贤，何也？""闺门"，内室的门，借指家庭之内。"次"，排列。哀公问孔子："请问当今的君主，谁最贤明？"卫灵公是春秋时代卫国的第二十八任君主，卫襄公的儿子，他擅长识人，知人善任。孔子回答说："我还没有发现贤明的君主。如果真要说有，或许卫灵公算一个。"哀公说："我听说他家里男女长幼之间关系比较混乱，您却把他列为贤明的君主，这是为什么呢？"

在孔子所处的时代，鲁国的南边是卫国，也就是现在的山东、河南一带。鲁、卫两国来往便利，孔子的很多弟子都在卫国做官。卫灵公有两个儿子，一个叫蒯聩，另一个叫郢，卫灵公的夫人是南子。

《左传》记载，鲁定公十四年（前496），蒯聩因耻于南子淫乱，涉嫌谋杀南子，而出逃奔往宋国。鲁哀公二年（前493）春，卫灵公病重，想立公子郢为太子，但是郢拒不接受。蒯聩是家中长子，他虽然出外，但是还活着。这年夏天，卫灵公去世，南子再次命公子郢继位，郢又一次坚决推辞。于是，蒯聩的儿子辄被立为卫君。同年六月，蒯聩在晋国赵鞅的帮助下返回卫国的戚邑。此后，一直居住在戚邑。到了鲁哀公十五年冬，蒯聩与浑良夫等人潜入卫家，挟持孔悝，强迫与他结盟。这样，蒯聩取得了君位，被立为庄公。鲁哀公十六年春，蒯聩的儿子辄出奔，因此被称为出公辄。

《史记·孔子世家》记载，孔子是在鲁哀公六年从楚国返回卫国，也就是出公辄四年，正好是卫君辄治理时期。当时，孔子的弟子高柴、子路等都在卫国做官。孔子返回卫国的第二年，"卫君欲得孔子为政"，子路就问孔子："卫君想让您去辅佐治理国家，现在的卫国政治混乱，百姓也不服，您如果要去，先办什么事呢？"孔子回答说："必也正名乎！"孔子去还是不去，还不一定，他是有条件才去。"正名"，就是"正百事之名"。根据马融的注解，就是万物都要名实相符。孔子说，先要把卫国的名分定下来，从上位者开头，究竟谁应该是国君，首先要梳理清楚。孔子为子路解释了"正名"的道理，这在《论语》中也有记载。

可见，卫灵公家里男女长幼之间的关系的确比较混乱，所以鲁哀公问孔子："为什么还把他列为贤君呢？"

孔子对曰："臣语其朝廷行事，不论其私家之际也。"公曰："其事如何？"孔子说："臣所说的是他在朝廷上的作为，不评论他在家里如何处事。"哀公问："那他在朝廷上的表现怎么样呢？"

孔子曰："卫公之弟曰公子渠牟，其智足以治千乘，其信足以守之。灵公爱而任之。""千乘"，根据周制，国家有事，诸侯出兵千乘，所以以千乘作为诸侯的代称。孔子说："公子渠牟为晋灵公庶弟之后，他的智慧可以治理一个诸侯国，他的诚信足以守卫这个国家，卫灵公赏识并任用了他。"

"又有士曰王林国者，见贤必进之，而退与分其禄，是以卫国无游放之士。灵公知而尊之。""进"，推荐，进谏。又有一位贤士王林国，发现贤能的人就进谏为官；若这个人朝廷不再任用了，王林国就与他分享自己的俸禄。因此，卫国没有游荡无事的读书人。卫灵公因他贤德而尊敬他。

"又有士曰庆足者，国有大事，则必起而治之；国无事，则退而容贤。灵公悦而敬之。"还有一位叫庆足的贤士，国家有重大的事情，他必定出来处理；国家太平无事，他就主动辞官，让出职位，使贤士得以重用。灵公喜欢且敬重他。

"又有大夫史鳅，以道去卫，而灵公郊舍三日，琴瑟不御，必待史鳅之入而后敢入。""史鳅（qiū）"，字子鱼，也是卫国大夫，为官忠诚正直，立志为国家推荐贤才、斥退奸臣，开了"尸谏"的先河。《孔子家语》里边也有记述。"郊舍"，指宿于城郊，表示诚敬。"不御"，不奏，不弹奏。大夫史鳅，因信守道义而离开了卫国，卫灵公就在郊外住了三天，不奏琴瑟，一心恭候史鳅回国，史鳅回来之后他才回朝。

"臣以此取之，虽次之贤，不亦可乎？"臣就是根据这些事情而认可卫灵公，把他列为贤君，不也可以吗？

孔子在这里举了几个例子，说明卫灵公是一位贤德的君主，他能礼贤下士，真正尊敬那些德才兼备的人。因为他知人善任、礼敬贤者的态度，这些人也愿意为他效力，帮助他把国家治理好。

关于卫灵公知人善任的特点，《论语》也有记载："子言卫灵公之无道也，康子曰：'夫如是，奚而不丧？'孔子曰：'仲叔圉治宾客，祝鮀治宗庙，王孙贾治军旅。夫如是，奚其丧？'"孔子谈到卫灵公的时候说他无道。季康子问："既然卫灵公无道，那为什么不亡国呢？"孔子回答："卫灵公固然无道，但是他有一个特点，就是能用人；所用的人不一定方方面面都好，但是他能用其所长。如仲叔圉，就是孔文子，负责办理外交；又有祝鮀，就是大夫子鱼，办起祭祀井井有条；还有王孙贾，他有军事特长，因此办理军旅之事。他这样会用人，哪里会亡国呢？"

祝鮀、王孙贾这些人，在别人手上可能都用不上，但是卫灵公可以。他虽然无道，但是能用人所长。可见，**办政治非常重要的一点就是用对人**。《群书治要》讲，用人最忌讳的就是"能不称官"，也就是一个人的能力、德行和他所担任的官职不相匹配。有两种情况：一种是能力低的人被授予了高的职位，另一种是所担任的职位不能充分发挥其所长，也就是能力很高，但是给了他一个低的职位。

《管子》说："明主之择贤人也，言勇者试之以军，言智者试之以官。试于军而有功者则举之，试于官而事治者则用之。"明智的君主选择贤人，这个人说自己勇敢，就让他去带兵打仗；这个人说自己有智慧，就让他担任官职。所以要"试之以官"，不是自己说自己有能力、有智慧就予以任用，要有一个试用期。如果让他领军能有战功，让他做官能把事办得井井有条，再举用他。现在考察、选拔官员，都有一个试用期。在试用期内，看看这个人能不能把事情做好，是不是有真才实学。

所以，明智的君主选择贤人，"必临之以事而验其能"，不能只是听他怎么说就相信他。有的人自认为能把事情办好，或者话说得都很漂亮，是不是真的能恪尽职守，还要看他事情做得怎么样。这是避免不能称官的有效途径。

《群书治要·典语》说，用人还要坚持一个原则，就是"料才核能"。"夫料才核能，治世之要也。""料"是评估、估量。评估人的才能，考核人的能力，这是治国之要务。接着又说："凡人之才，用有所周，能有偏达，自非圣人，谁兼资百行备贯众理乎？"凡是人，用处都是有一定范围的，能力也有偏通之处，并非每一个人都是圣人、完人，甚至连君子都很难找到。"君子不器"，君子不是只有一种用处。一般的人达不到这个水平，比如它是杯子，就只能盛水喝，不能做别的用。谁能兼通各行各业，明白各种道理呢？"故明君圣主，裁而用焉。"所以，明智的君主都是衡量人的才能而委以重任。

"昔舜命群司，随才守位。汉述功臣，三杰异称。"历史上舜能垂拱而治，自己很轻松，是因为他任命百官，根据每个人不同的才能给予不同的位置。例如：他任命皋陶来断狱；任命契来做司徒，掌管五伦的教化；任命大禹来治水。这些人各有特长，他们擅长什么，就让他们去干什么。汉朝表彰功臣，张良、萧何、韩信被称为"三杰"，也是根据他们的功劳给予不同的封号。张良，"运筹策帷幄之中，决胜于千里之外"，他善于谋划，善于用兵，运筹帷幄；萧何，是"振国家，抚百姓"，治理国家、安抚百姓是他最擅长的；韩信，联百万大军"战必胜，攻必取"，最擅长的是率军打仗。"况非此俦，而可备责乎？"更何况不像他们这样杰出的人物呢？也就是说，像张良、萧何、韩信，他们的才能也各有不同，有其最擅长的一面，也有其不擅长的地方，对于一般的人，就更不能求全责备。

再如："造父善御，师旷知音，皆古之至奇也。"造父善于驾车，师旷是一个盲人，但是他的听力特别好，辨音的能力很强，他们都是古代奇才。但是，假使让他们互换职业，他们竭尽全力，还是不能胜任工作。人的才能是有偏通、有专长的。正是因为大概都是这样的情况，所以不能不评估人的才能就委以重任。如果任用的是适当的人才，就会有好的治理效果。

一个团队，每个人都有其擅长。例如，有的人擅长治理，能把团队治理得井井有条；有的人善于当参谋出谋划策，可以对团队的长远发展有所规划；有的人善于做具体的事情；有的人善于做文字工作；有的人善于人际交往；有的人善于讲课。他们的才能是不一样的，要根据他们所擅长的不同，分配不同的任务。这样才能人尽其才，才尽其用，不浪费人才。

"或有用士而不能以治者，既任之，不尽其才，不核其能，故功难成而世不治也。"有的君主用了这些士人，却没有充分地发挥他的才能，也没有根据他的能力给他适当的位置，所以很难获得好的效果，国家也得不到治理。"马无辇重之任，牛无千里之迹，违其本性，责其效事，岂可得哉？"马没有牛那样负辇耕地的任务，牛也没有马那样奔跑千里的能力，如果违背了它们的本性去役使它们，还希望有成效，怎么可能呢？任用人才也是如此。"使韩信下帷，仲舒当戎，于公驰说，陆贾听讼，必无曩时之勋，而显今日之名也。"假使让韩信运筹帷幄，韩信是率军打仗的，让董仲舒去率军打仗，董仲舒读书，三年不窥园，他是一代大儒，让断狱的于公到处游说当外交官，让陆贾断案，结果是每个人都建立不了功勋，也不会有今日的显名。这就说明用非其才，用得不妥当，安排错位，发挥不了人的特长，结果一定是不尽人意。像于公，刚直不阿，断案如神，在他手里没有冤狱，但是他并不擅辞令；陆贾，擅长辞令，搞外交可以，但是缺乏断案的能力。

这些道理用在今天的现实生活中，也有很强的针对性。很多大学生毕业之后不能才尽其用，所找的工作和他四年大学所学的专业无法匹配，四年工夫白白浪费了。

每个人都有所长，不能要求他尽善尽美。用统一的标准去衡量，很难把真正的人才选拔出来，特别是一些奇才，很可能就遗漏了。例如现在的高考，一个考生要进入一流的大学，所有的功课都需要均衡发展，有一科偏科，就可能和自己理想的大学失之交臂。而事实上，有些人在某一科上有突出的天分，按照统一的标准，按照分数去衡量，国家很可能失去一批高素质的专业人才。很多单位在选拔人才的时候也有一个死规定，不是985、211院校的毕业生就不接收，这也会把很多奇才拒之门外。

中国古人有智慧，认为选拔人才要不拘一格，特别是对那些奇才，更要有特殊的选拔标准。《蒋子万机论·用奇》专门记载了如何选拔任用特殊的人才。文章里说，从"五帝"之首的黄帝开始，就已经有了罢免和提拔人才的方法，但还是常常寻找处在僻陋之处或地位微贱的贤人，这里是指舜；商朝已经有了考核和激励人才的诰文，就是正式的文件，但还是尽力寻求隐居的人才，比如傅说；周文王已经有了表扬有功者的承诺，但还是另外去寻访垂钓的姜太公；齐桓公已经有了监督考核的办法，但鲍叔牙还是急切地找寻沦为囚犯的管仲；汉王刘邦有了论功行赏的盟约，但萧何还是匆忙去追赶已经逃亡的韩信。

如果只有按照次第晋职才是正确的，选拔特殊人才是错误的，那前面所说的两帝三君就不能算是英主，鲍叔牙和萧何也就不能算是忠臣。考核功绩，按照功劳的大小依次晋职是太平之世保守前人功绩的做法，而选拔特殊人才则是平定天下的大事。处在多事的时代，就要研究让天下太平无事的办法；处在需要起用特殊人才的时代，就要采用某一奇才的智谋。这就是上古时代不严格按照功绩考核的用人制度选拔人才的原因，上古时代的圣王深深地懂得用奇之道。

　　高超卓绝的君王，成就功业的大臣，他们设立法规驾驭普通人，而以丰厚的待遇招纳有特殊才能的人才，生怕他们不出山，甚至就像寻找自己的亲骨肉一样。这样才能使国家消除灾难，使君臣都能显赫于世。假使前面所说的五主二臣受有司的牵制和常规的约束，不去探访人才，百姓就写不出歌颂太平盛世的诗歌。因为按照常规的选拔制度，舜就不能被举荐；商朝就不会有尊贵门族的称号；周朝也不会灭掉商朝，获得雅颂的美称；齐国也不会有作为霸主主持诸侯盟会的成功；汉军也将被消灭在京索地区，刘邦想当皇帝也不可能，正是萧何追回韩信，韩信带兵屡战屡胜，协助刘邦当上皇帝。

　　这些都是用奇取得的功效。所以，开明的君王、贤德的大臣都很留意寻访德能超群的奇才，目的是借助他们成就天下安定的事业。倘使这些奇才被埋没于深沟野壑之中，在位者就很难达到天下大治的效果。所以，中国古代被称为贤君的人往往有一个共同点，就是寻访隐居之人。那些隐居之人身怀绝技，与人无争，于世无求，没有自私自利的念头。就像诸葛亮躬耕于南阳，但是刘备知道他贤能，所以三顾茅庐请他出来辅佐自己。诸葛亮看刘备很有诚意，所以也就愿意出来辅佐他，鞠躬尽瘁，死而后已。这就是《尚书》所说的："不世之君用不世之臣，才能建立不世之功。"

这就说明对有特殊能力的奇才，要有特别的选拔方法，不能完全按照常规的方法选拔、晋级和提升。例如，医生把病人治好是关键，而不能仅仅看他撰写了多少学术论文。有些医生手到病除，但是让他写出学术论文，也是很难的事。弘扬传统文化，也要有一系列的制度，真正把那些擅长中华传统文化的，包括擅长各种技艺的人才给选拔出来，也要借鉴古代这些用奇的方法。

卫灵公能用人，除了知人善任之外，还有礼敬贤者的态度。《尚书》说："能自得师者王，谓人莫己若者亡。""能自得师者"，就能称王天下，建立王道政治。为什么一个人能"自得师"呢？就是因为他对贤者是以尊师之礼来恭敬，尊奉他们为老师，所以这些贤德之人愿意辅佐他。因为君主有谦虚的态度，这些人愿意指正他的过失，帮助他处理朝政。"谓人莫己若者亡"，认为别人都不如自己就会灭亡。这样的君主自高自大，贤德之人在旁边也不能加以重用。

【子贡问孔子曰："今之人臣，孰为贤乎？"子曰："齐有鲍叔，郑有子皮，则贤者矣。"子贡曰："齐无管仲，郑无子产乎？"子曰："赐，汝徒知其一，不知其二也。汝闻用力为贤乎？进贤为贤乎？"子贡曰："进贤，贤哉！"子曰："然！吾闻鲍叔达管仲，子皮达子产，未闻二子之达贤己之才者也。"】

子贡问孔子曰："今之人臣，孰为贤乎？"子贡问孔子："现在的臣子，谁是贤能的人？"

子曰："齐有鲍叔，郑有子皮，则贤者矣。"子皮是郑国的上卿，他知道子产贤能，所以把国政交给子产。子产执政二十多年，改革图新，政绩显著。鲍叔牙是齐国大夫，他因让贤，推举管仲而闻名于世。

《管子》记载了齐桓公任用管仲的故事。齐桓公从莒国返回齐国，想任用鲍叔牙做宰相，鲍叔牙推辞说："君主您对我有特别的恩惠，使我不受冻馁，这已经是您的赏赐了。但是，谈到治理国家，这并非我的能力之所及。"鲍叔牙推荐了他的朋友管仲，非常真诚地指出自己在五个方面不如管仲。他说："宽厚慈惠，仁爱百姓，臣不如他；治理国家能不失纲纪，臣不如他；忠信可以结交于诸侯，臣不如他；制定礼仪可以使四方效法，臣不如他；披甲戴盔，手执鼓槌，立于军门，使百姓都能增加勇气，臣不如他。管仲好比是百姓的父母，您要治理好百姓，就不可以抛弃他们的父母。"

齐桓公说："管夷吾曾经射过寡人，射中了寡人的腰钩，几乎把寡人射死。现在寡人任用他，是不是引狼入室呢？"鲍叔牙说："当时管仲是为了他的主人，如果您能宽恕他，让他返回齐国，那么他对待您，也会像对待以前的主人那样忠心。"齐桓公听了鲍叔牙的推荐，不计前嫌，派人到鲁国请管仲回到齐国，并且亲自到郊外去迎接，然后和管仲一起到庙堂上以礼相见，向管仲请教为政之道。

正是因为齐桓公任用了管仲，在管仲的辅佐之下，齐国在诸多诸侯中才能称霸。孔子认为，鲍叔牙能推荐管仲，子皮能推荐子产，这样的人才是贤德之人。

子贡曰："齐无管仲，郑无子产乎？" 子贡说："难道齐国的管仲、郑国的子产不能称为贤臣吗？"子贡听了孔子的回答，有点不理解，因为管仲担任齐国宰相，非常有能力，协助桓公"九合诸侯，一匡天下"，成为"春秋五霸"之首。子产治理郑国，把法律建设得全面、合理，达到了"不能欺"的境界，而且他也很重视道德教化，使郑国变得强大。

子曰："赐，汝徒知其一，不知其二也。汝闻用力为贤乎？进贤为贤乎？""赐"，子贡的名。古代尊师重教，男子二十岁行冠礼，也就是成人礼。此后，只有他的父母，还有老师可以直接称他的名，其他人都要称他的字，以示恭敬。即使到朝廷去做官，皇帝也要称他的字。这说明只有老师的恩德和父母的恩德是相等的。"徒"，但。孔子说："赐，你是只知其一，不知其二啊！你听说用力做事的人贤能呢？还是推荐贤能的人贤能呢？"

子贡曰："进贤，贤哉！"子贡一听，明白了："推荐贤才的人，才能称为贤德呀！"孔子在这里评价一个人是否贤德，主要看他是不是嫉贤妒能，心量够不够大，能不能推荐德才兼备的人。

《说苑》里面有一个典故，发人深省。有一个卖酒的人，他的酒器洗得非常干净，酒旗也悬挂得很高，但是他的酒搁酸了也卖不出去。他不知道是什么原因，就问邻居。邻居说："因为你们家有一条恶狗，当人带着酒器想来买酒的时候，恶狗就会扑上去咬人。"管仲说："其实国家也有这样的'恶狗'，就是那些在国君身旁有权有势的人。当那些有道德学问的人想来辅佐国君，这些有权势的人就扑上去诋毁他、陷害他，使他的才能得不到发挥。"这里是讲，贤能之人之所以不被任用，就是因为国君所任用的都是嫉贤妒能之人，他们就像恶狗一样，生怕贤德的人来到国君身边，取代自己的位置，而使自己的利益受到损害。

古人对这一点认识得很深刻，知道贤德之人关系到国家的安危成败，所以在制度上有特别规定。如《尸子》记载："有大善者必问孰进之，有大过者必云孰任之，而行赏罚焉，且以观贤不肖也。"臣子如果有了大的功绩，建功立业，一定要追问是谁举荐了他，一同给予赏赐；

臣子如果有了大的过失，也一定要追问是谁举荐了他，连带着进行处罚。所谓"进贤者必有赏，进不肖者必有罪"，而不敢举荐贤德，被称为无能之人。这样的制度一实行，臣子都愿意举荐贤者。没有遗漏的人才，形成人才辈出的局面，国家必定昌达。

子曰："然！吾闻鲍叔达管仲，子皮达子产，未闻二子之达贤己之才者也。""达"，进荐，举荐。孔子说："正是这样。我听说鲍叔牙力荐管仲，子皮举荐子产，却没有听说管仲和子产推荐过比自己更贤能的人才。"

这段话说明什么样的人才是真正的贤德。自己很能做事，还不算贤德。真正的贤德是能为国家、为领导举荐比自己更有能力的人，大公无私，更不担心别人的位置、俸禄超过自己。这样的人是真正有公心的人，是为国家、为大局考虑的人。一个人没有深厚的德行是很难做到这一点的。因为一般人都是自私自利，唯恐别人比自己更受重视，所以不愿意为国家荐贤。

鲍叔牙一心为国家、为齐桓公着想，而把自己的朋友管仲举荐出来，因为他知道管仲的能力比自己强，管仲也果然不负所望。鲍叔牙的子孙后代十几世都是齐国的名大夫，他的德行庇荫了子孙后代。古人说："进贤受上赏，蔽贤蒙显戮。"能为国家举荐贤才的人受到上天丰厚的赏赐，而嫉贤妒能的人受到上天很重的处罚。

古人也知道，人免不了有嫉妒之心，所以就从制度上来落实"进贤受上赏，蔽贤蒙显戮"的教诲，并且用各种措施、各种提醒让人们进贤。例如：做官的人戴的帽子叫"进贤冠"，后边要比前边高，时时提醒自己要为国家举荐人才，不然就是失职。古人评价一个官员的政绩，很重要的一点就是看他为国家举荐了多少德才兼备的人才。一个人再有能力，也只是一个人的才能而已。但是，如果他懂得识才、选才、惜才、爱才、培养人才，那他一生为官，可以帮助国家举荐几个、几十个甚至上百个人才。这么多人都来为国效力，对国家治理会产生很好的促进作用。

从圣贤的传记，能感受到他们那种为国家的公心。例如，范仲淹、林则徐等随身都有一本记录人才的小本子，不失时机地为国家举荐贤才。孟子说："为天下得人者谓之仁。"能为天下获得人才、举荐人才，才是真正有仁德之心的人。忠贤之士不嫉贤妒能，愿意举荐德才兼备的人，国家才会形成人才汇聚的局面，越来越兴盛。这就要求举荐者没有私心、厚德载物，国家对这样的人也必定给予奖赏。

【哀公问于孔子曰："寡人闻忘之甚者，徙而忘其妻，有诸？"孔子对曰："此犹未甚者，甚者乃忘其身。"公曰："可得闻乎？"孔子曰："昔夏桀贵为天子，富有四海，忘其圣祖之道，坏其典法，绝其世祀，荒乎淫乐，沉湎于酒。佞臣谄谀，窥导其心；忠士钳口，逃罪不言。天下诛桀而有其国。此之谓忘其身之甚者也。"】

哀公问于孔子曰："寡人闻忘之甚者，徙而忘其妻，有诸？"孔子对曰："此犹未甚者，甚者乃忘其身。"公曰："可得闻乎？""徙"，迁徙，搬家。哀公问孔子："我听说最健忘的人，能健忘到搬家换个地方，就把妻子给忘了。有这种人吗？"孔子回答说："这还不算最健忘的。最健忘的是把他自身都给忘了。"从这里可以看到，孔子也是不失时机地劝谏、引导哀公。哀公果然很好奇，他说："能讲给我听听吗？"

孔子曰："昔夏桀贵为天子，富有四海，忘其圣祖之道，坏其典法，绝其世祀，荒乎淫乐，沉湎于酒。佞臣谄谀，窥导其心；忠士钳口，逃罪不言。天下诛桀而有其国。此之谓忘其身之甚者也。""祀"，祭祀。

"佞"，"巧谄捷给也"。"巧"，很巧妙地谄媚、巴结，口才很好。"窥导"，窥测，引导。"钳口"，闭口不言。孔子说："从前，夏桀贵为天子，富有天下，却忘记了自己圣明先祖的治国之道，败坏了先祖的典章法度，弃绝了先祖世代祭祀的传统，荒淫无度，沉湎酒色歌舞。奸佞之臣阿谀奉承、察言观色，诱导他的心志；忠臣闭口不言，为逃避罪责而不敢谏言。天下人起来诛灭了夏桀，并占有了他的国家。这就是忘记自身的典型。"

夏桀王整天喝酒取乐，沉迷声色，不务朝政，臣子关龙逢进谏，站在他的身边不走。夏桀王很生气，就把他关了起来，并且很快处死了他。因为夏桀任用的都是奸佞之臣，不再用犯颜直谏的臣子，夏朝很快就灭亡了。一个人有权位、有财富，但是不遵守古圣先王的治国之道，忽视礼仪、道德的修养，放纵欲望，而奸佞之人又投其所好，忠臣得不到重用，最后必然走向灭亡。

现在社会上出现了不少富二代、官二代的问题，就是因为他们没有接受圣贤教诲，缺少礼乐、道德的教化。古代社会的贵族懂得礼，懂得礼乐的教育，这就是古代的素质教育。当然，并不是学一学弹奏乐器，就有了素质。古代制礼作乐并不是为了满足耳目口腹的欲望，而是用来教化民众、平和好恶，引导人回归到正确的做人之道上来。特别是音乐，并不是娱乐至上，也并不是让人有一技之长，供人欣赏，而是涵养性情，回归到做人所不可或缺的仁义礼智信上来。用现代的话来说，音乐教育是素质教育的重要组成部分。

柏拉图在《理想国》中，借苏格拉底的口特别强调："音乐教育之所以比其他教育重要得多，是因为节奏与乐调有着最强烈的力量，能浸入心灵的最深处。"一个孩童从小受了好的教育，节奏与和谐在他的心灵深处牢牢地生了根，他就会变得温文有礼；如果受了不好的教育，结果就恰恰相反。一个受过适当教育的孩童，无论是人工作品还是自然物，对其缺点都最为敏感。因此，他对于丑恶的东西非常反感，就像厌恶难闻的气味一样，不自主地会加以谴责；对于美好的东西，就会非常赞赏，感受到鼓舞，并从中汲取营养，使自己的心灵成长得既美又善。对于美丑培养出正确的好恶，虽然尚且年幼，还仅仅知其然而不知其所以然，但是一旦长大，理智来临，就会觉得似曾相识，因所受的教养而有了这种同气相求。

也就是说，受到良好礼乐教育熏陶的人，有一种内在精神的美，表现在言谈举止上，也有一种与之相应的调和的美。在社会交往中，由于心灵的统一作用，同道中人必然会气味相投、一见如故，而对浑身不和谐的人，则避之唯恐不及。所以，正确的爱就是对美的、有秩序的事物的一种有节制的、和谐的爱。这种爱与纵情、任性泾渭分明。而音乐教育的最终目的就是达到对美、对和谐事物的一种自自然然的爱。这个美包含了真、善、美。受过素质教育的人，对真、善、美的事物自然就能辨认，愿意和它接触。对于假、恶、丑的事物，也能有所感知，自然懂得远离。这就是所谓的第六感，一时说不出什么原因，但是有一种直觉，觉得不自在、不对头，不愿意和它接触。

不仅仅是音乐教育，其实，一切好的艺术熏陶，都是培养这种对美的、有秩序的事物的有节制的、和谐的爱。毕达哥拉斯说，人的实际追求，可以通过对感官的反复灌输而形成。例如，通过接触美好的形式、形态，聆听世界名曲，观赏世界名画等，会形成对美的追求。不和谐的东西出现时，立刻就有能力辨别，也有能力远离。所以，素质教育培养的是一种对真、善、美的自然而然的亲近和追求。想要辨识一个人是善人还是恶人，是真人还是假人，是美还是丑，必须具备这种能力，这也是长期修养而成的。所以，假人在真人面前很容易露出马脚，因为真人看的"真"多了。这就是素质教育要达到的目的。

中国自古以来就重视素质教育，就像《礼记·文王世子》篇所讲的："凡三王教世子，必以礼乐。乐所以修内也，礼所以修外也。礼乐交错于中，发行于外。立太傅、少傅以养之，太傅审父子、君臣之道以示之，少傅奉世子以观太傅之德行而审谕之。太傅在前，少傅在后，入则有保，出则有师，是以教谕而德成也。"教育是从太子孩提有识之日就开始了，甚至从胎教就已经开始了。亲近孝仁礼义之人，远离邪人，不见恶行。"故太子乃生而见正事、闻正言、行正道，左右前后皆正人。夫习与正人居之，不能无正，犹生长楚之乡不能不楚言也。孔子曰：'少成若天性，习惯如自然。'"太子前后左右侍奉的都是正人君子，每一天看到的都是正事，听的都是正言，行的都是正道。和这样的正人君子接触多了，别人做得不正确，他自然就会辨别。

太子所受的教育，其实就是现代人所说的素质教育。用儒家的话来说，就是"明明德"的教育，是对清净本性的自然回归，培养对真、善、美的自然的爱，对美好的、和谐的人、事、物的自然亲近，对丑恶的、错误的人、事、物的自然远离。

通过以礼乐为主要内容的素质教育，达到心地清净、以身观身的境界，结果就是同声相应、同气相求。换句话说，如果一个人修身有成，对于同道中人，自然就有辨别能力；对于那些不和谐的人，也自然会有所感知。如此，自然会亲近善友，远离恶人。否则，往往以小人之心度君子之腹，听了别人的话，受了诱导，往往把真人看成假人，把假人看成真人。这都是心地不清净导致的。真正有道德学问的人，确实能识人，真假看得一清二楚。所以，为人必须真诚，不能搞假的。

"礼之用，和为贵。"接受礼乐的教化，目的就是达到和，自己心和，与人相处也能和。与人相处能和，是因为自己用的是真心，不是虚情假意。《弟子规》其实是中国古代最起码的礼仪教化，也就是最起码的礼。如果我们能够接受《弟子规》，接受传统文化、伦理道德的教育，很多问题就不会出现。可见，古代的教育是教人"明明德""读书志在圣贤"。如果目标有所偏离，"读书志在赚钱"，把能赚多少钱作为评价专业好坏、价值高低的标准，就背离了正确的方向，就是舍本逐末。

【子路问于孔子曰："贤君治国，所先者何在？"孔子曰："在于尊贤而贱不肖。"子路曰："由闻晋中行氏尊贤而贱不肖矣，其亡何也？"子曰："中行氏尊贤而弗能用，贱不肖而不能去。贤者知其不己用而怨之，不肖者知其必己贱而仇之。怨仇并存于国，邻敌构兵于郊，中行氏虽欲无亡，岂可得乎？"】

子路问于孔子曰："贤君治国，所先者何在？"孔子曰："在于尊贤而贱不肖。"子路曰："由闻晋中行氏尊贤而贱不肖矣，其亡何也？"子路问孔子："贤明的国君治理国家，首先要做的是什么呢？"贤君治国有先后主次。孔子说："在于尊敬贤德的人，轻贱不贤德的人。"子路说："我听说晋国的中行氏已经做到了这一点，为什么还会亡国呢？"中行（háng）氏是东周时期晋国的六卿家之一。晋文公称霸，设三军三行，以荀林父为中行将，自此荀姓产生了新的支系，就是中行氏。

子曰："中行氏尊贤而弗能用，贱不肖而不能去。贤者知其不己用而怨之，不肖者知其必己贱而仇之。怨仇并存于国，邻敌构兵于郊，中行氏虽欲无亡，岂可得乎？""构兵"，出兵交战。孔子说："中行氏尊重贤才却不重用他们，轻贱不贤德的人却不能罢退他们。贤能之人知道不会受到重用而埋怨他，不贤德的人知道自己肯定受轻贱而仇恨他。国内有埋怨和仇恨两种势力同时存在，又与邻国在郊外交战，即使中行氏不想亡国，又怎么可能呢？"

这一段给人主要的启发是，贤德的人一定要重用，不贤德的人一定要罢免，这才是真正的尊贤。如果像中行氏这样，不能重用贤德的人，又不能罢免不贤德的人，必然导致败亡。

《群书治要·典语》说："敬一贤则众贤悦，诛一恶则众恶惧。"尊敬一个贤德的人，很多贤德的人都会高兴；诛杀一个恶人，所有的恶人都会感到畏惧。治理国家要做到赏罚分明，贤德的人就要赏，不肖的人就要罚，不能是非不清、黑白不分。否则，贤者受不到激励和提拔，不贤德的人也受不到警戒或罢黜，那就等于贤能和不贤能的人所获的待遇都差不多，这样很难调动人的积极性。

【哀公问政于孔子，孔子对曰："政之急者，莫大乎使民富且寿也。"公曰："为之奈何？"孔子曰："省力役，薄赋敛，则民富矣；敦礼教，远罪戾，则民寿矣。"公曰："寡人欲行夫子之言，恐吾国贫矣。"孔子曰："诗不云乎：'恺悌君子，民之父母。'未有其子富而父母贫者也。"】

哀公问政于孔子，孔子对曰："政之急者，莫大乎使民富且寿也。"公曰："为之奈何？""奈何"，如何。哀公向孔子请教如何治理国家，孔子回答说："要治理一个国家，没有比让老百姓富裕且长寿更重要的了。"哀公问："应该怎么做呢？"

孔子曰："省力役，薄赋敛，则民富矣；敦礼教，远罪戾，则民寿矣。""罪戾"，金泽文库本写作"罪戾"，天明本改成了"罪极"。这里还是按照金泽文库本，"罪戾"就是罪愆、罪过的意思。孔子说："减少劳役，减轻赋税，老百姓就富裕了；敦行礼仪教化，远离罪过，老百姓就长寿了。"

公曰："寡人欲行夫子之言，恐吾国贫矣。"哀公说："我想按您说的去做，可又怕我的国家因此而贫穷了。"因为要减少老百姓服徭役的时间，又要减轻老百姓的赋税，国家不就贫穷了吗？

孔子曰："诗不云乎：'恺悌君子，民之父母。'未有其子富而父母贫者也。""恺悌"，和乐、平易的意思。孔子说："《诗经》不是说'恺悌君子，民之父母'吗？和乐而平易近人的君主是百姓的父母，哪有孩子富裕，父母却贫穷的道理呢？"

古人说要"爱民如子，视民如伤"，百姓都富裕起来，做国君的怎么会匮乏呢？国君真正做到把老百姓看作和自己是一体的，谁也离不开谁，那么，老百姓的回报也是视君主如父母。这就是古代的君臣关系，是一体的关系，没有你我之分，是一荣俱荣、一损俱损。没有国君荣而臣子受辱的，也没有臣子荣而国君受辱的。

像邹穆公，他自己勤俭节约，对老百姓却非常宽厚。邹穆公当政时有一道命令，就是要用秕谷喂养野鸭、大雁，而不能用粟米，粟米脱了壳就是小米。等到粮仓的秕谷都用完了，邹穆公就派人到民间去换，两石粟米才能换一石秕谷。官吏们觉得这样做实在太浪费了，于是就请示道："不如直接用粟米喂养。"邹穆公回答说："粟米是上等人的食物，不能用来喂养鸟兽。周朝有一句谚语叫'囊漏贮中'，意思是盛粮食的口袋漏了，但粮食是漏在更大的容器中。我们把国库里的粟米转移到百姓家中，难道就不是国家的粟米了吗？让鸟兽吃这些秕谷，为的是不糟蹋我们国家的粟米。粟米在我们的仓库里，还是在百姓那里，对我而言有什么区别呢？"

邹穆公确实做到了"爱民如子，君民一体"。粟米放在国库里，还是转移到老百姓手上，对他来说意义是一样的。把私积的粮食和公家的粮食看作一体，这才是真正的富国之道。正是因为邹穆公发政施令，都是为天下人谋福利，所以深得民心，上下团结一心。邹国虽然是一个很弱小的国家，但是，鲁国和魏国这样的大国都不敢轻视它，齐国和楚国这样的大国也不能威胁它。

邹穆公去世，百姓都非常哀伤。四邻百姓也都朝着邹国的方向表达哀思，民间断绝琴瑟之音长达一年之久。贾谊评论说："故爱出者爱返，福往者福来。"国君以仁爱之心待人，百姓对他的回报同样也是仁爱；给百姓带来福祉，自己的福气也自然会到来。邹穆公关心的是百姓的福祉，为百姓着想，而不是为了自己的偏私、喜好，所以也受到百姓的爱戴。

当然，要做到这一点，君主既要让百姓过上富裕的生活，同时也必须重视道德教育，让百姓的道德境界和灵性得以提升。君主必须担起君、亲、师的责任，用正确的方法来教育百姓，百姓才能知恩报恩。现在有些父母对儿女是有求必应，为儿女千辛万苦，但是儿女不知道感恩，不管父母做了多少，付出了多少，都认为是天经地义的事。一个人没有知恩报恩的心，就是因为他对父母没有感恩之心。

孔子说"富之教之"，仅仅让百姓富裕起来，那只是初步。在这个基础上，必须对百姓进行伦理道德的教育，否则就会像孟子所说的"饱食、煖衣、逸居而无教，则近于禽兽"。吃饱了饭，穿暖了衣服，也有了好房子住，过上了安居乐业的生活，但是没有伦理道德的教育，就会堕落得离禽兽不远了。

为什么现在有的孩子，父母为他付出很多，千方百计供他上学读书、帮他找工作，但他还是一味地向父母索取，不知道感恩呢？原因就是做父母的少了"作之师"的责任。作之君，作之亲，作之师。师，重要的是以身作则、率先垂范，做出知恩报恩的榜样给儿女看，儿女才能知恩报恩。

【卫灵公问孔子曰："有语寡人：'为国家者，计之于庙堂之上，则政治矣。'何如？"孔子曰："其可也。爱人者则人爱之，恶人者则人恶之。知得之己者，则知得之人。所谓不出环堵之室而知天下者，知反己之谓也。"】

卫灵公问孔子曰："有语寡人：'为国家者，计之于庙堂之上，则政治矣。'何如？""计"，谋划。"政治矣"，政治可以办好，国家得到好的治理。卫灵公问孔子："有人对寡人说：'君主谋划于朝廷之上，政治就可以办好。'可以吗？"

孔子曰："其可也。爱人者则人爱之，恶人者则人恶之。知得之己者，则知得之人。所谓不出环堵之室而知天下者，知反己之谓也。""环堵之室"，四面土墙围成的居室。孔子说："这是可以的。爱护别人的人，别人也爱护他；厌恶别人的人，别人也厌恶他。知道如何得到自己的心，也就能知道如何得到他人的心。所谓不出自己的居室而能知天下之事，就是懂得反省自身并推己及人。"

不出自己的居室就能把政治办好，那是因为懂得忠恕之道。所谓忠，就是"己欲利而利人，己欲达而达人"。自己喜欢安乐，也要让百姓安乐；自己喜欢有好的平台发挥自己的能力，也要为下属提供好的平台发挥能力。所谓恕，就是"己所不欲，勿施于人"。不想别人这么对我，我也不能这样对待别人。这两点做到了，就知道怎样去办政治了，办政治无非是推己及人。

《辨政》篇是孔子讲如何处理政事，故以"辨政"作为篇名。

【子贡为信阳宰，将行。孔子曰："勤之慎之，奉天之时，无夺无伐，无暴无盗。"子贡曰："赐也少而事君子，岂以盗为累哉？"孔子曰："而未之详也。夫以贤代贤，是之谓夺；以不肖代贤，是之谓伐；缓令急诛，是之谓暴；取善自与，是之谓盗。盗非窃财之谓也。吾闻之：知为吏者，奉法以利民；不知为吏者，枉法以侵民。此怨所由生也。匿人之善，斯谓蔽贤；扬人之恶，斯谓小人。内不相训而外相谤，非亲睦也。言人之善，若己有之；言人之恶，若己受之。故君子无所不慎焉。"】

子贡为信阳宰，将行。孔子曰："勤之慎之，奉天之时，无夺无伐，无暴无盗。"子贡当了信阳的地方官，将要赴任。临行前，孔子嘱咐子贡："你到那里以后，要勤奋工作，谨慎处世，尊奉天道四时的规律，做到不夺不伐、不暴不盗。"古人办理政事也好，生产生活也好，都是按照天道自然的规律，春生夏长，秋收冬藏。

子贡曰："赐也少而事君子，岂以盗为累哉？""累"，忧患。子贡说："老师，弟子从小就奉事君子，难道您还担心我会有偷盗的行为吗？"

孔子曰："而未之详也。夫以贤代贤，是之谓夺；以不肖代贤，是之谓伐；缓令急诛，是之谓暴；取善自与，是之谓盗。盗非窃财之谓也。吾闻之：知为吏者，奉法以利民；不知为吏者，枉法以侵民。此怨所由生也。匿人之善，斯谓蔽贤；扬人之恶，斯谓小人。"孔子说："你没有明白其中的意思。用贤才取代贤才，这就是夺；用不贤德的人取代贤德的人，这就是伐；政令松弛而惩罚急迫，这就是暴；把好处都归于自己，这就是盗。盗并不是指盗窃他人的财物啊！我听说懂得为官之道的人，能奉行法度以利益百姓；不懂得为官之道的人，会歪曲法度以侵害百姓，民怨就是这样产生的呀！隐匿别人的善行，这就叫蔽贤。传扬别人的过错，这就是小人。"小人和君子的一个区别就是《体论》所说的："君子掩人之过以长善，小人毁人之善以为功。"君子把别人的过错加以掩饰，长养了自己的厚道善良；小人却是毁败别人的善行善举，且自以为有功，夸耀自己的功劳。

"内不相训而外相谤，非亲睦也。""训"，说教。"谤"，毁谤。在内部不互相教诲训导，而到外面互相诽谤，这不是亲善和睦的行为。

"言人之善，若己有之；言人之恶，若己受之。故君子无所不慎焉。"要做到说起别人的善行，就好像自己也有这样的善行一样欢喜；说起别人的过错，就好像自己也承受这样的过错一样难过。所以，君子对于任何事都要谨慎啊！

这就是《太上感应篇》所说的："见人之得，如己之得；见人之失，如己之失。"这叫作同情心，这是一个正常人的心态。别人有所得，就像自己有所得一样高兴，就是"言人之善，若己有之"。别人有过失，就像自己有过失一样难过，就是"言人之恶，若己受之"。因为是一体的，有一体感受的人才有这样的感觉。

古人说"文人相轻"，其实这句话并不绝对。这里的"文人"是指没有学习力行《弟子规》的人。《弟子规》说："不力行，但学文，长浮华，成何人。"这样的人没有力行圣贤教诲，只是学了一些文章、名言等，徒然增长了浮华之心、傲慢之气，又能成长为什么样的人呢？

如果真正从小力行了《弟子规》，就知道"善相劝，德皆建；过不规，道两亏"。别人有了善事，我们要劝勉、鼓励、成就别人。这样，两个人德行都能建立，别人的成就就是自己的成就，别人的功德就是自己的功德。别人有过失，你看到了不去劝谏，就会亏失道义，对别人道义上有亏，对自己道义上也有亏。

这就是说，只是学了一些文章，但是学问、道德没有提升，这就是没有文化的人。文化是以文化人，真正学了文，就要变化自己的气质，改过迁善，使自己的道德、学问、修养不断提升。

《六本》篇节录的主要是君子立身处世的六大根本，故以"六本"作为篇名。

【孔子曰："行己有六本焉，然后为君子。立身有义矣，而孝为本；丧纪有礼矣，而哀为本；战阵有列矣，而勇为本；治政有理矣，而农为本；居国有道矣，而嗣为本；生财有时矣，而力为本。置本不固，无务丰末；亲戚不悦，无务外交；事不终始，无务多业。反本修迹，君子之道也。"】

孔子曰："行己有六本焉，然后为君子。"孔子说，立身处世有六个根本，然后才能成为君子。君子比贤人和圣人的层次低一些，还在修道、求道的过程中，还不像圣人那样成为得道之人，但成为君子也是很难得的，要遵循六项基本原则。哪六项呢？

"立身有义矣，而孝为本。"立身要符合仁义道德，遵循五伦五常、四维八德，这是为人基本的道义，而这个道义以孝为根本。中国人讲"百善孝为先"。为什么"百善孝为先"？因为人生在世，对自己恩德最大的莫过于父母。对于这么大的养育之恩，对于父母的无私无求的付出都不放在心上，不想着去报答，还能念谁的恩德？一个人不孝父母，他一生有一个重要的处事原则没有树立，那就是恩义、情义、道义。这种处事原则没有树立，他不会什么原则都没有，取而代之的就是以利害为取舍。这个人对自己有利，他就会全力以赴；这个人由利变成害了，那对不起，他就会忘恩负义。中国人说"求忠臣于孝子之门"，因为孝子知恩报恩、饮水思源，不会见利忘义、忘恩负义。

现在社会有很多问题，如兄弟不和、夫妻离异的很多，青少年的犯罪率越来越高。这些现象都被称为"妖"，就是《左传》所说的"人弃常则妖兴"。出现这些反常，其根本原因就是忽视了孝的教育。"身有伤，贻亲忧；德有伤，贻亲羞。"德行上有损伤、有不足，让父母跟着蒙羞，这是孝子不忍心做的。曾子说，一个孝子"壹举足而不敢忘父母，壹出言而不敢忘父母"。一言一行、一举一动都想到会不会让父母蒙羞，所以小心谨慎。出现这些反常的社会现象就是因为心里没有父母，只有自己，不会想到父母，更不会像古人那样，还想到不给祖先抹黑。所以，"立身有义矣，而孝为本"。

"丧纪有礼矣，而哀为本。"办丧事要有礼节，以尽哀痛为根本。《吕氏春秋》对于丧礼的源起有这样一段论述：孝子尊重自己的父母，当父母去世，如果抛之于沟壑，就人的情感而言，是不忍心的，所以才有了安葬死者的礼仪。"葬"就是藏，藏起来，这是儿女应该慎重的。丧礼是出自孝子敬爱父母的一片真诚之心，并不是外在的礼仪强加给人的，所以以哀戚为重。

《论语》中孔子说："丧，与其易也，宁戚。""易"就是和易、和顺而有条理。丧礼办得和顺、有条理，还不如哀戚更能抓住根本。父母去世，做儿女的哀伤怀念，甚至痛不欲生，这时候处事有一些不周到的地方，也是人之常情。现在也在讲临终关怀，让父母平和、安静地去世，这也是值得提倡的。可见，为父母办丧事不是为了面子，让人夸奖自己是个孝子，把丧事办得有排场、很奢华，图一个孝子的名声。

办丧事要抓住根本，也就是感念父母的恩德，用回报的心来安葬父母。

"战阵有列矣，而勇为本。" 作战布阵有行列，以勇为根本。岳飞作战，经常以寡击众，以少胜多，到什么程度呢？相传，他以五百精兵大破金兀术的十万敌军。有人问他治军的方法，他回答说："要以仁、信、忠、勇、严五字来治理军队，这五个字缺一不可。"岳家军军纪严明，做到了"冻死不拆屋，饿死不掳掠"，而且特别注重培养士兵的忠勇献身、保家卫国的精神。敌军一听到岳家军的名号就胆战心惊，说"撼山易，撼岳家军难"。有人问岳飞，天下什么时候能太平？岳飞说："文臣不爱钱，武臣不惜死，天下太平矣。"作为武将，要有忠勇报国的精神，这才是作战的根本，也是取胜的根本。

"治政有理矣，而农为本。" 简单地说，就是农业夯实国本。在古代，农业、农桑基本上是互相通用的概念。农桑是立国之本，农桑满足了民众最基本的生活需求。对人而言，衣食是生存的保障，衣食无忧才能从事其他社会活动。《群书治要·吴志》说："一夫不耕，或受其饥；一女不织，或受其寒。是以先王治国，唯农是务。"古人重农，是因为看到了农业是立国之本。

治理国家需要处理的事情很多，但其根本是农业生产。古人说"民以食为天"。发展农业，首先要解决温饱问题。如果连肚子都吃不饱，衣服都穿不暖，国家也就稳定不了，所以古人特别重视粮食储备。《礼记》记载，"国无九年之蓄曰不足"，国家没有九年的粮食储备，称为不足。"无六年之蓄曰急"，没有六年的粮食储备称为急。"无三年之蓄，曰国非其国也"，如果连三年的粮食储备都没有，这个国家已经不成其为国家了，一旦遇上自然灾害或者战乱，没有存粮就会天下大乱。一个国家首先要解决温饱问题，然后才能讲道德、明礼义。《管子》说：

"仓廪实而知礼节，衣食足而知荣辱。"农业是治国的根本。

"居国有道矣，而嗣为本。"安定国家有各种各样的方法，立嗣是其根本。"嗣"就是继承人。中国人重视可持续发展，所以特别重视对继承人的教育和培养。事业再辉煌，但是后继乏人，事业就没有办法传承下去，花费了再多的时间精力，付出了再多的财力，也将付诸东流。所以，培养继承人比什么都重要。正是在这种意义上，中国人才说"不孝有三，无后为大"。有后继的人才，事业才能代代相传。中华民族有这样一种长远的眼光，中华文化才能绵延五千多年，生生不息，历久弥新。所以，要感念祖先圣贤，也要像祖先圣贤那样培养后继的人才，把这么好的文化代代相传。

"生财有时矣，而力为本。"创造财富有一定的时机，付出劳力是其根本。中国人讲因、缘、果，因就是种子，缘就是机缘、条件，果就是结果。比如，要种苹果树，苹果的种子是因，适宜的温度、光照、水是缘，最后长出苹果是果。做事要知道什么因导致什么果，你要求什么果，就要种什么因。

学传统文化，知道财富的因在于财布施，财越施越多、越舍越得，千金散去还复来。财布施有内财布施，还有外财布施。外财布施，就是拿着钱物去帮助别人，救济穷苦。内财布施，就是以自己的劳力、智慧去付出。

要想创造财富，不能靠投机取巧，一定要勤劳，要在因上努力。如果好吃懒做，还指望父母养活自己，成为"啃老族"，即使万贯家资，也可能败掉。所以，中国人说"至要莫如教子"。人生最重要的一件事就是把孩子培养好，不能让他只知道消费，不知道付出，这就错了。

教育孩子，很重要的就是让他养成勤劳的习惯，让他做家务，因为"习劳知感恩"。不劳动，不知道劳动成果来之不易，衣来伸手，饭来张口，就会挥霍，对父母也没有感恩之心。不知道钱赚得不容易，就会花钱如流水。

"置本不固，无务丰末。"这是对前几句话的总结。如果根本得不到巩固，就不要致力于在枝末上做文章。枝末就是枝叶花果，枝叶花果繁茂，如果没有根，虽然好看，也不能长久。

"亲戚不悦，无务外交。"如果连亲戚之间都不能团结和睦，就不要致力于跟外人交往。因为最起码的五伦关系都没有处理好，说明这个人自私自利、以自我为中心，没有为人着想的心，没有真诚之心。连近处的人都不能感化，怎能感化远方的人呢？所以，搞好人际关系要从身边的人入手，跟父母、跟兄弟姐妹的关系先搞好，君臣关系先搞好。如果兄弟、父子、夫妻、朋友之间都不能团结和睦，还搞外交，那也是以功利之心与人交往，不会长久。

"事不终始，无务多业。"如果做事情有始无终，就不要去从事多种行业，因为哪一样都做不好。古人说"隔行如隔山"，自己的本行没有做好，又去换一个行业，那会做得更糟。就像挖井一样，在一个地方挖，挖到一定程度，没有水，又换一个地方，挖了几下还是没有水，又换一个地方。这样挖，挖再多的地方，也挖不出水来。选中一个地方，就在这个地方挖下去，挖到一定深度，就能挖到水。做事要有始有终，要有恒心、有毅力。

中国古人特别讲求专一，做学问、修道都讲求专一。《三字经》说"教之道，贵以专"，求觉悟更要专一不杂。古人能成功，关键就是专心，一门深入，长时熏修。刘宝楠父子给《论语》作批注，作《论语正义》，这部书是父子两代人历时七十多年才完成的；焦循作《孟子正义》，给《孟子》作注解，也是父子两代人才完成的。这两部批注传承久远，非常权威，是后人研究《论语》《孟子》之必读。正是由于专心，才有这样的成就。

做学问不能成就，一个重要的原因就是不能专一。求广学多闻，希望知识广博，这是一种习气。好高骛远，不能达到求学的目的，反而会偏离方向。孔子很早就提醒："古之学者为己，今之学者为人。"古人做学问是为了提高自己的道德学问和修养境界。孔子说，他担忧的是"德之不修，学之不讲，闻义不能徙，不善不能改"。不是担心自己钱不够多、名声传得不够远、别人对自己不够恭敬，而是追求自利利人、自觉觉他。自己不觉悟，也不能帮助别人觉悟。《大学》开篇说："大学之道，在明明德，在亲民，在止于至善。""止于至善"就是自觉觉他、觉行圆满。所以，自己首先要明明德，要觉悟，才能帮助别人觉悟。自己都迷惑、烦恼，怎能帮得上别人呢？那就是以盲引盲，把别人的路都引错了。

古人求学是为了提升自己的道德学问，最后达致明明德，所以能体会到"学而时习之，不亦说乎"。这种喜悦是一种发自内心的喜悦，像泉水一样源源不断地涌出来。古人说"禅悦为食，法喜充满"，这和现在有些人做学问大相径庭。如果做学问目的是追求名利，不追求真实的学问、真实的修为，那就是没有根的。有人说做学问很有压力，有压力是因为有求，有求就有苦。反观自己，是"为己之学"还是"为人之学"？

中国人讲实修，儒释道是心性之学、实学。但是，有人把学儒、学道变成儒学、道学，把道理讲得头头是道，却和自己的生活毫不相关，所以体会不到"学而时习之"的喜悦。这种喜悦体会不到，就会把精力放在追求外在的名闻利养之上。别人尊重就高兴，别人鼓掌就开心，别人不尊重、轻视，心里就不舒服，这都是没有自信所导致的。一个人真正按照圣人的学问来修身养性，就能真正体会到"君子坦荡荡"。即使没有成圣成贤，只是学到君子，也能襟怀坦荡，无忧无虑，没有烦恼，没有牵挂，这就是古人所说的"轻安"，轻安自在。当有烦恼、有压力的时候，就观察一下自己，为什么有压力？为什么有烦恼？一定是有没有放下的东西。这样反观自省，帮你把没有放下的东西找到，把它放下，你就轻安自在了。

古代的读书人为什么受人尊重？读书明理，理得心安。人心清净，自然会有悟处。而经典就是圣人心性的流露，你的心和圣人的心是一不是二。圣人的心清净，你的心也清净，圣人写的东西，你就看得懂。**学习经典，要求悟处、求专一。**"读书百遍，其义自见"，"见"就是见性了。也就是说，专注到一定的程度，在一门上面专注了很长时间，因戒得定，因定开慧，智慧自然开显。

"反本修迹，君子之道也。"要回到事物的根本，从近处做起，这是君子的原则和方法。假如本末倒置，就会徒劳无功，还会产生严重的流弊。现在出现的很多社会问题，其实都是因为没有抓住根本的解决之道。

第八讲 为政在于得人

《孔子家语·六本》篇：

【孔子曰："药酒苦于口而利于病，忠言逆于耳而利于行。汤武以谔谔而昌，桀纣以唯唯而亡。君无争臣，父无争子，兄无争弟，士无争友，其无过者，未之有也。故曰：君失之，臣得之；父失之，子得之；兄失之，弟得之；士失之，友得之。是以国无危亡之兆，家无悖乱之恶，父子兄弟无失而交友无绝。"】

孔子曰："药酒苦于口而利于病，忠言逆于耳而利于行。汤武以谔谔而昌，桀纣以唯唯而亡。""药酒"，在通行本上写作"良药"。"谔谔"，直言不讳的样子。"唯唯"，恭敬的应答声。药酒苦口难咽，却有利于治病；忠言听起来不顺耳，却有利于自我提升。商汤王和周武王因为广纳直言劝谏而国运昌隆；夏桀王、商纣王因为喜欢唯唯诺诺和恭顺的话语而国破身亡。

夏桀王整日荒淫无度，不理朝政，直臣关龙逄直言劝谏，站在他的身边就是不走，夏桀王很生气，就把他给关起来了，没过几天，就把他给处死了。因为夏桀王任用的是奸佞之臣，犯颜直谏的臣子弃之不用，结果夏朝很快就灭亡了。

商纣王也是如此。《史记》记载，商纣王整天沉迷于靡靡之音，喜欢和女子饮酒取乐。商纣王身边忠臣也不少，比如他封为"三公"的鄂侯、九侯和西伯昌（也就是后来的周文王）。九侯有一个女儿长得很美丽，九侯就把她进献给商纣王。商纣王整天淫欲无度，九侯的女儿却不喜欢，商纣王很生气，就把她杀了。不仅如此，商纣王把九侯也杀了，还做成了肉酱。鄂侯去劝谏，商纣王不听，把鄂侯也杀了，做成了肉干。西伯昌听到这件事，只能无奈地叹了口气，结果被商纣王知道了，就把他关在羑里。西伯昌的几个臣子给纣王进献了美女、宝马、珠玉，西伯昌才被放出来。

纣王身边还有三个贤臣：微子、比干和箕子。微子三番五次进谏，但是纣王不听，微子就逃走了。比干是商纣王的叔父，他犯颜直谏，让商纣王很生气。商纣王说："我听说圣人的心有三窍，我要看一看比干的心是不是和凡人的不一样。"于是下令杀了比干，并且剖视其心。箕子看到纣王这样荒淫无道，非常害怕，知道自己去劝谏也没有用，就假装癫狂，沦为奴隶。但纣王还是不放过他，把他关了起来。结果，没有人再敢进谏，商朝很快灭亡了。

这些典故都是提醒后人，但凡荒淫无道且不听人劝谏的君主，下场都不是很好。错误一天比一天严重，贡高我慢的心也越来越强烈，看不到自己的过失，最后自取灭亡。

因此，孔子在这里提醒，虽然药酒难以下咽，或者说良药苦口，但是有利于消除疾病。虽然忠言难以接受，听起来不顺耳，但是有利于自我境界的提升。如果一个人没有自我反省的能力，又没有善友在旁提醒，就可能一错再错。最后错得离谱，自己还不知道。特别是当了领导，往往喜欢被赞叹、表扬、肯定。随着自己的地位一天一天地提升，有求于自己的人也越来越多，自以为是的傲慢之心不知不觉就增长了。已经习惯听谄媚、巴结、奉承的话，突然有人当面指正自己的过失，就很难接受，甚至还会与对方产生对立。这样就很难看到自己的过失，问题也会越来越严重。

《群书治要·政要论》记载，作为君主，最重要的一点就是不被蒙蔽。而不被蒙蔽的关键就在于下面的言论能传到君主的耳朵里。"为人君之务在于决壅，决壅之务在于进下，进下之道在于博听。"下面的言论能传到君主这里，关键就在于君主能广泛听取众人的意见。"博听之义，无贵贱同异，隶竖牧圉，皆得达焉。"真正能广泛听取意见，关键就在于无论贫富贵贱都一视同仁。奴役、僮仆乃至放牧、养马之人，他们的意见都能传达给君主。这样，君主所闻所见就非常广博，臣子"虽欲求壅，弗得也"。即使有臣子想蒙蔽，也做不到。如果君主偏听偏信，信任的都是谄媚、巴结、顺情说好话之人，就很容易被蒙蔽。被人蒙蔽的根本原因还在于自己的心不够清净，没有自我反省的能力。久而久之，问题越积越多，才导致国家败亡。

"君无争臣，父无争子，兄无争弟，士无争友，其无过者，未之有也。故曰：君失之，臣得之；父失之，子得之；兄失之，弟得之；士失之，友得之。是以国无危亡之兆，家无悖乱之恶，父子兄弟无失而交友无绝。""争"，通"诤"，谏诤。"悖乱"，悖逆。如果君王没有直言劝谏的大臣，父亲没有直言劝谏的儿子，兄长没有直言劝谏的弟弟，士人没有直言劝谏的朋友，要想不犯错误是不可能的。所以，君主有过失，臣子可以劝谏；父亲有过失，儿子可以劝谏；兄长有过失，弟弟可以劝谏；士人有过失，朋友可以劝谏。这样，国家才没有危亡的可能，家庭也不至于出现悖逆的恶行，父子、兄弟之间不会失和，朋友也不会断绝来往。

"金无足赤，人无完人"，人都免不了有习气、犯错误，所以总是需要有人在旁边提醒、劝谏。特别是君主，高高在上，就需要有一定的约束、监督和进谏机制。据《汉书》记载，左史记言，右史记事，史官把君主的一言一行、一举一动都记下来，这也是一种独特的监督机制。因为史官在记录自己的言行，君主说话做事就会谨慎。除此之外，还有谏议制度，设立专门的谏官，能直言不讳地指正君王的过失。这个谏议制度设计得非常合理。谏官的职位不高，但是对高级官员都可以进行谏议，而且指出的问题一经核实，就可以快速提升。这也是鼓励人有所作为，敢于犯颜直谏。

做君主的，做父母、兄长的，做士的，都需要有人在旁劝谏。有人能在旁边提出自己的问题，这是最宝贵的。就像自己脸上有一个黑点儿，有人告诉你，你会很感谢他。如果做人做事有问题，没人给指正，就可能犯更大的错误。

古人从小学习圣贤教诲，对于能指正自己过失的人十分珍惜。《弟子规》说："闻过怒，闻誉乐，损友来，益友却。闻誉恐，闻过欣，直谅士，渐相亲。"有了过失，别人给指正，你心里不高兴，喜欢听谄媚的话，这些直言劝谏的朋友就会离去，你感召来的都是顺情说好话的人。反之，有了过失，别人给你指正，你能接受，就会感召那些志同道合、愿意指正你的过失的朋友。

【孔子读《易》，至于《损》《益》，喟然而叹。子夏避席曰："夫子何叹焉？"孔子曰："夫自损者必有益之；自益者必有决之。吾是以叹也。"子夏曰："然则学者不可以益乎？"子曰："非道益之谓也，道弥益而身弥损。夫学者损其自多，以虚受之。天道成而必变。凡持满而能久者，未尝有也。故曰：自贤者，则天下之善言不得闻其耳矣。"】

孔子读《易》，至于《损》《益》，喟然而叹。子夏避席曰："夫子何叹焉？""易"是指《周易》。《损》和《益》是《易经》中的卦名，就是损卦和益卦。"喟"是长叹的意思。子夏，就是卜商，孔门十哲之一。孔子以德行、言语、政事、文学四科教导弟子，子游和子夏都以文学见长。"避席",古人席地而坐,其实就是跪坐。当长者说话的时候,为了表示尊敬,离座而起,称为"避席"。孔子读《周易》,读到损、益两卦的时候,长长地叹了一口气。子夏离开座席,起身问道:"老师为什么叹气呢?"

孔子曰:"夫自损者必有益之;自益者必有决之。吾是以叹也。""损"是减损、贬损。"益"是增进、增益。"决",通"缺",损失。孔子说:"那些自我减损的人必然有所补益,而自我增益的人必然有所缺失,我由此而感叹。"

子夏曰:"然则学者不可以益乎?"子曰:"非道益之谓也,道弥益而身弥损。夫学者损其自多,以虚受之。天道成而必变。凡持满而能久者,未尝有也。故曰:自贤者,则天下之善言不得闻其耳矣。"子夏问:"难道学习也不可以增益吗?"孔子说:"我并不是说道业不可以增益。道业越增益,自己越是感觉不足。学者须减损自满,虚怀若谷。天道的规律是物极必反,凡是自满而又能长久的,是不曾有过的。自认为贤明的人,耳朵听不进天下有益的言论。"

《易经》被称为"群经之首,大道之源",所承载的易道十分广大,可以说无所不包。《周易》的功能很多,归根结底是教导人认识宇宙人生的真相,从而进德修业,开创幸福人生。

学习《易经》的目的,其实就是顺从天理行事,趋吉避凶。正如孔颖达在《周易正义》中所说:"六十四卦悉为修德防患之事。"换句话说,怎样防患?怎样避开灾祸?都是靠修德。清朝纪晓岚在《四库全书总目提要·易类》中说:"易之为书,推天道以明人事者也。"《易经》作为一本书,它的主旨就是用天道自然的规律说明人世间的道理。民国时期的大德印光法师指出:"一部《易经》无非示人趋吉避凶、战兢惕厉、克念修持之道。"

这一点在《群书治要·周易·系辞传》中看得非常明显。《系辞传》的内容彰显了古圣先贤效法天地、崇德广业的美好生活，启发君子希圣希贤。它从"天尊地卑，乾坤定矣"开始，推演天地易简之道，彰明圣贤效法易道，开创盛德大业，再申明"弥纶天地之道"的易体无处不在。古圣先贤践行易道，展现易体之理。一般人对此不甚明了，唯有君子懂得学习，赞叹其稀有难得，所以说"君子之道鲜矣"，进而展示圣人如何践行易道，变化天下为大同景象。"夫易，圣人所以崇德而广业也"，先师孔子亲自示范君子如何学易修身，"子曰：易有圣人之道四焉"，由此展开。

总而言之，《系辞传》所选的都是为了启发君子效法天地、成圣成贤，并获得吉祥之道，"履信思乎顺，是以自天佑之，吉无不利"。《系辞传》明理，只为君子阐明修身的必要性、重要性以及修身的途径。君子修身的要点就是"顺性命之理"。《周易·说卦传》这样概括："昔者圣人之作《易》也，将以顺性命之理。是以立天之道，曰阴与阳；立地之道，曰柔与刚；立人之道，曰仁与义。"也就是说，**君子修身是从力行仁义做起**。这就将《周易》归拢天地之大道指导人道，修养仁义道德的自然之理导归正途，用"仁义"二字来概括。

损卦指导"君子以惩忿窒欲"，提醒自己减少欲望，止息怒气，这就是"息灭贪嗔痴"。益卦指导"君子以见善则迁，有过则改"，这就是"勤修戒定慧"。不能自高自大，自以为是，听不进善言直谏，有过而不知、不改，那样必然导致危险甚至灭亡的境地。

【孔子曰："以富贵而下人，何人不与？以富贵而爱人，何人不亲？发言不逆，可谓知言矣。"】

孔子曰："以富贵而下人，何人不与？以富贵而爱人，何人不亲？发言不逆，可谓知言矣。""下人"，居于人之下，对人谦让。"与"，善。"逆"，《释名》解释为"遻也"，"遻"是抵触。孔子说："身处富贵而谦卑处下，这样的人，谁不与他交好？身处富贵而爱护他人，又有谁不愿意与他亲近？说话不跟人抵触，可以说是会说话的人。"

《周易》一共有六十四卦，每一卦都有六爻，爻辞有凶有吉。其中只有一卦是六爻皆吉，这一卦就是谦卦。谦卦，艮下坤上，艮为山，坤为地。它的卦象是"地山谦"，高山本来是在平地之上的，但是在谦卦之中，高山却宁愿居于平地之下。

谦卦与其他卦的不同之处在于，其他卦在各爻变动的过程中，或凶或吉，或有悔吝，但是谦卦六爻无论如何变动，只有吉利。原因就在于这个"谦"字。高山比平地高很多，但是高山谦卑，而不是高高在上。

比之于人事，就是不居功自傲，不过分显露自己的才华，自己谦退，推崇他人。这样，就能成就谦德而万事亨通。文王《系辞》说："谦，亨，君子有终。"一个领导者才华横溢，又能谦卑退让，自卑而尊人，无论遇到上级还是下级都能恭敬对待，这样的人就不容易招致嫉妒及障碍之心。

谦卦虽好，却不易学习。大部分人都喜欢高高在上，接受别人的礼拜、推崇、赞叹。君子学谦，必须深明义理。怎样才能深明义理？伏羲氏画卦，发明了两个简单的符号，象征阴、阳两仪，然后以此画成八卦，并在八卦的基础上画成六十四卦，包罗宇宙万有，千变万化。在万有变化之中，既有差异相，也有共同相。就差异相而论，万物形态各异、种类不同，各有特点，找不到完全相同的人、事、物；就共同相而论，万物虽有不同，但是同具五行、同有生灭，在这个层面上又一律平等。

《诗经·小雅·节南山》说："节彼南山，维石岩岩。赫赫师尹，民具尔瞻。"南山虽然高峻，但它与平地一样都是由土、石等物聚合而成，这就是"一合相"，都是土、石等因缘和合而成。师尹虽然地位显盛，但他与平民一样不离衣食住行，同样有生有死。由此可知，高山居于平地之下，并不是伏羲画卦故作玄虚，而是世上自然平等的现象。能看清这种现象，再读孔子的《象传》，"谦谦君子，卑以自牧"，谦德才能油然而生。《尚书》说："满招损，谦受益，时乃天道。"这是自然而然的规律。一个人一旦骄满，认为自己什么都比别人强，就不会有好学的品质，人生就很难提升。

"谦"怎么运用到日常生活，运用到为人处世、待人接物之中？有的人既是领导者，又是被领导者，如何扮演好这两种角色？《格言联璧》说："君子之事上也，必忠以敬；其接下也，必谦以和。"君子对待领导一定是竭忠尽智，非常恭敬。"忠"，朱熹解释为"尽己之谓也"，就是尽职尽责，把领导交给自己的工作竭尽全力地做好。尽到自己的本分，履行应尽的职责，必须有恭敬心才能做到，这就是忠。

"敬"，并不是对领导唯命是从，而是以道德引导，起到提醒、劝谏的作用。就像魏徵在和唐太宗的谈话中，常常期许唐太宗成为名留青史的圣君明主，为此还经常犯颜直谏。恭敬君主的明德才称得上真正的恭敬。如果君主作恶，臣子不敢劝谏，反而一味地顺从，甚至协助，这就是助纣为虐。荀子说："从命而利君，谓之顺。"遵从君主的命令，这一命令确实有利于君主，这才叫顺。"从命而不利君，谓之谄。"遵从君主的命令，但这一命令实际上并不是真正地有利于君主，这叫谄媚。"逆命而利君，谓之忠。"违逆君主的命令，但有利于君主，叫忠。"逆命而不利君，谓之篡。"违逆君主的命令，也不利于君主，叫篡权、篡位。"必忠以敬"，这是君子对待领导者应有的态度。

君子对属下谦虚、和气，整个团队的氛围也会团结和睦，有很强的凝聚力和执行力。孟子说："天时不如地利，地利不如人和。"领导者不能尊敬属下，有一个重要的原因，就是心存傲慢。经典中有这样一句话："云何为慢？恃己于他，高举为性，能障不慢，生苦为业。"通过与他人比较，认为自己比别人强，于是抬高自己、轻视他人。傲慢障碍了对人的恭敬心，同时还会产生痛苦，为自己招致侮辱。对待属下谦和恭敬，首先必须克服傲慢心。《论语》讲："君子敬而无失，与人恭而有礼，四海之内皆兄弟也。"

"四海之内皆兄弟"是人人向往的境界。反观社会现实，人与人往往不能和睦相处，对立冲突不断。有人因为芝麻大的小事，与人大打出手，脾气暴烈。究其原因，也是缺少圣贤教诲。在家的时候就是"小公主""小皇帝"，以自我为中心。所有的人都要顺从自己的意愿，只顾自己的感受，只看得到自己的需要，稍不顺自己的心意，就和人产生冲突和对立。连最起码的礼——《弟子规》都没有学过，结果必然是孔子所说的"不学礼，无以立"。《礼记·曲礼》开篇就说"毋不敬"，告诉我们要对一切恭敬。对一切人都以恭敬心来对待，这样才能达到"四海之内皆兄弟"的境界。

如果没学过礼的人成为领导，对待领导和属下的态度则与君子恰恰相反，"小人之事上也，必谄以媚；其待下也，必傲以忽"。对待领导的态度是谄媚、奉承，对待属下的态度是傲慢、轻忽。身居高位，却缺少君子的修养，就容易"小人得志"。一旦傲慢起来，就会忽视下属的感受和需要。这都需要学礼才能改变、提升。

【孔子曰："吾死之后，则商也日益，赐也日损。"曾子问曰："何谓也？"子曰："商也好与贤己者处，赐也好悦不如己者。不知其子，视其父；不知其人，视其友；不知其君，视其所使。故曰：与善人居，如入芝兰之室，久而不闻其香，即与之化矣；与不善人居，如入鲍鱼之肆，久而不闻其臭，亦与之化矣。是以君子必慎其所处者焉。"】

孔子曰："吾死之后，则商也日益，赐也日损。"曾子问曰："何谓也？"子曰："商也好与贤己者处，赐也好悦不如己者。不知其子，视其父；不知其人，视其友；不知其君，视其所使。""商"，就是子夏，姓卜，名商，字子夏。"赐"，就是端木赐，字子贡。"所使"，所任用的人。孔子说："我死之后，子夏的学问会逐渐增进，而子贡的学问会逐渐退步。"曾子问："为什么这么说？"孔子说："子夏喜欢与比自己贤能的人相处，子贡则喜欢跟不如自己的人在一起。不了解儿子，就看看他的父亲；不了解一个人，就看看他的朋友；不了解君王，就看看他所任用的臣子。"

这说明与比自己贤能的人相处，就能从贤人身上学到很多为人处世的智慧，自己也跟着在不知不觉中提升。就像打乒乓球，都喜欢找技术比自己好的人打，可以向他学习，提升自己的技能。如果和不如自己的人打，打着打着，自己也可能被带得越来越差，而且还"得少为足"，认为自己的技术很好。

"不知其子，视其父"，同样，"不知其女，视其母"。有的人，为人着想的心是渗透在骨子里的，观察一下他的父母就知道了。从小受到父母身教的影响，潜移默化中就形成了为人着想的习惯，也就是孔子所说的"少成若天性，习惯如自然"。所以，素质教育是一种潜移默化的教育。

古人说："三岁看小，八岁看老。"三岁这样小的时候，品行就已经开始定型，八岁就能看到老的状态。孩子大了，到老师身边学习圣贤教诲，如果长时熏修，确实能有所提升。如果时间短，确实很难提升。古人强调"一门深入，长时熏修"。老师其实是把家庭教育的成果加以巩固、提升而已。所以，家庭教育是至关重要的，这也是古人特别重视母教、重视女子德范的原因。西方人也有同样的认知，英国著名道德学家塞缪尔·斯迈尔斯在《品格的力量》中强调，女性的素质决定一个民族的素质，哪个民族的女子道德素质高，那么，这个民族的道德素质也高。确实如此。

《吕氏春秋》记载，楚国有一个人擅长看相，他看了很多人的相，都看得很准。楚庄王很奇怪，就把他请来，问到底是怎么回事。这个人回答说："大王，我并不是会给人看相，我只不过是会观察这个人所结交的朋友而已。如果这个人是布衣，所结交的朋友在家孝敬父母、尊敬兄长，做事小心谨慎、敬畏法律，他家一定会过得越来越好，身心一天比一天安乐。这就是所谓的吉人，即吉祥的人。如果这个人是一个臣子，所结交的朋友个个诚实守信、爱好德行，愿意做善事，他事奉君主会一天比一天好，官职也会逐步提升。这就是所谓的吉臣，即吉祥的臣子。如果这个人是君主，朝廷里有很多贤人，左右事奉的都是忠诚之士，君主一有过失，他们都敢于犯颜直谏、据理力争，他的国家会一天比一天安定，他会一天比一天更受尊崇，天下百姓也会越来越心悦诚服。这就是所谓的吉主，即吉祥的君主。"楚庄王听了很受启发，于是广泛召集贤良之士，处理朝政日夜不懈，终于成为一代霸主。

这个相面的人观察一个人结交的朋友，就能判断、预测他的前途命运，因为"同声相应，同气相求"。如果你经常和有德行的朋友接触，潜移默化地受其影响，自己也能成为一个有德行的人。

"故曰：与善人居，如入芝兰之室，久而不闻其香，即与之化矣；与不善人居，如入鲍鱼之肆，久而不闻其臭，亦与之化矣。是以君子必慎其所处者焉。""芝兰之室"，放有芝兰等香草的房屋，比喻贤士所居的地方，也就是助人为善的环境。"鲍鱼之肆"，卖咸鱼的店铺，比喻恶人或者小人聚集之地。与善人相处，就如同进入放有芝兰等香草的房屋，时间久了就闻不到香味了，那是因为自己被同化了。与不善之人相处，就像进入卖咸鱼的店铺，时间久了也就闻不到腥臭味了，同样也是因为自己被同化了。因此，君子一定要谨慎地选择所结交的朋友，因为朋友会把自己同化。

《群书治要·孙卿子》说："夫人虽有性质美而心辩知，必将求贤师而事之，择良友而友之。"禀性质朴、美善，心智聪慧，也必须求得贤师学习，选择贤友交往。因为"得贤师而事之，则所闻者，尧舜禹汤之道也"，真正遇到贤明的老师，并向老师学习求教，那么每一天所听到的都是尧、舜、禹、汤、文、武、周公的圣贤之道。这些圣贤有一个很重要的共同点，就是"行有不得，反求诸己"。从来不怨天、不尤人、不指责、不挑剔，不推卸责任。他们的德行值得后人效仿。

境随心转，环境、人际关系都是随着心转变的。心好，看一切人、事、物都好，人人都是圣人；心不好，看所有的人、事、物的时候都戴着墨镜，把圣人也看成凡夫、小人。这就是为什么会有"以小人之心度君子之腹"的现象出现。

有这样一个典故。苏东坡和佛印禅师一起打坐，苏东坡问佛印禅师："你看我这个样子像什么？"佛印禅师看了看，说："我看你这个样子很庄严，就像一尊佛。"苏东坡听了很开心。过了一会儿，佛印禅师问苏东坡："你看我这个样子像什么？"苏东坡看了看，佛印禅师笑嘻嘻的，袈裟婆娑在地，他说："我看你这个样子简直就像一堆牛粪。"佛印禅师听了，笑了笑，没有作声。苏东坡很得意，回家迫不及待地和苏小妹分享："你看我每一次和佛印禅师在一起，我都说不过他。今天我赢了，我占了便宜……"苏小妹很有智慧，她说："哥哥，你这一次又输了。因为佛印禅师心地慈悲善良，看谁都是一尊佛，而你却把清净慈悲的禅师都看成一堆牛粪，这恰恰说明你需要反省。"

因为戴了一个绿色的眼镜，看谁都是绿色的；戴了一个黑色的眼镜，看谁都是黑色的。这个眼镜其实就是心里的境界。用自己的思想境界去观察别人，就把圣人也看成普通人，甚至看成小人。这是因为自己的境界就是那个层次。"行有不得，反求诸己"之所以被视为传统文化一句重要的心法，就是因为境随心转，境也是由心生的。自己的心变了，身边的人、事、物也全变了。

"得良友而友之，则所见者忠信敬让之行也。"与善良的朋友交往，所见到的自然是忠诚、信实、恭敬、礼让的品行。在这种环境下熏陶，"身日近于仁义而不自知也者，靡使然也"。每一天进修仁义，不断进步却不知不觉，这也是潜移默化的结果。所以，如果能在一个好老师、一位善友身边观摩学习，会不知不觉、自然而然地受到他们德行的熏陶，进步也是不知不觉、自然而然的。

"今与不善人处，则所闻者欺诬诈伪也，所见者污漫淫邪贪利之行也。身且加于刑戮而不自知者，靡使然也。"所结交的都是不善之人，所听闻的全是欺骗、巧诈、虚伪，所看到的都是邪污卑下、放荡邪曲、贪图利益的行为，将要身遭刑戮都不知不觉，这也是自然而然的结果。

所以，选择好的求学环境、选择良师益友是非常重要的。正如荀子所说："蓬生麻中，不扶自直。"蓬草本来是软绵绵的，但是，如果生长在笔直向上的麻中，不需要去扶持它，它也会自然地向上生长，长得笔直。古人说："亲附善友，如雾露中行，虽不湿衣，时时有润。"亲近善良、贤德的朋友，就像在雾水、露水中行走一样，虽然打湿不了衣服，但是可以时时蒙受德风的滋润。所以，结交什么样的朋友就成为什么样的人，在什么样的环境中生活就会受到什么样的影响。这段话是强调择友对一个人的成败荣辱至关重要。

《哀公问政》篇是孔子回答鲁哀公所问为政之道，故以"哀公问政"作为篇名。

【哀公问政于孔子。孔子对曰："文武之政，布在方策。其人存，则其政举；其人亡，则其政息。故为政在于得人。取人以身，修身以道，修道以仁。仁者，人也，亲亲为大；义者，宜也，尊贤为大。亲亲之杀，尊贤之等，礼所生也。是以君子不可以不修身；思修身，不可以不事亲；思事亲，不可以不知人；思知人，不可以不知天。天下之达道有五，其所以行之者三。曰：君臣也，父子也，夫妇也，昆弟也，朋友之交也。五者，天下之达道也。智、仁、勇三者，天下之达德也。所以行之者，一也。或生而知之，或学而知之，或困而知之，及其知之，一也。或安而行之，或利而行之，或勉强而行之，及其成功，一也。好学近于智，力行近于仁，知耻近于勇。知斯三者，则知所以修身；知所以修身，则知所以治人；知所以治人，则能成天下国家矣。"】

哀公问政于孔子。孔子对曰："文武之政，布在方策。"哀公向孔子请教如何施政。孔子回答说，周文王和周武王的施政方法和道理都记载在典籍之中。"布"，陈列。"方策"，郑玄注："方，板也；策，简也。"孔颖达疏："言文王、武王为政之道，皆布列于方牍简策。""方"，书写用的木板。"策"，书写用的竹简。把书写记事用的木板和竹片编在一起，就是典，也就是现在所说的典籍。

"其人存，则其政举；其人亡，则其政息。故为政在于得人。"如果有像周文王、周武王那样的圣王存在，仁政就得以推行。如果圣王消失了，仁政也跟着止息。所以，施政的关键在于得到圣贤君子。

纪录片《典籍里的中国》强调，重要的就是学习、汲取古圣先贤修身、齐家、治国、平天下的道理。所谓文以载道，传承经典最重要的就是传承经典中承载的道。认识道、理解道、弘扬道都需要有人来做，"人能弘道，非道弘人"。

典籍虽然还在，但如果束之高阁，没有人学习，没有人讲解，没有人力行，没有人运用，这个道就难以承传下去。中华文化之所以绵延了五千年不止，关键就在于典籍所承载的道。这个道在古代适用，在今天也依然适用。学习典籍，重要的是学习其中所承载的治国平天下之道。

"为政在于得人"，办政治的根本就在于得到圣贤君子。他们能兴起道德教化，改变人心。人心良善，社会才能安稳。《汉书》记载，如果只重视法令的严苛而不重视人心的治理，结果会是"法出而奸生，令下而诈起，如以汤止沸，以薪救火，愈甚无益也"。如果仅仅重视法律监督机制的健全、完善，那么，法律条款一出台，命令一下达，欺诈的行为就会产生。因为人想作恶的心没有改变，为了逃避法律的制裁，只会变得更加奸诈。法律法规设置得再严密、再具体，也不能把生活中所有的具体问题都考虑到。它往往滞后于社会现实，所以总有漏洞可钻。

古人的这些比喻非常形象。"以汤止沸"，本来水是沸腾的，往里加入一些热水，暂时停止沸腾了，但是下面的柴火还在不停地燃烧，水很快又会沸腾，只是延缓了而已。"以薪救火"，大火熊熊燃烧，把新的柴火放上去，火势暂时变小了，但是过一会儿，火势会变得更加猛烈。

秦朝用法家的严刑峻法来治国，确实达到了富国强兵的效果，百姓不敢欺骗国家，不敢欺骗君王，因为当时的法令实在是太过严苛。秦虽然统一了天下，但是因为这种暴虐的统治，也成为历史上最短命的王朝，二世而亡。《汉书》讲："独用执法之吏治民，而欲德化被四海，故难成也。"仅仅靠严厉的惩罚来治理百姓，还盼望道德教化遍及四海，这是很难达到的，因为违背了天道。"上天有好生之德"，上天有仁爱之心，好生而恶杀。所以，办政治也要顺应天道，重视伦理道德的教化，让人们知道善恶、邪正、是非，把廉耻之心给提起来。当时的汉朝废弃了德教，让使用严刑峻法的官吏来治理国家，认为这些人能干。这样还想德被天下，是不可能的。

《论语》中孔子强调："不教而杀谓之虐。"如果没有事先给百姓伦理道德的教育，百姓不知道做人的本分，比如不知道孝敬父母、友爱兄弟、尊敬长辈，官员不知道廉洁奉公，一旦贪污受贿、腐败堕落，就处以刑罚，这被称为苛政。

《列子》记载了这样一个故事，发人深省。春秋时期，晋国有很多盗贼，晋侯为此很苦恼。晋国有一个叫郗雍的人，他有一个特长，可以通过观察人的神情来辨别哪个人是盗贼。晋侯就把他请来，让他指认盗贼，他指认了千百个盗贼都没有错过一次。晋侯非常欢喜，他说："我得到这样一个人，还用那些能侦破案件的人干什么？只用这一个人，就足以对付盗贼了。"晋侯身边有一个有学问的人，叫赵文子。赵文子听了晋侯的一番话，非常担忧地说："大王，您用这个人来指认盗贼，不但不能尽除盗贼，这个人的下场也一定不好，他必死无疑。"晋侯听了没当回事，甚至还有点儿不高兴。没过多久，盗贼就聚在一起商量："我们今天之所以走投无路，都是那个郄雍害的。"于是，他们盗走郄雍的财物，将郄雍杀了。

到这个时候，晋侯想起了赵文子的话，非常惊惧，就把赵文子请来，和他商量对策。晋侯说："果然不出你所料，郄雍被那些盗贼给杀了，那我还有什么办法捕获这些盗贼呢？"赵文子说："您想消灭这些盗贼，不如举荐贤良之人，兴起教化之风，人们都有了廉耻之心，就不会再去做盗贼，这才是从根本上消灭盗贼的方法。""人之初，性本善"，每个人都有本具的良善之心，道德教育的目的就是把人的良心给唤醒，相信人是可以教得好的。晋侯这一次听了赵文子的话，礼请随会出来，兴起了道德教育。结果，这群盗贼逃离晋国，到秦国去了。

仅仅任用执法之吏，不仅治理不好国家，百姓还会产生怨气和对立。孔子说："道之以政，齐之以刑，民免而无耻。"如果设计各种各样的政令条款、法律规章，触犯了就施以刑罚，结果就是人们因为惧怕处罚而不去做坏事。不去做坏事，是因为惧怕惩罚，而一旦有空子可钻，一旦发现漏洞，可以免于法律的制裁，他们仍然会想方设法做坏事，没有羞耻之心。所以，孔子说："道之以德，齐之以礼，有耻且格。"如果用道德来引导，用礼义来教化，百姓学习了礼义道德，就会规范自己的行为。百姓不仅有了羞耻心，还会发自内心地去拥护国家。有人格，就不愿意去做坏事，这是从根本上解决问题。

仅仅有了健全的制度，而人心没有改变，并不能从根本上把国家治理好。《汉书》说："是故古之王者，莫不以教化为大务。立大学以教于国，设庠序以化于邑。教化已明，习俗已成，天下尝无一人之狱矣。"古代圣王都把伦理道德教育视为国家最重要的事。他们在国都设立太学，在乡镇设立庠序，就是乡镇学校。这些学校设立起来，宣扬伦理道德的教育，让人知道自己在伦理关系中的责任和本分。教化明确了，道德风俗形成了，天下出现了"监狱里没有一个犯人"的局面。就像周成王和周康王统治时期，"囹圄空虚，刑措不用"，监狱里四十年都没有犯人。

《史记》说："汉兴，破觚而为圜。""破觚"，"觚"是棱角。去除了严苛刑法，力求宽缓。汉朝建立之后，就把秦朝的严刑峻法废除了。"斫雕而为朴"，把过分细密的法律条文也废除，力求质朴。"网漏于吞舟之鱼"，这里用了一个比喻，捕鱼的网有很大的漏洞，可以把吞舟的大鱼都给漏掉。但是，因为兴起了道德教化，结果是"吏治烝烝，不至于奸，黎民艾安"。官员的道德修养日益提高，少有人作奸犯科，贪污受贿的事情也很少发生，国家治理得很好，黎民百姓都过着和美安乐的生活。可见，治理国家，包括反腐倡廉，其根本在于人心的教化，在于伦理道德、因果的教育，而不在于法律的严苛。

当然，强调人心的教化是根本，也不反对设置严密的制度，法律法规和监督机制并非不重要。现在反腐败斗争形势可以说依然比较严峻，社会治理也出现了一些问题，其原因既有法制不健全的一面，也有不重视伦理道德教育的一面。传统伦理道德的教育已经忽视了三四代人，最基本的五伦八德、做人的常识，已经有三四代人没有讲了。不仅年轻人不知道，他们的父母不知道，甚至他们的祖父母都没有学过。所以，才出现了兄弟因为一点点财产就起纷争，甚至吵上法庭，离婚率越来越高，等等。换句话说，如果缺少伦理道德的教育，人就活得没有人的样子了，这就是左丘明所说的"人弃常则妖兴"。人都不讲仁义礼智信、不讲五伦八德，种种怪异的现象就产生了。所以，要真正把国家治理好，就必须在加强法制建设的同时，兴起伦理道德、因果的教育，这才叫标本兼治。

古人反复强调："人心正则国治，人心邪则国乱。"这里讲"为政在于得人"，一定要使德才兼备的人处在领导位置，这样，国家想不稳定都很难。要使德才兼备的人处在领导位置，首先得培养德才兼备的人，重视伦理道德的教育。这是古今中外的开明学者所公认的。

西方著名伦理学家阿拉斯代尔·麦金泰尔写了一本书叫《追寻美德》。他在这本书中说："对于法律的应用而言，那些拥有正义美德的人才可能发挥作用。"也就是说，法律规则是由人来制定的，也是由人来推行的。他特别批判了约翰·罗尔斯的《正义论》，认为伦理学的任务不是设计正义的规则和制度，而应该回归到亚里士多德的美德伦理，把培养人的美德作为伦理学的核心任务。他的这本著作在当代西方伦理学界产生了很大反响，他的观点也引起了西方社会的思考。仅仅重视正义规则设计的政治理念，在西方也面临挑战。

而在麦金泰尔的另一本书《谁之正义？何种合理性？》中，他提出了这样的问题："如果忽视了个体美德的培养，那么你所讲的正义是谁之正义？"正义缺少主体，谁的正义？西方有很多关于正义的理论，如功利主义、伦理利己主义、罗尔斯的正义论、康德的义务论，还有卢梭的社会契约论等。他们从不同的前提出发，得出了关于正义的不同观点，这些观点还是相互矛盾、相互冲突的。在现实生活中，遇到具体问题，到底应该按照谁的理论去评判是非、善恶、美丑？

《群书治要·傅子》用一句话就把人与制度之间的关系讲明白了："明君必顺善制而后致治，非善制之能独治也，必须良佐有以行之也。"明智的君主一定是顺着好的制度才能得到社会大治的结果。如果一个人做好事反而受到排挤，做恶事反而受到鼓励，那么，这样的制度就不是鼓励人们做好事。这就是说，好的制度很重要，是治理的前提，但是，并不是说有了好的制度就一定能把国家治理好，还需要有德才兼备的人来推行好的制度。正如我国领导人在讲话中强调的："要把权力关进制度的笼子里。这项工作要继续坚持，去搞好完善、建设。"在我们国家有个说法叫"面壁成佛"，就是自我境界的提升。一方面，要反腐败，要治理好国家，必须加强和完善制度建设，另一方面，要更加重视领导干部自我境界的提升，也就是领导干部的修身。《大学》讲"修身、齐家、治国、平天下"，这个次序是不能颠倒的，所以，《大学》强调"自天子以至于庶人，壹是皆以修身为本"。首先是天子，最后到老百姓，都要把修身视为根本。当然，领导者和教育者先受教育，这是符合教育规律的。如果人人都有孔子、孟子等圣贤的境界，那在任何制度下都不会做恶事。

中国古圣先贤设计的制度特别符合人情，知道希圣希贤的人在实际生活中是少数，大多数人都喜欢财富、权势，喜欢受人尊敬的感觉，所以在设计制度的时候，为了鼓励人们成为有德行的人，是让有德行的人、对国家有功劳的人富裕起来，受到尊敬，处于一定的领导位置。古人其实并没有忽视制度建设，只不过制度建设都是围绕一个核心来进行，那就是怎样把人培养成好人，如何把这个好人选拔到领导位置上。这里所说的好人并不是无能之人，而是古人所说的贤德之人，是德才兼备之人。这样的制度设计非常合理，也很容易在社会上推行。

现代人对于古人有一种误解，认为古人只是重视伦理道德的教育，不重视制度建设，不重视法律监督机制的健全，其实这是对传统文化的一个很大的误解。古人虽然强调道德教育，认为人心治理是根本，但是并没有否认制度建设的作用。

《淮南子》说："无法不可以为治也。"如果没有法律制度和规则，国家的治理就没有依据，人们就没有是非、善恶、美丑的标准。接着强调："不知礼义，不可以行法。"如果一个人不知道礼义廉耻，那就没有办法推行法律制度和规章。然后讲到了法律的局限性："法能杀不孝者，而不能使人为孔墨之行。"法律确实可以把不孝之人给杀掉，但是不能让人具有孔子、墨子那样高尚的德行。"法能刑窃盗者，而不能使人为伯夷之廉。"法律确实可以把偷盗的人依法惩处，给他判刑，关进监狱，但是培养不出伯夷、叔齐那样高尚的气节和廉洁之风。"孔子养徒三千人，皆入孝出悌，言为文章，行为仪表，教之所成也。"孔子弟子有三千多人，每一个人在家孝敬父母，出门尊敬长辈，一言一行、一举一动都是社会大众的表率。这是靠教育成就的。所以，古人并不否认制度的作用，而是认为并非有了好的制度，社会就一定能大治，关键还在于落实制度的人。

《中论》讲："凡亡国之君，其朝未尝无致治之臣也，其府未尝无先王之书也。然而不免乎亡者，何也？"这段话回答了一个很多人讨论的问题：既然传统文化这么好，为什么很多朝代还是灭亡了？那些末代君主并不是没有可以使天下大治的臣子。就像商纣王，身边也有三位贤人，但是他们犯颜直谏，纣王不仅不听，反而迫害他们，"比干谏而死"，微子逃亡他方。府库不是没有圣贤典籍，但是被束之高阁，根本就不去看，也不去用，更没有身体力行。

其灭亡的原因在于"其贤不用，其法不行也"。虽然有贤德之人，却不受重用；有好的治国理念、方法和策略，也没有被推行。夏、商、周三代都是很明显的例子。夏、商、周初期，都曾出现天下大治的局面。虽然夏、商、周三代的治国理念、方法都记载在典籍之中，但其后代子孙并没有推行，这才导致夏、商、周的灭亡。这就是"为政在于得人"，关键是在位者能否认同、推行、力行这些治国理念。这就像有一个高明的医生给你开了药方，这个药方确实能把你的病治好，但是你怀疑他，几剂草药能治好我的病吗？你将其放置一边，也不去抓药，更不会喝药。这样，即使有高明的医生，有好的药方，也不会把你的病治好。因为你认识不到，也不去用。"人能弘道，非道弘人"，这里强调"为政在于得人"。

"取人以身，修身以道，修道以仁。""取人以身"，得到人才必须以修养自身来感召。"修身以道"，修养自身必须遵循圣贤教诲。不能自认为修养很高，那是按照自己的标准。就像很多人说："我很孝敬父母。"那不是按照圣人的标准。"修道以仁"，遵循圣贤教诲、修养德行的下手之处在以仁爱存心。

《傅子》有这样一句话："举贤之本，莫大正身而壹其听。"要想得到贤才，最根本的就是修正自身，按照圣贤教诲去做。"身不正，听不壹，则贤者不至。"如果自身没有修正，关于治国的理论、方法、策略、制度，没有听圣贤的话、听经典的话，圣贤就不会来。这个"壹"字很重要，不能谁的话都听，听了张三的、李四的，都不符合道也没用。古人是用经典来统一思想。"经者，常也"，所讲的是恒常不变的规律，是圣人亲身体悟、亲证的境界，也经过了历史的验证，是大浪淘沙的结果。所以，对圣贤教诲要生起信心。

如果修身不端正，听的也不是圣贤教诲，而是世俗的言论，那就无法感召贤德之人。因为圣贤知道，即使来到你的身边，为你进言献策，你也听不进去。"道不同，不相为谋"，一个是自私自利、以权谋私，一个是想治国平天下，为百姓带来福祉，那怎么会走到一起呢？即使圣贤来到你的身边，他的话，你听着也不一定入耳，这样就会错失贤才。像周厉王之所以任用荣夷公，就是因为两人"志趣相投"，都是贪财牟利、残暴不仁，拥有这些共同的嗜好，最后也因此导致国家灭亡。

求得贤才的根本，还是修正自己的身心，一心听从圣贤教诲来治国。领导者如果具备美好的德行，自然感召同类人，也就是贤德之人；领导者如果缺乏德行，即使身边有贤才，也会离他而去。这就是"取人以身"。

"修身以道"，用什么来修身？很多人说："我很善良，我是个好人。"其实，这都是以自己的标准来衡量。"善"也是有标准的。就以简单的《弟子规》而论，这是一般人最起码的为人处世、待人接物的标准，是不是做到了？按照圣贤的标准，这才叫"道"。

道实际上是自然的规律，只不过圣人观察并总结、记录下来。概括起来讲，就是五伦、五常、四维、八德，按照这些来修身，修身才有基础。在这个基础之上，进一步成圣成贤，那就是"明明德"。所以，"人不学，不知道""人不学，不知义"。《弟子规》说："但力行，不学文，任己见，昧理真。"很多人说："我只要心好就行了。"但是，往往是好心办了坏事，以自己的标准评价自己心好，这是不行的。所以，必须依据经典来衡量自己是善是恶、是好是坏，这才是修身的基础。

修身以道的结果，简单地说，就是《论语》所说的"君子坦荡荡，小人长戚戚"。小人没有学道。学道修身，能心怀坦荡。《说文解字》对"德"的解释是："外得于人，内得于己。"走到哪里都受人恭敬、受人肯定，内心也充满喜悦，不会怨天尤人，不会烦恼重重、压力不断。这是最起码的标准。

《中论》指出："故人君苟修其道义，昭其德音，慎其威仪，审其教令，刑无颇类，惠泽播流，百官乐职，万民得所，则贤者仰之如天地，爱之如其亲，乐之如埙篪（xūnchí），歆之如兰芳。故其归我也，犹决壅导滞，注之大壑，何不至之有乎？""埙"，陶制的乐器。"篪"，竹制的乐器。这两种乐器配合，能奏出美妙的音声。如果君主修明道义，彰显自己美好的声誉，谨慎自己的言行、威仪，慎重地颁布政令、推行教化，刑法没有偏颇不平之处，恩泽广泛地流布，百官都安于本分，以尽职尽责为乐，百姓各得其所、安居乐业，那么，贤德的人敬仰他就像敬仰天地一样，爱戴他就像爱戴自己的父母一样，快乐得就像听到了埙篪合奏的美妙音乐，愉悦得就像闻到了兰草的芬芳。所以，贤德之人的归附就像除去了壅塞，水流出大坝一样通畅。如果这样做了，哪有贤德之人不来归附的道理？这就是修身以道的结果。

"修道以仁"，修道从培养自己的仁爱之心入手。弟子问："什么是仁？"孔子说："仁者，爱人。"爱人是行仁的方法。行仁的方法就是忠恕之道，是"己所不欲，勿施于人"，也就是《弟子规》所说的"将加人，先问己，己不欲，即速已"。

《孟子》讲了这样一段话："有人于此，其待我以横逆，则君子必自反也：我必不仁也，必无礼也，此物奚宜至哉？其自反而仁矣，自反而有礼矣，其横逆由是也，君子必自反也：我必不忠。自反而忠矣，其横道由是也，君子曰：此亦妄人也已矣。"假如有一个人以粗暴蛮横的态度对待我，君子一定反省自己：我对待他一定还有不仁爱、无礼的地方，否则，他不会用这种态度对待我。自我反省之后，觉得自己已经做到了仁，也做到了礼，但是那个人的态度依然没有改变，君子一定再次反省：我对待他一定没有尽心竭力。也做到了尽心竭力，但那个人对待我的态度依然是粗暴蛮横，君子会说：这个人不过是个狂人罢了，又有什么可计较的呢？

君子有终身之忧，而没有一朝之患。君子一生所忧患的是什么事呢？舜是人，我同样是人，舜为天下树立了榜样，泽被后世，而我却仍然是一个平庸的人。忧虑之后，像舜那样去做就可以了。至于一直担心某件事，哪怕只是一时的担心，君子也不会有。君子不做不符合仁、不符合礼的事。

可见，修行仁爱之心要从忠恕之道入手。也就是遇到事情，时时反省自己，反求诸己，而不是怨天尤人。所以，修行是修正自己。如果还有怨天尤人的心，说明嗔心没有断除。万事皆有其因，明白这个道理，就知道没有无缘无故的爱，也没有无缘无故的恨。别人以粗暴蛮横的态度对待自己，而没有这样对待他人，一定不是偶然的。这样一想，自然就会心平气和。

经典中说："先人不善，不识道德，无有语者，殊无怪也。"一些人之所以做错事，是因为父母、祖父母，甚至再上一代都没有接受过伦理道德的教育，没有人告诉他，所以不应责怪他们。而我们有幸接受了圣贤教诲，懂得用圣贤教诲修养己身，修正自己的行为，不断地向上提升。相比于那些没有接受圣贤教诲的人，我们已经非常幸运了，就不要责怪他人了。

《礼记·中庸》说："正己而不求于人，则无怨。"要向孔子学习。孔子就是"上不怨天，下不尤人"，一生过着坦坦荡荡的生活。孔子周游列国，就是想把仁义学说推而广之，让诸侯国君能够推行，让老百姓过上安居乐业的生活。可惜，少有人赏识他、理解他、重用他。但是，孔子没有怨天尤人，还说："人不知而不愠，不亦君子乎？"（《论语·学而》）即使别人不知道我有道德学问，我也没有什么愠怒的表现，这不也是君子的行持吗？

君子任何时候都没有嗔怒之心，他的修养达到了这样的境界，这才是后人效法的榜样。只要把自己修好，端正自身而不去要求别人，就没有怨了。**君子的目标是追求道德学问，成就圣贤格，是《大学》所说的"明明德"。**君子只担心自己是一个平庸的人，道德学问没有提升，不能明明德，而不担心别人对自己好不好、理不理解、尊不尊重。其实，来到自己身边的人都是来成就、提升自己的，都是让自己看到自身还有哪些不足的。所以，事事是好事，人人是好人，日日是好日，时时是好时，就看用什么心态去看待身边的人、事、物。

随着境界的提升，我们面临的考验也会越来越严峻。就像从小学、初中、高中、大学，到硕士研究生、博士研究生，随着学问的提升，考题也越来越难。"学如逆水行舟，不进则退"，如果学问不能提升，就会"不进则退"。要把身边的人、事、物都视为考验自己修行境界的考题。如果关关能顺利通过，说明境界在提升。如果没有这些考官的出现，就不知道自己的境界够不够。所以要感谢这些考官，用积极的心态来面对，才发现真的是"事事是好事，人人是好人"。

巴尔扎克说："苦难对于天才是一块垫脚石，对于能干的人是一笔财富，对于弱者则是万丈深渊。"能干的人克服了苦难和挫折，把它变成通往成功的垫脚石；对于弱小的人而言，这些苦难和挫折却是万丈深渊，跨不过去，甚至一失足而成千古恨。所以，就看自己用什么样的心态来面对生活中的境缘。

蕅益大师说："境缘无好丑，好丑在于心。"这个境就是外在环境，这个缘就是人际关系。境缘本身没有绝对的好与坏之分，好坏在于自己的心，在于自己对待它的态度。

君子不担心别人不知道自己，不担心自己的名声不够显扬，他担心的是自己的道德学问有没有提升，有没有"德日进，过日少"。真正有道德修养的人自然会认识他，所谓"德不孤，必有邻"。孔子做出了"学而时习之，不亦说乎"的榜样，面对任何境缘，无论是顺境还是逆境，无论是善缘还是恶缘，都能以正确的态度面对。

"学而时习之，不亦说乎"，经常学习并力行圣贤教诲，就能感受到一种从内心深处涌出的喜悦，像泉水一样源源不断。一个人体会到这种喜悦，就会愿意学、喜欢学，确实能达到古人所说的"禅悦为食，法喜充满"的境界。"知之者不如好之者，好之者不如乐之者"，一个人能有所成就，是因为他乐在其中，体会到了学习的喜悦，欲罢不能。

第九讲　智、仁、勇的中国精神

我们继续看《孔子家语·哀公问政》篇。"**仁者，人也，亲亲为大；义者，宜也，尊贤为大。**"修身以道，修道以仁。修养自身应该依道而行，而行道的根本就在于仁爱。

什么是仁？仁，从"人"，从"二"，是两个人的相处之道，想到自己就要想到对方，能换位思考，将心比心。《论语》中孔子对"仁"下了一个定义："仁者，爱人。"爱人，首先要从孝顺父母做起。这里说"仁者，人也，亲亲为大"，仁是为人的根本，而仁爱之心以亲爱父母家人为起点。

第一个"亲"是动词，第二个"亲"是名词，就是父母家人的意思。试想，如果一个人连父母都不爱，又怎么可能真心实意地爱祖国、爱人民？中国人讲百善孝为先，正是从孝道培养一个人爱兄弟、爱邻里、爱人民、爱祖国的仁爱之心。

对父母的孝顺必须从礼做起。《弟子规》开篇有四句话："父母呼，应勿缓；父母命，行勿懒。父母教，须敬听；父母责，须顺承。"当父母叫我们的时候，我们不能爱搭不理，听如未听，闻如未闻，好像没有那么一回事似的。当父母让我们去做什么事，我们也不能故意推诿、拖延。当我们做错事，父母责骂、教育我们的时候，我们要恭敬地听从，不能违逆，更不能反驳。这些都是做儿女的对父母最起码的恭敬。

《礼记·内则》讲的礼非常具体，告诉世人，儿女早晨应该到父母那儿去问安，去侍奉父母。我们要在生活的点点滴滴之中，培养对父母的恭敬之心、仁爱之心。如果我们在日常生活中守住孝亲之礼，常存恭敬之心，自然就不会做出违逆父母的行为。走入社会，对待老师、对待领导也是一样的态度。领导交代的工作任务会竭尽全力、认真负责地完成。领导的训导也会虚心、恭敬地接受。这就是从孝敬父母培养起来的。

当然，中国人讲的孝，并不是说无论是否符合道义，对父母的意见都一味顺从、盲目听从。当父母有过失的时候，做儿女的要委婉地劝谏。同样，做臣子的，对于君主也要做到能犯颜直谏。古人所讲的"忠"的一个重要表现，就是君主有过失时要能直谏。

"义者，宜也，尊贤为大。""义"，与适宜的"宜"相通，做适宜的事，也就是凡事都要循礼而为。而做适宜的事，关键在于尊敬贤才。这就是前面所说的"为政在于得人"。有了贤德的人才，正己才能化人，把百姓教育好，把政治办好，这样可以达到垂拱而治的境界。

"亲亲之杀，尊贤之等，礼所生也。""杀"，等差。亲爱父母家人有亲疏之差，尊贤也分等级，礼的秩序便由此产生。比如父母爱自己的儿女，就会比爱别人的儿女多。相应地，儿女对父母的回报也更加丰厚，这是人之常情。除了父母之外，还有其他亲人，如祖父母、叔父、伯父等，因为亲疏远近不同，侍奉的礼节也有差别。

古时候贵族分为诸侯、卿大夫、士，天子根据不同的级别给予封地。把这种做法制度化、常规化，就形成了礼。礼的产生使得人与人之间的交往有规可循、合情合理、自然有序。各个等级的人都知道自己应尽的责任，还有本分，也就不会僭礼。比如丧礼中的五服制度，以及丧期，都是根据亲疏远近而有明显的不同。所以，按照礼来生活，其实是非常美好、自然、和谐有序的。当然，礼的具体要求可以随着时代、环境的变化而有所损益，有增有减，但是，礼的精神和功能是不变的。

《贞观政要·论礼乐》说："非从天下，非从地出，人情而已矣。人道所先，在乎敦睦九族。九族敦睦，由乎亲亲，以近及远。亲属有等差，故丧纪有隆杀，随恩之薄厚，皆称情以立文。"这段话是讲礼的来源，不是从天上降下来的，也不是从地下生出来的，而是根据人情事理制定的。人道首要的就是使九族亲睦。"九族"，根据《三字经》和汉朝儒家的说法，是上自高祖、下至玄孙的九代人，包括高祖、曾祖、祖父、父亲，还有自己，儿子、孙子、曾孙、玄孙。这是一种说法。另一种说法是指父族四，也就是自己这一族（父母、兄弟、姐妹、儿女）、出嫁的姑母及其儿子、出嫁的姐妹及外甥、出嫁的女儿及外孙；还有母族三，也就是外祖父、外祖母、姨母及其儿子；还有妻族二，也就是岳父、岳母。这些加起来也是九族。总之，就是与自己有亲缘关系的很亲近的人。

要使九族亲睦，必须从孝敬父母开始，由近及远。亲属之间有亲疏的差别，所以丧礼也有隆重和简省的差别，都是根据恩情的厚薄来确定的标准。这就告诉我们，礼的产生是合乎人情的，也是合乎天理的。

"义者，宜也，尊贤为大。"治理国家，尊贤是很重要的。对贤人的道义也体现在礼上，也是通过礼来规定的。

《礼记·檀弓》记载，知悼子是晋国大夫，去世了还没有下葬，晋平公却喝起酒来。乐师旷和近臣李调作陪，还敲钟奏乐，这都不符合礼。《礼记·杂记》记载："君于卿大夫，比葬不食肉，比卒哭不举乐；为士，比殡不举乐。"卿大夫去世了，一直到下葬那天，君主都不能吃肉，一直到卒哭（古代丧礼，百日祭后，止无时之哭，变为朝夕一哭，名为卒哭）那天，君主都不能听音乐；士去世了，一直到入殡那天，君主都不能欣赏音乐。

杜蒉是一位膳食官，他从外面回来，两阶一跨地进入庭堂。他倒了一杯酒给师旷，说："旷，把这杯酒给喝了。"这是罚师旷喝酒。又倒了一杯酒，说："调，把这杯酒喝了。"这又是罚李调喝了一杯。然后再倒上一杯，向北面坐着，自己把这杯酒喝了。也就是面对君主的方向，自罚一杯。然后走下台阶，快步走了出去。

晋平公感觉他的动作很有深意，就叫住他，问："你为什么罚师旷喝这杯酒？"杜蒉回答说："甲子、乙卯是忌日，不能奏乐。"商纣王是在甲子这一天身亡的，夏桀王是在乙卯日被放逐的，所以君王把这两天视为忌日，不可以奏乐，目的是引以为戒，起到教育的作用。杜蒉接着说："知悼子的灵柩在堂，尚未下葬，在这样的日子奏乐，比在甲子、乙卯之日奏乐还严重得多。师旷是掌乐的太师，不把这些道理报告给您，所以罚他喝酒。"晋平公又问："你为什么罚李调喝酒？"杜蒉说："李调是您的近臣。为了一点儿吃喝，忘却了君主的禁忌，不能为君主分忧，不能劝谏君主的过失，所以他也该罚。""那你为什么自罚一杯？"杜蒉说："我不过是一个宰夫，不拿着刀匕去做菜，做我分内该做的事，却要越职提醒二位，这也超出了我的本分，所以自罚一杯。"晋平公听了，说："这样看来，我也有过错。"晋平公是"闻义则服"，也很了不起。听杜蒉讲得有道理，也就不再固执己见，马上表示愿意改正过失。他说："我也犯有过失，请倒酒，也罚我饮一杯。"杜蒉洗过酒杯，倒上酒高举献上。晋平公对侍者说："将来我去世了，也不准丢弃这个杯子。"把这个杯子保留下来，目的是让后人引以为戒，起到教育和提醒的作用。直到今天，献酒时高举酒杯，这个动作叫作"杜举"。

当然，君主并不是为了符合这些礼仪而去勉强行礼，而是忠臣去世，君主的哀痛和感恩之心发自肺腑。

历史上，唐太宗继位之后，就将魏徵从七品的詹事主簿破格提拔为谏议大夫。魏徵感念知遇之恩，一生恪尽臣道，"以耻君不为尧舜，以谏诤为己任"。他以自己辅佐的皇帝不能成为尧舜那样的君主为耻，以犯颜直谏作为自己的责任。辅佐唐太宗十七年，他先后进谏二百多次，大多被采纳。

《旧唐书》对魏徵评价很高："其实根于道义，发为律度，身正而心劲。上不负时主，下不阿权幸，中不侈亲族，外不为朋党，不以逢时改节，不以图位卖忠。"他的真情实感根源于道义，发出之后，可以作为大家效法的榜样和行为的节度。身心端正，而且这种劝谏的心非常迫切。上不辜负君主的期望，下不阿谀奉承权幸之臣，中不让亲族奢侈，外不为朋党。不为逢迎时局而改变自己的气节，不为图取权位而出卖贤良忠贞。魏徵深入经典，博古通今，既有敢谏、能谏的品格和才能，也有谏议之臣的正气和勇气。他一心为公、披肝沥胆，深受唐太宗敬重。

《旧唐书》记载，魏徵病危，宫廷派使者来探望。魏徵的住宅原先没有正室，唐太宗就把自己准备建小殿的材料给魏徵修建正室，五天就修成了。唐太宗赐给魏徵素色的褥子和布被，用以满足他崇尚简朴的心。魏徵病重，唐太宗再次来到魏徵的府第，抚着魏徵的手，流着泪问他还有什么要求。魏徵说："嫠不恤纬而忧宗周之亡。""嫠不恤纬"是成语，出自《左传》，直译是寡妇不愁织布的纬线少，后用来比喻忧国忘身、公而无私。魏徵的意思是说，臣不忧虑自己的生命，忧虑的是国家的安危啊！过了几天，唐太宗在夜里梦见魏徵，他就像平时一样。那天清晨，魏徵去世的消息就奏报上来。魏徵享年六十四岁。

唐太宗亲自到魏徵家中吊唁，哭得非常悲伤，下令罢朝五日。追赠魏徵为司空、相州都督，赐谥号"文贞"，"贞"就是正的意思。宫廷供给手持羽葆、班剑的仪仗队和吹鼓乐手共四十人，送来办丧事用的绢帛千段、米粟千石，并且让魏徵陪葬昭陵。将要下葬的时候，魏徵的夫人裴氏说："先夫平生节俭，现在让他按一品官的礼节安葬，所需仪仗、器物极多，这不符合他的心意。"对朝廷供给的一切仪仗和物品推辞不受，最后是用布车载的棺柩，没有任何花纹色彩的装饰。唐太宗登上御苑中的西楼，望着魏徵的灵柩停放的方向痛哭不止，诏令百官把魏徵的灵柩送出郊外。唐太宗亲自为魏徵撰写碑文。魏徵去世后，唐太宗依旧对他追思不已，赐实封九百户。

有一次上朝，唐太宗对公卿侍臣感叹："夫以铜为镜，可以正衣冠；以古为镜，可以知兴替；以人为镜，可以明得失。朕常保此三镜，以防己过。今魏徵殂逝，遂亡一镜矣！"唐太宗说，魏徵去世后，朕派人到他家里，得到他的一页遗表，才刚刚起草，字都难以辨识。只有前面几行稍微可以辨认，上面写道："天下的事情，有善有恶。任用善人，国家就安定；任用恶人，国家就衰败。各位公卿大臣，感情有爱有憎，对自己憎恶的就容易只看他的恶，对自己喜欢的就容易只看他的善。爱憎之间，应当审慎。如果爱而又知道他的恶，憎而又知道他的善，除去邪恶不犹豫，任用贤人不猜忌，国家就可以兴盛。"遗表的大意就是这样。然而朕经过思考，感觉恐怕不能避免魏徵所说的这些过错。你们可以把这些话写在笏板上，知道朕有过错，一定要进谏。

魏徵一生恪尽职守，经常挑唐太宗的毛病。但是当他去世，唐太宗恸哭不止，还经常记起他对自己的提醒。从这一段记述就可以看到古代君臣之间的道义，君仁臣忠。臣子去世，君主按照礼予以安葬，这也是出自自然的感念之情。

"是以君子不可以不修身；思修身，不可以不事亲；思事亲，不可以不知人；思知人，不可以不知天。"所以，君子不能不修身。为什么？因为为政在于得人。要想得到德才兼备的人才，国君必须修身以道，修道以仁。"孝弟也者，其为仁之本与！"孝悌之心是仁爱之心的根本，所以，要修身就不可以不侍奉双亲，"仁者，人也，亲亲为大"。侍奉父母家人，不可以不知人。"义者，宜也，尊贤为大"，如果不知人，如何选择贤人为师？如何任贤选能？"思知人，不可以不知天。"知人，就一定要懂得天道。天道就是自然而然的规律，一切事都有自然之理，知晓天然之理必知人。

天然之理是指："天下之达道有五，其所以行之者三。曰：君臣也，父子也，夫妇也，昆弟也，朋友之交也。五者，天下之达道也。智、仁、勇三者，天下之达德也。所以行之者，一也。"

"达道"，就是可以为人所遵行、永不变易的道理。"昆"，有兄的意思，"昆弟"，也就是兄弟。天下通行的常道有五种，用以践行这五种常道的德行有三种。这五种常道也被称为五伦大道，君臣、父子、夫妇、兄弟、朋友之交是天下通行不变的常道。"人无伦外之人"，没有谁可以生活在五伦关系之外。现在人们常说要搞好人际关系，而要搞好人际关系，首先要搞好五伦关系。如果五伦关系都处理不好，就谈不上搞好人际关系。前面我们也学过"亲戚不悦，无务外交"，如果你的父母、兄弟姐妹对你都不满意，你就不要致力于去办外交，去搞公共关系，那都是以利害为出发点。

智、仁、勇是天下通行不变的美德，用以践行五达道和三达德的原则只有一个，就是诚。中华民族历经磨难，却从来没有被压垮，而是越挫越勇，靠的其实就是智、仁、勇三达德。可以说，在中华民族发展的各个阶段，三达德都起到了凝聚中国力量的作用。

智，也写作知，读作 zhì，意思就是明智、理智、有智慧。智慧有明德的作用。《大学》说："知止而后有定，定而后能静，静而后能安，安而后能虑，虑而后能得。"智慧是从定力而来，而定力是从知止而来，也就是"因戒得定，因定开慧"。所以，**智慧不是广学多闻而来，而是我们本自具足的本性中本有的**。智慧是靠定力得来，就是古人所说的"泰山崩于前而色不变"。智慧的集中体现就是明辨是非。孟子把智当作辨别是非的一种能力，他说："是非之心，智也。"

仁，仁者爱人。孟子说："亲亲而仁民，仁民而爱物。"所以，"仁"被视为儒家的核心理念。中国古人高度重视"天人合一"，强调"与天地合其德"。而天地之大德，就是"天无私覆，地无私载，日月无私照"，对于万物都是平等地爱护，一视同仁。古人说："上天有好生之德。"天地的大德就是生养万物，这就是仁。王阳明说："夫大仁者，以天地万物为一体者也。"正是这种一体之仁，使当代中国提出了构建人类命运共同体的命题，这正是顺应天道规律处理国际关系的重要体现。

人效法天德来生产生活，也应该好生而恶杀。孟子说："君子之于禽兽也，见其生，不忍见其死；闻其声，不忍食其肉。是以君子远庖厨也。"君子远庖厨，就是保全自己的恻隐之心。正是这种恻隐之心，被孟子称为"仁之端"。2020 年 2 月 24 日，十三届全国人大常委会第十六次会议表决通过了关于全面禁止非法野生动物交易、革除滥食野生动物陋习、切实保障人民群众生命健康安全的决定。孟子说："顺天者昌。"我们要按照自然天道来生产生活，重新体悟庄子提出的"天地与我共生，而万物与我为一"的宇宙观，重新认识董仲舒所说的"天人之际，合而为一"的自然观，重新树立老子"人法地，地法天，天法道，道法自然"的生态观，重新理解张载"民胞物与"的价值观，重新领会孟子"亲亲而仁民，仁民而爱物"的道德观，摆正人在天地自然中的位置，"赞天地之化育"，保持人与自然万物和谐一体的发展关系，真正走可持续发展之路。

勇，就是勇敢、有毅力，应做的事绝不怯懦，做到十分。《说文解字》："勇，气也。"注解说："气之所至，力亦至焉，心之所至，气乃至焉。故古文勇从心。《左传》曰：其用之谓勇。"勇就是一种气概，是浩然之气的外在表现。孔子说："勇者不惧。"勇者所表现出来的特征就是不畏惧，甚至不畏死亡，正如《左传》所讲："知死不辟，勇也。"而人之所以具有这种勇气，是因为其心志产生了作用。孟子说："志，气之帅也。"孔子说："见义不为，无勇也。"

孔子说："知者不惑，仁者不忧，勇者不惧。"正是以智、仁、勇三达德为代表的中国精神，使得中国自古以来就有埋头苦干的人、有拼命硬干的人、有为民请命的人、有舍身求法的人，这就是中国的脊梁。这种中国精神使得中华民族在磨难中成长，在磨难中奋起，凤凰涅槃，浴火重生。智、仁、勇之所以被称为三达德，就是因为在任何时候、任何情况下，它都是普遍适用、恒常不变的。

"或生而知之，或学而知之，或困而知之，及其知之，一也。"上面所说的五伦、三达德的道理，有些人天生就明白，有些人是经过学习才明白，有些人则是遇到挫折和困惑后勤勉苦学才明白的。虽然人的天分有聪明和愚钝之分，但是，只要好学、勤学、乐学，都可以学成，都可以达到明明德的境界。正如孔子的弟子曾参，其人天资鲁钝，但他能"三省吾身"，有恭敬好学的心，所以，孔子之道因他而得以承传，他能将孔子的道"一以贯之"。

"或安而行之，或利而行之，或勉强而行之，及其成功，一也。"有人安心地去力行，有人是为了利益力行，有人敷衍勉强地去力行，等到他们成功，结果都是一样的。这也是孔子所说的"仁者安仁，知者利仁，畏罪者强仁"。仁者就是安而行之，这样做他就心安，不这样做他的心就不安；智者是看到利益就去做，奉行五伦、三达德对自己有利，不这样做对自己没有利益，所以他才这样做；畏惧惩罚的人是被迫去做，因为不这样做就会受到责罚。但是无论如何，等他们成功了，效果都是一样的。就像一个教室有好几个门，无论从哪个门进来，所见都是相同的。

"好学近于智，力行近于仁，知耻近于勇。"好学近于智慧，力行近于仁爱，知耻近于勇敢。好学近于智，突出了好学的重要性。《礼记·学记》说："玉不琢，不成器；人不学，不知道。"孔子也感慨："吾尝终日不食、终日不寝，以思，无益，不如学也。"孔子说，他曾经一整天不吃饭，一晚上不睡觉，冥思苦想，但是也没有用处，没有想出个所以然，所以不如学习。好学不仅仅是学习知识技能，而是主要学习古圣先贤之道，读圣贤书，向圣人学习，这样可以让自己的人生少走很多弯路，避免很多错误。因为智慧是我们本性具足的，本来就有，所以"好学近于智"，只是和智慧接近。通过好学把自身本有的智慧给开发出来，才是找到了智。

好学，首先要向老师学习。向老师学习，就要有尊师的态度。不尊师，就没有办法体悟大道，也没有办法开发自性。中国古人说尊师重道，尊师是因为老师所讲的是道，尊师也是对道的尊重。《大学》里说"明明德"，怎样开发、彰显自己本性的明德呢？靠孝悌忠信礼义廉耻中的任何一个字都可以。任何一个字，你做到极致，都可以把本性的明德开发出来。这也称为性德，就是通达自性的德行。恭敬心也是我们的性德，通过恭敬老师，把自己的性德引发出来。所以，尊敬老师谁受益最大？不是老师受益最大，你是否尊敬他，对他毫无影响，他不会因为你的尊敬就高一点儿，也不会因为你的不尊敬就矮一点儿。谁受益最大？自己。

《学记》说："凡学之道，严师为难。师严然后道尊，道尊然后民知敬学。"印光大师强调："一分诚敬得一分利益，十分诚敬得十分利益。"后边可以加上"百分诚敬得百分利益，千分诚敬得千分利益，没有诚敬就全无利益"。所以，好学首在尊师。《说文解字》解释："学，觉也，效也。后觉习效先觉之所为也。""学"就是觉悟、效法。后觉悟的人效法先觉悟的人，效法他的行仪、心行。老师是先觉悟的人，弟子是后觉悟的人，弟子拜师的目的是求觉悟。而觉悟、智慧是本性本具的，"在圣不增，在凡不减"，向老师学是学习老师找回本性的方法。觉悟必须从真诚恭敬心中才能求得。

为了保证尊师重道，古人也设计了一些礼节。弟子到私塾去求见老师，是由父亲带着。父亲带着孩子，还带着一些礼物。带上礼物不是为了谄媚巴结，而是表示对老师的恭敬。到了老师那里，先冲着孔子像或其牌位行最重礼，最重礼就是三跪九叩首。父亲带着孩子一起行完礼，请老师上座；老师坐定了，父亲带着孩子对老师行最重礼。这种礼节其实都是为了教育孩子。孩子心目中最尊敬的就是父亲，他看到父亲对老师行最重礼，他对老师的教诲怎敢不听从？而老师教他孝敬父母，所以，老师和家长配合，孩子就很容易受教。

现在很多家长不懂得这一点，不知道如何教育孩子。孩子在学校被老师批评了，回来告诉父母，父母就去找校长，校长再去找老师。最后的结果就是孩子犯了错误，老师不敢再给他纠正。长此以往，他怎会不一错再错？关于教育，古人懂得家人之间相互配合，也懂得家长和老师之间相互配合。如果孩子犯了错误，父母要教训他，结果爷爷奶奶过来护驾，"哎呀，没有多大的事，小事一桩，算了吧！"孩子下一次犯了错，就知道到爷爷奶奶那里去求救，他可以不用负责任。

所以，教育儿女，家庭内部理念要一致，要相互配合。家长和老师之间也要懂得配合，做家长的必须尊敬老师。在古代，孩子在学校被老师批评了，回家告诉家长，家长会再批评他一顿。所以，他下一次就知道，自己做错事，自己承担责任。

再看"冠礼"。古代男子二十岁行冠礼，也就是成人礼。《礼记》记载："男子二十，冠而字。"男子二十岁行成人礼，平辈朋友送给他一个"字"。从此以后，朋友、亲戚，如叔叔伯伯等，都要称他的字，以示对他的尊重。到朝廷做官，皇帝也要称他的字。只有父母和老师，一生都可以称他的名。这说明老师的恩德和父母的恩德是相等的。

皇帝也要尊师重道。皇帝接见群臣，一般都是面南背北，以君臣之礼，但是在接见老师的时候，就不能以君臣之礼，而是必须降阶，以主宾之礼，一个站在东面，一个站在西面。这就是提醒皇帝，虽然你贵为天子，富有四海，但老师永远是老师。大家一看，皇帝都如此尊师重道，上行而下效，全国也就兴起了尊师重道的风气。

历史上凡是开明的皇帝都能率先垂范。比如汉明帝，他还是太子的时候，曾向桓荣学习《尚书》，等他做了皇帝，仍然以学生的身份自居，以师生之礼与桓荣相见。他为桓荣设置几杖，召集百官及桓荣的弟子一起向桓荣行弟子礼，还带头向老师请教，听老师讲学。每当老师身体不适，汉明帝不仅派使者去慰问，那些专门负责皇帝膳食和医疗的官员也去服侍桓荣。明帝也经常到老师家探病，而且，一进入老师居住的巷子就下车步行，手捧着经书走到老师的床前，垂泪哭泣。他还送给老师一些床具、衣物等，为的是让老师更加舒适地休养。他每一次去见老师，都是久久不忍离去。在他的带领之下，文武百官再来探病，都不敢到门口才下车，都到桓荣床前下拜。桓荣去世，汉明帝改换丧服送葬，把老师安葬在尊贵的位置。所以，帝王发挥榜样的作用，会带动整个社会兴起尊师重道的风气。

好学，除了向老师学习经典，还要从老师的言行举止、日常生活的点点滴滴去学习，从老师的为人处世、待人接物去体会老师的存心。《说苑》记载，公明宣学于曾子，三年都没有读书。有一次，曾子就问："你既然到我门下求学，为什么三年都没有读书？"公明宣回答说："我怎么敢不认真学习？我到您门下就是为求学而来。"他是怎么学习的？他说："我看您平时居家的时候，只要有父母在，对于狗、马都不大声地叫骂，这一点我非常钦佩，但是我没能做到；我看您在接待宾客的时候，恭敬、节俭，没有懈怠的情绪，没有应付的态度，这一点我非常钦佩，但是想做也没有做好；我看您在朝廷办事的时候，对于属下非常严格，对他们的态度也非常庄重，从来不伤害他们，这一点我也很钦佩，但是想做也没有做到。我非常钦佩您这三点，但是想做都没有做到，又怎敢居于夫子门下而不学习？"曾子听了，起身向他道歉："我比不上公明宣啊，你确实学到了。"公明宣这才是善学。

善学，还要好学、乐学，有持之以恒的态度。《论语》说："知之者不如好之者，好之者不如乐之者。"成为"乐之者"，才能体会到"学而时习之，不亦说乎"的喜悦，才有欲罢不能的感受，才能体会到古人所说的"禅悦为食，法喜充满"。有这样的学习态度和精神，还有什么是学不会的？有这样的学习态度和精神，就能融会贯通、运用自如。当然，学习不是一蹴而就的，在开始求学的时候，都需要付出锲而不舍的辛苦和努力，才能达到很高的境界。

《中庸》说："有弗学，学之弗能弗措也；有弗问，问之弗知弗措也；有弗思，思之弗得弗措也；有弗辨，辨之弗明弗措也；有弗行，行之弗笃弗措也。人一能之，己百之；人十能之，己千之。果能此道矣，虽愚必明，虽柔必强。"要学通，就要学深入，没有学会就绝对不能放弃。学习的要领就是熟能生巧，一门深入，长时熏修。你已经学透了，家常便饭一样，你就能融会贯通。就像讲课，可以长讲，可以短讲，可以精讲，可以粗讲，可以浅讲，可以深讲，但是，学的时间必须足够长，得到了学习的乐趣，而且所学的东西已经学透了，才能达到这样的境界。就像卖油翁一样，他可以从铜钱的孔把油灌进去而不沾湿铜钱，大家都惊叹不已。他说："没有什么奥妙，就是手熟，练多了而已。"也就是古人所说的"拳不离手，曲不离口"。别人学一遍就学会了，我学一百遍，也能学会。别人学十遍学会了，我学一千遍，也能学会。真正做到这一点，虽然愚钝也能变得明智，虽然柔弱也能变得强大。所以，学习要有锲而不舍的精神，要有坚强的意志，不断重复，不断熏修，不断练习，最终都能达到出神入化的境界。

除了向老师学习，还要向同学学习、向众人学习。孔子说："见贤思齐焉，见不贤而内自省也。"遇到贤德的人，不嫉妒他，不会看他不顺眼，而是向他学习，取长补短。遇到不够贤德的人，不是轻视他、嘲笑他，而是反省自己有没有类似的问题。这样的人出现在我们面前都不是偶然的，都是来提醒我们的。其实，他就是我们的一面镜子，让我们认清自己的问题，改正自己的缺点。孔子说："三人行，必有我师焉，择其善者而从之，其不善者而改之。"这样学才是善学。每一天从早到晚遇到的一切人、事、物，都是可以学习的对象，都是我们的老师。

不仅要向同学学、向众人学，还要向天地学。老子说："人法地，地法天，天法道，道法自然。"要向天地学习那种"天无私覆，地无私载，日月无私照"的平等爱人的精神。而且，天地只是给予，从不索取，没有私心，这也是圣人的精神。"利而不害"，所作所为只是对别人有利，所以，别人和他交往也非常放心。"为而不争"，有所作为，但是不和任何人竞争。别人想要的名闻利养，自己全都不要，但这不意味着无所作为，没有担当。这样的人活得非常自在。

除了向天地学习，还可以向万物学习。古人特别喜欢梅兰竹菊，比如竹子就有很多值得人学习的地方。竹子中间是空的，看到竹子就想到要虚心，虚怀若谷，不虚心就不能上进。竹子都是一节一节的，告诉我们做人要有气节。而且，很少看到一根竹子单独生长，都是一片竹子生长在一起。这是告诉我们要善友为依，一起学习，相观而摩，这样才能共同成长、共同进步。

老子《道德经》说："上善若水。"要向水学习，水的特点是"水善利万物而不争，处众人之所恶，故几于道"。万物的生长离不开水，但是水不和万物争。众人喜欢高高在上，受人尊崇，受人赞叹，受人肯定，水却默默无闻，处在低处，但是，海纳百川，所有的河流都归向它。正是因为它不与任何人争，所以也没有人能与它争。这些都是值得学习的地方。

善学的人，看到万事万物都能形成正知正见，提起好学、仁慈之心。比如，为什么要供花？看到花，就想到种下好的因才会有好的果。供果也是如此，要想得到好的果，就去种好的因。

善学，除了尊师以外，还要立志，"志不立，天下无可成之事"。现在有些年轻人悠悠放任，胸无大志，没有责任感。**孝是中华文化的根，敬是中华文化的本**。一个人没有责任感、使命感，最根本的原因就是孝敬之心没有提起。看到父母家人处于苦难之中，无动于衷，没有想到如何去帮助他们。如果你看到他们的苦不忍心，定会有向学求道之心。因为自己成就了，才有能力去帮助他们。没有这个动力，原因就是没有孝敬之心。

《了凡四训》说："远思扬祖宗之德，近思盖父母之愆。"学习并非为了名闻利养，而是扬祖宗的德行，帮助父母改过迁善。在当前社会，学习圣贤经典更是被赋予了重要使命，那就是"为往圣继绝学，为万世开太平"。现在再不学，典籍没有人去讲，没有人去身体力行，更没有人去运用，认为这些已经与时不符了，将其束之高阁，久而久之，中华文化就将面临断层的危机。

人生没有方向、没有目标，不知道真正追求什么才对自己、对家庭、对身心健康有益。学习圣贤经典，明白"志于道，据于德，依于仁，游于艺"的道理才是重要的。这就是"好学近于智"。

"力行近于仁。"学习圣贤教诲和学习知识不同，不能满足于会背、会写、会说、会讲，而要用心地体会圣贤的存心，要把圣贤教诲力行在生活之中，运用到为人处世、待人接物上。只有这样，才能坚定对圣贤教诲的信心。孔子说："学而时习之，不亦说乎？"什么叫"学而时习之"？这个"习"，《说文解字》解释为"鸟数飞也"，小鸟多次练习，不断地尝试，才能学会飞。学了圣贤教诲，要在生活中不断地去练习、去应用，越用越觉得喜悦，越感到心安自在，才会在圣贤之道上有进无退。就像颜渊，"一箪食，一瓢饮，在陋巷，人不堪其忧，回也不改其乐"。他乐在何处？他乐在道中。因为他把名闻利养都看破了、放下了，这些身外之物就不足以成为束缚他身心的枷锁。

现在人讲"自由"，其实，只有孔子、颜渊这样的圣人、贤人才达到了自由。如果你喜欢财，你在财面前把持不住，别人对你行贿，你就为他服务，你有什么自由可言？你喜欢名，别人让你出名，你就很高兴，为他做事，被他驱使；你喜欢色，别人送你个美女，你就受不了了。你喜欢利、喜欢权，这些都是诱饵，驱使你跳下深渊。

古人把这些称为名缰利锁，名声像缰绳一样，利益就像锁链一样，把你捆绑了一道又一道，你有什么自由可言？现代人之所以压力重重、烦恼不断、身心不安，就是因为没有看淡，把这些东西看得很重，更别提把它们放下。学习圣贤教诲就是为了成圣成贤，当体会到这种成圣成贤的味道，世间名利对你就失去了诱惑力。

"仁"，从"人"从"二"，是两人的相处之道。力行圣贤教诲，从体会对方的想法、需要到体会众人的不易，仁爱之心才能真正生起。古人经常说"一体之仁"，我和万物都是一体的关系，就像同一个身体一样。所以，他人有苦，我去帮助，这是天经地义的事，不要讲什么条件。

"一体之仁"也要求我们从内心消除和任何人、任何事的对立，真正做到没有我恨的人、没有我不能原谅的人、没有我不爱的人，这才与本性相应。因为圣贤告诉我们，我们和他人、和万物本来就是一体的关系。既然是一体的，当你和别人产生对立、冲突和矛盾，你的内心一定不安稳，因为那违背了人的本性。真正从内心化解和任何人的对立，就会有一种喜悦。

《礼记》说："建国君民，教学为先。"古代这些领导者存仁爱之心，效法天地之道来制定各种政策。天地有好生之德，好生而恶杀，所以遵循天道治理国家，也必然采取礼主刑辅的策略，以教育为主，而以刑罚为辅。教学为先，就必须找到有资格、有能力、有德行承担教育职责的人，这样的人就是士。要重视培养读书人的士大夫精神，没有士，谁来教？

古代民众分为四类，就是士、农、工、商。农、工、商是生产者，或以求利为目的；唯有士，也就是读书人，既不事生产也不求利，而是全心全力地学道。**读书人的责任就是尽力学道、讲道、传道、弘道。**《论语》说："士志于道，而耻恶衣恶食者，未足与议也。"一个读书人，有志于求道，还以自己吃得不好、穿得不好为耻，就不值得与他谈论道。这个道，有体有用，用就是行仁，"士以行仁为己任"。曾子说："士不可以不弘毅，任重而道远，仁以为己任，不亦重乎？死而后已，不亦远乎？"一个读书人不可以不弘毅。"弘"就是心胸宽广，"毅"就是有毅力，意志坚定。为什么不可以不弘毅？因为责任很重大，路途很遥远。以仁为己任，这个任务难道不重大？任务死而后已，这个路途难道不遥远？

士有通达的时候，也有穷困的时候。通达的时候，就是为国家所重用的时候，"达则兼济天下"，以仁道来治国、平天下；穷困的时候，就是不为国家所重用的时候，"穷则独善其身"，也要尽力弘扬仁道，"一日不死，一日不休"。所以，士肩负着弘道、行仁的重要责任和使命。

仁是本性本具，通过身体力行地爱人，"己所不欲，勿施于人"，把自己本具的仁德开启，最终体悟到"与天地万物为一体"，达到"天地与我并生，而万物与我为一"的境界。所以说"力行近乎仁"，不力行就永远达不到仁。比如，我们要从北京到伦敦，选择哪个交通工具最便捷？研究来研究去，研究好了，但是不去走，就永远到不了目的地。这就是"力行近乎仁"。

　　"知耻近于勇"。"耻"从心而生，繁体字的"恥"是一个"耳"加一个"心"字。看到这个字就知道了，什么叫耻？听到别人说自己的过失，心生惭愧，表现在外就是面红耳赤。所以，耻是心有所惭表现出来的样子。孟子特别强调耻对个人修养的重要意义，他说："耻之于人大矣。"耻对人而言太重要了。"以其得之则圣贤，失之则禽兽耳。"有羞耻心，进而改过自新，成圣成贤，而把羞耻心丢掉的人就堕落得离禽兽不远了。

　　《了凡四训》对"耻之于人大矣"这句话做了进一步的发挥："思古之圣贤，与我同为丈夫，彼何以百世可师？我何以一身瓦裂？"想一想古代的圣贤，比如孔子、孟子和我同样是人，为什么他们可以成为圣贤，成为百世师表？到今天，不分种族，不分国籍，一提起他们，还是非常恭敬，愿意向他们学习，而我自己却是一身瓦裂。"瓦"，陶制的器皿，如杯子、碗等。"瓦裂"，陶制的器皿破碎了，一文不值。"耽染尘情，私行不义，谓人不知"，过分染着于尘世的欲望，偷偷摸摸做着一些不仁不义的事情，还以为别人不知道。就这样，一天一天不知不觉沦为禽兽，还自以为是，不以为耻，反以为荣。

　　从这里看到了圣贤和一般人的不同之处，圣贤并不是一个错误都不犯，而是犯了错误，他有羞耻心，"知耻近于勇"，勇于改正自己的过失。古人说："过而能改，善莫大焉。"知过能改，没有比这个更大的善了。"知耻近于勇"还不是勇；知道羞耻，能把过失改正过来，这才叫勇。知耻才能勇猛精进，改过自新，后不再造。

这个"耻"并不仅仅是指做错了某件事而感到羞耻，当然，这也应该感到羞耻；更应该感到羞耻的是，孔子、孟子等早已成圣成贤，而自己还只是一个普通人。

"知斯三者，则知所以修身；知所以修身，则知所以治人；知所以治人，则能成天下国家矣。"知道了好学、力行、知耻，才能通晓如何修身；知道了怎样修身，才能帮助别人修身；知道了怎样帮助别人修身，也就知道怎样治理天下国家。这就是《大学》所说的"自天子以至于庶人，壹是皆以修身为本"，也就是"明明德""亲民"。"明明德"就是开启自性的明德，觉悟了；"亲民"就是帮助他人觉悟，觉他。自觉觉他，觉行圆满，都是"止于至善"。这就是《大学》所说的"大学之道，在明明德，在亲民，在止于至善"。

【公曰："政其尽此而已乎？"孔子曰："凡为天下国家者，有九经焉，曰：修身也，尊贤也，亲亲也，敬大臣也，体群臣也，子庶人也，来百工也，柔远人也，怀诸侯也。修身则道立，尊贤则不惑，亲亲则诸父昆弟不怨，敬大臣则不眩，体群臣则士之报礼重，子庶民则百姓劝，来百工则财用足，柔远人则四方归之，怀诸侯则天下畏之。"】

公曰："政其尽此而已乎？"孔子曰："凡为天下国家者，有九经焉，曰：修身也，尊贤也，亲亲也，敬大臣也，体群臣也，子庶人也，来百工也，柔远人也，怀诸侯也。"哀公又问："治理国家做到这些就可以了吗？"《中庸》讲："凡为天下国家有九经。"孔颖达疏："治天下国家之道，有九种常行之事，论九经之目次也。"经"是常的意思，"九经"是九种常行之事，讲述的是治国的原则。这九个原则就是修身、尊贤、亲亲、敬大臣、体群臣、子庶人、来百工、柔远人、怀诸侯。不论哪个时代、哪个国家，领导者若为天下苍生着想，真正以天下苍生的利益为出发点，都必须遵守这九项原则。如果违背了，国家就治理不好。

这九项原则，首先就是修身。作为国家的最高领导者，修身是根本。孔子很敬佩尧舜的禅让制。他们之所以能禅让，就是因为自己修身圆满，一点儿私心都没有，所以能把天下让给贤德的人。

《大学》也讲了修身的次第，修身前面有四个步骤：格物、致知、诚意、正心。依照这个顺序来修身才能修成。尧、舜、禹、汤、文、武、周公，圣人自古以来都是修身有成。《大学》强调："自天子以至于庶人，壹是皆以修身为本。"

第二，"尊贤"。"贤"就是指品德好，也有办事能力，用现在的话来说，就是德才兼备。做一个国家的最高元首也好，做一个团队的领导也好，都要尊贤。假如一个人有嫉妒心，对贤人就尊重不起来。恭敬心提不起来，很难做到尊贤。所以，领导者有傲慢心就留不住贤德的人。领导者如果为了满足自己的欲望和享受而谋取私利，而不是为天下人着想，道不同不相为谋，贤德的人就会离他而去。夏、商、周的开国君主，比如，商汤之所以感召伊尹，文王之所以感召姜太公，都是因为他们有一颗爱民之心，而不是为了自己的私利。这些贤德之人愿意出来辅佐，是因为他们看到这个君王有胸怀天下、心系苍生的德行。古人说："德不广不能使人来，量不宏不能使人安。"

尊敬贤人，不只是对贤人很礼貌，更重要的是听取并采纳贤人提出的建议，这才是真正的尊贤。这里所说的贤人不一定是君王的臣子，他可能没有官位，但是很有德行、很有能力，熟读圣贤书，懂得治国之大道，对治国平天下的道理非常通达。如果不尊敬贤人，这些道理可能就无从知晓。并不是圣贤吝于教导人，而是因为他知道，哪怕告诉你，你也不会采纳，说也是白说。

要尊贤，相应地就要疏远身边的小人，也就是自私自利的人，这样才能真正做到尊贤。如果只是口上说尊重贤人，身边任用的都是小人，当贤人想谏言的时候，即使洋洋洒洒写下万言书，身边的小人都会曲解它，让居上位者不能采纳。所以，君主要真正尊贤，就要疏远身边的小人，特别是佞臣。佞臣有一个特点，专会观察君主的喜好，专门说投其所好的话，迎合君主的意思。如果君主有私心，不够明智，就会听信佞臣之言。谄媚的话听多了，即便是明智的君主，不知不觉也可能受影响。所以，最好的办法就是不用佞臣，也就是古人所说的"敬贤远佞"。这是尊重贤人的一个原则。

第三，"亲亲"。第一个"亲"是动词，第二个"亲"是名词，指父母、兄弟、配偶等亲属，包括叔叔伯伯、堂兄弟，六亲眷属。古人是生活在大家族之中，远近亲疏的关系都有，一个家族就是一个社会，各种关系非常复杂。而"亲亲"，最重要的就是做到亲爱父母，尽孝道。这里，孔子虽然是跟鲁哀公讲治国的方法，但治国是从齐家开始的，也要讲孝道。家不齐，国就不能治。虽然是对国君讲的，但是对普通人而言，也要力行孝道，这样才能学做圣人。

第四，"敬大臣"。"大臣"是担任国家重大职责的臣子，如那些宰相公卿，他们帮助确定国家的大政方针，起到辅弼君主的作用。对于大臣必须尊敬，不仅仅是对他们恭敬，更要尊重他们的职权。既然任用了他，就不能处处干扰。

第五，"体群臣"。群臣和大臣不同，大臣是在国家各种重大决策层面为国君提供重要参考和建议的人，最后还是由国君来决定。"群臣"泛指文武百官。"体"就是能换位思考，将心比心。一般的办事人员都很辛苦，有一些考虑不周的地方，办得不是很到位的地方要体谅，要设身处地。所谓设身处地，就是虽然自己身处国君的位置，但是要站在群臣的立场。办事人员辛辛苦苦上班，加班加点拿的薪水又不是很高，做错一点儿事就受到上级批评，当然会很不舒服，甚至会有怨言。这样换位思考，自己同样不愿意被别人挑剔、批评，就能多体恤他们。因为事情很多、很忙，出一点儿差错也情有可原，可以补救。工作人员知道你关心他、体恤他，也会更加尽心尽力地回报。

第六，"子庶人"。"子"本来是小孩子，在这里当动词用。"子"是象形字，在古代的写法是𣎴，上面是一个人头，一横是两只手，下面是身体。小孩刚刚出生时没有任何生活能力，一切都要靠父母照顾，所以称为"赤子"。做国君的，对于一般民众，要像对待自己的孩子一样关心、爱护、体恤，做到爱民如子。"子庶人"，以对待自己儿女的心对待老百姓。《六韬》记载，周文王向姜太公请教治国之方，姜太公说："善为国者，御民如父母之爱子，如兄之慈弟也。见之饥寒，则为之哀；见之劳苦，则为之悲。"善于治理国家的人，对待百姓就像父母对待儿女一样，就像兄长对待弟弟一样，看到他们忍受饥寒、劳苦奔波，要发自内心地关心、爱护，千方百计地帮助他们解决问题。这也是治理国家的一个重要原则。

第七，"来百工"。"来"本来是指麦子的"麦"，它是一个象形字，后来被借作"来往"的"来"，变成动词。在这里读 lài，意思是招徕、招揽。"百工"就是各种工匠，包括科技人才、工艺美术人才，还有工商业人才等，他们都有一定的技能。不论是本国的还是他国的，有专业技能的人才都要招揽。用现在的话来说，就是要聘用他们。如果国家不聘用他们，他们就会有怀才不遇之感。如果国家能聘用他们，给他们好的待遇，他们就会为国家所用。一个国家，人才的数量多，经济一定会增长，发展也不成问题。

第八，"柔远人"。"柔"是怀柔、安慰、安抚。"远人"是指离别家乡远道而来的人。比如，到我们国家来做生意的外国人，或者是来旅游、做客、访问的。居上位者要考虑到他们背井离乡很不容易，用宽柔的方式抚慰、体恤他们，与之和平相处。

第九，"怀诸侯"。"诸侯"是指天子封的各个诸侯国的国君，他们拥有自己的领地和臣民。"怀"是天子要把各国国君放在心里，关心他们国家的治乱兴衰，适时地进行安抚。就鲁哀公来讲，他本身是诸侯，也要与他国国君处好关系，以至诚之心交往。

在现代社会，各个国家都讲求外交。搞外交，不是说一个国家元首邀请另一个国家元首来访问，过一段时间也应邀前去访问。最重要的原则是，无论与哪个国家结交都要用真诚心。"怀诸侯"是把对方放在自己心上，与之和平相处。如果有一丝一毫的不诚信，完全为自己国家的利益考虑，以自己国家的私利为出发点，那访问哪个国家都不会获得利益。因为人家已经把你的心看透了，知道你是本着自私自利的心来的。你怎样关心自己的国家，就要怎样关心其他国家，这才是真正的"怀诸侯"。试想，如果每个国家的领导人都能做到这一点，还会有多少冲突和战争？

第十讲　治理国家的九项原则

《孔子家语·哀公问政》记录了治国的九项原则，以及按照这九项原则治国取得的效果："修身则道立，尊贤则不惑，亲亲则诸父昆弟不怨，敬大臣则不眩，体群臣则士之报礼重，子庶民则百姓劝，来百工则财用足，柔远人则四方归之，怀诸侯则天下畏之。"

"修身则道立"，修身则大道自然显现。格物、致知、诚意、正心是修身的四个步骤。按照这四个步骤修身，身修好，道自然显现。道是明德，明德得以彰显，就叫"道立"。自己修身修好，自然能齐家，父慈子孝，兄友弟恭，夫义妇德，齐家之道就立起来了。修身做到圆满，感召贤能之士的帮助，国家治理好，治国之道就立起来了。

《论语》记载，有人问孔子为什么不去办政治，孔子回答："《书》云：'孝乎惟孝，友于兄弟，施于有政。'是亦为政，奚其为为政？"如果在家能孝敬父母、友爱兄弟，把孝悌的道理推至国家，就是办政治。办政治是把孝悌之道推广到全国。

"子庶民"是做到爱民如子，爱民如子其实就是把孝悌之道推广到全国老百姓，这就是从修身奠定了基础，"修身则道立"。只有把身修好，才能把家齐好、把国治好。

《群书治要》记载，楚庄王向詹何请教怎样治国，他很诚恳地说："我得到整个国家，得以侍奉宗庙。我想知道好的治国方法，把国家治理得安定。"詹何说："我没有听说过一个人修身修得很好，而国家却治理不好的，也没有听说过一个人修身修得不好，而国家得以安治的。根本还在于修身，我不能用那些枝末小节来回答您。"楚庄王听了詹何的回答，说："你讲得太好了！"楚庄王依此奉行，使楚国大治，终成一代霸主。这说明君主想把国家治理好，自己首先要成为一个有德行的君主，修身一定要过关。而修身是从格物做起，也就是说，君主在财色名利面前如如不动，不会对外在的东西心动，修身才有基础。如果君主爱财，有人拿财来诱惑，他在财面前就把持不住自己；如果君主好色，有人用色来诱惑，他在色面前就把持不住自己。这就很难把国家治理好。

所以，当领导不是一件容易的事。因为想让别人做什么，自己首先要做到，这样才有说服力。孔子说："子帅以正，孰敢不正？"如果你率领大家做正当的事，谁还敢做不正当的事？

《群书治要·汉书》记载，汉武帝下诏求取治国方略，董仲舒在对答中提了一个问题，这个问题也值得现代人思考。他说："古代的国土也是今天的国土，同是一片国土，而古代能使国家大治，上下和睦，不令而行，不禁而止。官吏没有奸诈邪恶，囹圄空虚。恩德润及草木，福泽广被四海。以古观今，为什么相差如此之远？是什么地方出现了错乱，以至于道德风气衰败成现在这个样子？"提出了这个设问之后，董仲舒自答说："大概是今日的治国之道比之于古时有所差失，或者说与天理相违背。"天理是什么？上天对万物的分配是有所考量的。例如，给予一种动物很锋利的牙齿，就会去掉它的犄角；让它长着翅膀，就只给它两只脚。接受了大的好处，就不能再获得小的好处。同样的道理，古代接受俸禄的为官之人，不以体力劳动谋生，就不得从事商贸活动。这也是接受了大的好处，就不能再谋取小利。不然，连上天都不能使他满足，更何况是人？这就是人们之所以怨恨忧愁、苦其不足的根源所在。身居高位，不仅享受厚禄，还凭着雄厚的财力与天下百姓争利，百姓怎么争得过他们？

富有的人扩大产业，贮藏积蓄，致力于此而没完没了，不知满足，压迫、践踏人，百姓渐渐变得十分穷困。富有的人奢侈快活，贫穷的人艰难愁苦，居上位者却不予救助，百姓就无法安乐地生存下去。生存不下去，又怎么会惧怕犯罪？这就是刑罚繁多，但奸邪仍然制服不了的原因。

享受俸禄之家，以俸禄为生就行了，不能再与百姓争占产业，这样利益就可以均衡分配，百姓也就可以家给人足。这是上天的公理，也是上古的治国之道，天子应该取法此道，大夫也应该遵循。古代的贤人君子都是这样做的，所以下属崇敬他们的品行，听从他们的教导，百姓被他们的廉洁所感化而不会贪婪鄙陋。大夫是百姓的榜样，怎能居贤人之位却像平民那样作为？惶惶不安地谋取财利，经常担心财用匮乏的，那是一般的百姓；惶惶不安地求取仁义，经常担心不能教化百姓，那才是大夫应该考虑的事。

《周易》讲："负且乘，致寇至。"意思是背着东西乘坐在车上，就会招致贼寇。乘车是君子的位分，但又背负肩挑，做着平民百姓做的事情。身处君子之位，身处官位，又去做平民之事，必然招致祸患。所以，一个人不能既想当领导干部，又想发财，那是与上天的公理相违背的。居上位者要以身作则，不与民争利，再去推行道德教化，才能让人心服口服，百姓才会信任他，心悦诚服地接受教化。

《群书治要·汉书》记载，西汉谏大夫贡禹看到朝政腐败、宫廷奢靡、社会风气日下，于是上书汉元帝，建议兴起孔子的教诲来改变世风。贡禹写道，孔子不过是一个寻常之人，因为乐于研求道义、端正自身而从不松懈，以至于天下的君主都将孔子的言论作为判断是非善恶的标准。汉朝地域辽阔，陛下德行高尚，又居于天子的尊位，相信凭借上天的帮助，改变社会风气，调和阴阳，陶冶万物，通过教化匡正天下，就像决堤放水、遏止物体坠落一样容易。

他后面的一段话，告之盛世不复存在的原因，以及如何恢复到盛世。《群书治要360》摘录了这段话："自成康以来，几且千岁，欲为治者甚众，然而太平不复兴者，何也？以其舍法度而任私意，奢侈行而仁义废也。""成康之治"是周成王和周康王统治期间出现的治世，他们继承文王和武王的遗风，特别是在周成王统治时期，周公制礼作乐，兴起道德教育，社会安定，百姓安居乐业，监狱里没有犯人，刑具闲置。因为兴起了伦理道德的教育，百姓都教育好了，没有人作奸犯科。

从西周到西汉将近一千年之久，想使天下太平的君主很多，然而没有再出现太平盛世，原因就是"舍法度而任私意，奢侈行而仁义废也"。"法度"不仅仅是一般人所讲的法律、法令等，它还有道德标准、道德规范的意思，也就是治国的常理常法，如五伦、五常、四维、八德等。居上位者不能身体力行古圣先贤的治国之道，克服自己的私欲，不能力戒奢侈之风，废弃仁义和礼的教化，结果上行而下效。这就是整个社会衰败的根源所在。

《论语》中孔子多次强调，居上位者的修身对治国起到基础且关键的作用。他说："苟正其身矣，于从政乎何有？不能正其身，如正人何？"假如居上位者能端正自身，那端正别人又有何难？如果不能端正自身，又怎能端正别人？领导者修身修不好，就谈不上治国，这说明修身是治国的根本。领导者修身的过程已经是在治国了，因为自行化他的效果是潜移默化的。

"尊贤则不惑。""贤"是德才兼备的人。经常亲近、尊重德才兼备的人，顺承他们的教诲就能明辨是非善恶而没有疑惑。"惑"是疑惑。

"不惑"的意思很深，对于圣贤而言，把自己的迷惑颠倒全部去除，是不惑。不惑的境界很高，是中庸之道，是"天命之谓性"的"性"。开发自己的本性，把惑去除干净，天性自然显现。

"尊贤则不惑"与治国之道、为政之道有什么关系？治国、为政要明辨是非、善恶、美丑，让全国老百姓得到好处。

要做到"不惑"，就要尊重贤人，让德才兼备的人来指导。贤人帮助国君治国平天下，不是为自己求得权力，不是为了自己身居高位为所欲为，或者为了求得种种利益、受到国君的宠信，其目的是为天下人，所以被称为"圣贤政治"。他是在为天下人服务、为天下人谋福利的过程中成就圣人，这就叫证道，也可叫成道。

怎样证道或者成道？有很多方法。例如茶道、武道，还有琴棋书画，后边都可以加一个"道"。无论学习琴棋书画，还是学习茶艺，或是为政，都可以成道、成为圣贤。

《论语》说："志于道，据于德，依于仁，游于艺。""游于艺"要以"志于道"为目的。假使国君做任何事情首先考虑自己的私利，和圣人的意志相违背，就不能学做圣人。不仅如此，还会实实在在变成小人。贤人不为自己的利益谋私，做国君的想要任用贤人，必须尊重他。贤人德行好、学识通达，治国的理念也符合大道，那就要听从他的建议。

以办教育为例。圣贤办教育，目的是使人明明德。《大学》讲："大学之道，在明明德，在亲民，在止于至善。"圣贤首先是让人懂得做人的根本，最终的目标是成圣成贤。唯有树立了这样的教育目标，才能真正把人教好，教出不惑之人。

历史上任何一个朝代的兴盛，首先都做了一件事，就是尊贤。夏、商、周是如此，汉朝是如此，唐朝也是如此。如汉高祖，如果没有张良、萧何这样的贤人，整个国家就不能稳固。唐太宗如果没有礼敬魏徵，接受他的犯颜直谏，可能也没有"贞观之治"的成就。唐玄宗一开始也是任用了韩休、张九龄等贤才，才有了"开元盛世"。特别是齐桓公，一开始任用了管仲，才可以"九合诸侯，一匡天下"，成为春秋五霸之首。但是，管仲去世后，他任用了竖刁、易牙、开方等人，结果死得很惨，尸体腐烂，还不为人所知。这就告诉世人，任用什么样的人，对于治理国家是至关重要的。古人说："不世之君任不世之臣，才能立不世之功。""不世"，不是世代都能出现的，也就是卓越的。卓越的君主要有识人之明，任用卓越的臣子，才能建立卓越的功勋。

"亲亲则诸父昆弟不怨。"孝悌之道施于家族，各种亲属关系都处理得很好，就能做到"诸父昆弟不怨"。"诸父"是和父亲同辈的，如叔叔、伯伯等亲属。"昆"，既有兄的意思，也有群的意思。"昆弟"，包括自己的亲兄弟、堂兄弟以及其他和自己同辈分的兄弟姐妹。"怨"是怨言、怨恨。这个"怨"不是怨外人，而是家族内部产生了怨。

为什么家族内部还有怨言？有句古话叫"怨从亲生"，怨是从"亲"生出来的。亲族之间为什么还有怨？这是因为心中有偏向。做父母的人，如果心中有偏向——即使没有偏向，可外在表现出来让儿女有所误会——儿女就会有怨言。做父母的要时常用心观察儿女的心理，做到无微不至。

国君能亲爱自己的亲族，用心关爱他们、照顾他们，这些伯伯、叔叔、兄弟等宗亲都受到恩泽，自然不会有怨言，不会生嫌隙。国君把自己的家治理好，也为天下人做了一个好榜样，天下人都会起而效法。如果国君的家都不和，老百姓会对他丧失信心。这是上行而下效。

"敬大臣则不眩。"君主能敬重宰相公卿，专信而不疑，他们就会竭忠尽智地报效君主。君臣一心，和合共识，朝政就不会迷乱颠倒。"不眩"是办事非常明白，不会迷乱。这说明任用大臣也要任得其人。大臣替君主办事，办得井井有条、明明白白，不会错乱，这就是敬大臣的效果。

"体群臣则士之报礼重。"君主体恤群臣，设身处地加以体恤、关怀，群臣一定会生起感恩之心，竭忠尽智，鞠躬尽瘁，死而后已。《孟子》说："君之视臣如手足，则臣之视君如腹心。"君主对待臣子就像爱护自己的手足一样，群臣的回报也会非常丰厚，他会像关爱自己的心腹一样关爱君主。

当然，领导要起到君、亲、师的作用，除了亲以外，还要尽到师的责任。现在有些父母爱护儿女无微不至，简直就是有求必应。儿女被娇惯成自然，觉得父母不这样做反而不正常，向父母索求、依赖、等、靠、要成了习惯。父母也要起到君、亲、师的作用，孩子才会生起感恩之心。

"子庶民则百姓劝。""劝"是劝勉。君主把老百姓当成自己的儿女一样看待，爱民如子，视民如伤，爱护百姓，关心百姓，解决他们的问题和困难，老百姓受到感化，会把君主视作父母一样拥护、爱戴，不忍作恶而相劝为善。大家彼此劝勉，不让领导操心。

"来百工则财用足。"君主能招揽各种工匠，可以繁荣经济，财用充足，民富国强。"来"，有劳来（读音 láolài，慰勉，抚慰）的意思。对待各种有专业技能的人要慰劳，给予丰厚的报酬，要处处关心并帮助他们解决困难。这样，人才都来了，有人就有财。各种发明涌现，各行各业全面发展，国家的财富自然充足。《大学》说："有德此有人，有人此有土，有土此有财，有财此有用。"这是创造财富的正确途径和次序。居上位者首先是一个有德行的人，所感召的才是志同道合的人。
"有人此有土"，"土"在农业社会是创造财富的土地资源，在现代社会，它包括人力资源、技术能力等各方面的资源。众志成城，大家劲儿往一处使，心往一处用，自然就会创造财富。财富创造出来，要用在"德日进，过日少"上，不能骄奢淫逸。财用充足，还要懂得勤俭持家的道理，否则就会出现"富不过三代"。

"柔远人则四方归之。""远人"，从远方而来的人。他们离开自己的国家，背井离乡，以宽柔的政策体恤他们，使他们就像在自己的国家一样，宾至如归，感觉很温暖，这样自然就会人心归向。中国文化特别有融合性，很多外国人在中国居住了一段时间，也学中国的传统过春节，一家人其乐融融，感觉很有人情味。

"怀诸侯则天下畏之。""怀诸侯"，用怀柔的政策对待各个诸侯国的国君，怀之以恩义，正之以礼仪。帮助他们解决困难，兴起礼仪的教化，关怀他们国家治乱兴衰的状况，适时地进行安抚，各国诸侯都会归心于天子。

因为天子有威德，所以大家敬重。一旦天子有什么事，大家也会无条件地给予帮助。天子得到各个诸侯国的帮助，这就是"得道者多助"。各国诸侯都成为天子的助力，这就是"天下畏之"。做到这一点，是以道德的力量，道德的感化让天下人都心悦诚服。

以上是九项治国的原则，以及按照这九项原则去做的效果。下面是具体的方法——怎样实施这九项原则。

【公曰："为之奈何？"孔子曰："齐庄盛服，非礼不动，所以
　　修身也；去谗远色，贱货而贵德，所以尊贤也；爵其能，重其禄，
　　同其好恶，所以笃亲亲也；官盛任使，所以敬大臣也；忠信重禄，

所以劝士也；时使薄敛，所以子百姓也；日省月考，既禀称事，所以来百工也；送往迎来，嘉善而矜不能，所以绥远人也；继绝世，举废邦，朝聘以时，厚往而薄来，所以怀诸侯也。治天下国家有九经焉，其所以行之者一也。凡事豫则立，不豫则废。言前定则不跲，事前定则不困，行前定则不疚，道前定则不穷。"】

公曰："为之奈何？"哀公说："应该怎么办？"

孔子曰："齐庄盛服，非礼不动，所以修身也。""齐庄盛服"，《中庸》写作"齐明盛服"。"齐"通"斋"，斋戒。在古代，不仅天子、诸侯，哪怕普通人，在祭祀前三天也要斋戒、沐浴。斋戒有要求，不能喝酒，不能吃肉，还要夫妻别床。"明"，当清洁讲。现在经常讲斋戒沐浴，要洗头洗澡，保持身体清洁。"盛服"，正式祭祀的时候要穿礼服。祭祀行礼有专用的礼服，叫"盛服"。"斋"是指内心，沐浴、盛服是指外在。"齐明盛服"是说内外都要恭敬，做到内敬外庄。这是就祭祀而言。

古代的天子、诸侯都强调祭祀，"慎终追远，民德归厚"。一个人对祖先念念不忘，想着定时去祭祀，对于眼前的父母，哪有不孝顺、不照顾的道理？不可能一边祭祀祖先，一边还打爹骂娘，于情于理都说不过去。在这种盛大的典礼之上，通过礼乐把人的心境调得庄严和谐，而且还要宣讲祖宗的德行。哪一朝哪一代，有哪一位有德行的祖先，对国家人民有哪些贡献；作为他的后代子孙，应该继承他的哪些美德，传承他的哪些好的作风，让这样好的家道家风代代相传。这就是祭祀的作用。

现在也特别强调家道家风的作用。传承好的家道家风，必须要讲礼仪。中国人很早就注意到这一点，非常重视通过祭祀这种特别的场合来传承家道家风，弘扬家文化，使这样好的家道家风家训代代相传。上行而下效，天子带头祭祀，老百姓也会兴起祭祖之风。这就是培养深厚的报恩意识，也是提倡孝道很好的方式。过去有段时间，有些人看不到祭祀的教育效果，仅仅看到它的外在形式，认为它属于"四旧"，认为它是封建迷信，要把它给破掉。其结果是，现在有些年轻人做事不仅不会想到祖宗，能想到父母都谢天谢地了。

古代人结婚，新郎迎娶新娘的这一天要很早起床。起得这么早，是要祭祀天地、祭祀祖先，提醒自己今天所做的这件事，不仅关系到两人的幸福，更关系到整个家风的承传，关系到子孙后代能不能教育好。所以，古人对待婚礼非常重视，婚礼也非常隆重。现在的状况是什么样的？两个人临到结婚前，才把对方带到家里见一见父母，"请给我们准备房子，准备钱吧"。如果不是为了房子，为了钱，两个人住到一起，父母都不知道。有些年轻人选择试婚，这是受西方文化的影响。结果，没有采取审慎的态度，最后可能就是闪婚闪离。现在大城市的离婚率迅速攀升，家庭破裂，孩子没人管教，不能接受良好的家庭教育。家庭是社会最基本的细胞，如果仅仅是个别细胞坏死，对身体的健康可能没有太大影响，但是，如果很多细胞都坏死了，对身体的健康怎能不产生影响？从事司法工作的人说，百分之八十以上的未成年人犯罪都是因为家庭不健全，大人对婚姻太草率了。

这是用祭礼来做例子，告诉人们非礼勿动。在祭祀的时候，无论是主祭者还是陪祭者，所站的位置、所行的礼都有一定的规矩，不能随意。不符合礼的事情不能去做，甚至连起心动念都不可以。

颜子向孔子请教什么是仁，孔子回答："克己复礼为仁。一日克己复礼，天下归仁焉。"颜回又问："请问其目。"孔子回答说："非礼勿视，非礼勿听，非礼勿言，非礼勿动。"修身要从自己的起心动念处入手。

这是拿祭礼来做代表。如果能这样做，修身就有了基础。推而广之，不单祭祀，任何言语行为都要做到内敬外庄。对待一切人都如此恭敬、诚意、正心，自然就能修身、齐家、治国、平天下。

《论语》记载，季康子问孔子："使民敬忠以劝，如之何？"季康子问："如果想让老百姓尊重我，对我竭忠尽智，他们彼此之间还能互相规劝，劝勉为善，怎么才能做到这一点？"孔子的回答很有意味。他一听这个问题，就知道问这个问题的人有什么地方需要修正，他的心念有什么地方出了差错。季康子的念头是向外求，在想让别人怎么做。孔子马上让他反省自己，从自己做起，不是要求别人，而是要求自己。**教育者和领导者先受教育，这才符合教育的规律。**孔子说："临之以庄则敬。"面对百姓的时候要非常庄严，懂得自重，百姓才会尊重你。自爱而后人爱，自己懂得爱自己，别人才会敬爱你。自己穿得很庄重，老百姓觉得你尊重他，他也会对你表示恭敬之心，你也会感得老百姓的敬重。

"孝慈则忠。""孝慈"是说国君自己要做到孝，对父母孝，对百姓慈爱。不仅要率先垂范，还要教导百姓做到。古人说："求忠臣于孝子之门。"百姓人人都讲孝道，都知道知恩报恩、饮水思源，就不会忘恩负义，对国君也会生起感恩之心，感恩才会图报。国君能慈爱百姓，做到君仁，臣回报的就是忠。领导者起到君、亲、师的作用，不仅率先垂范，而且还像父母对待儿女一样关爱他，教导他为人处世、待人接物的正确方法，他自然就会尽忠，会竭尽全力地回报。

"举善而教不能，则劝。"把社会上贤德的人作为榜样树立起来，让大家都去学习，教导那些不够贤德的人，大家才会劝勉为善。这些都是引导季康子要从自己做起，要举贤、举善、教不能，不去要求别人，这样百姓自然就会生起效法之心。

"齐庄盛服，非礼不动"，恭敬心是修身的基础。做任何事都要有恭敬心，恭敬心首先从自己的衣着上体现出来。内外真诚，内敬外庄，修身才有基础。

"去谗远色，贱货而贵德，所以尊贤也。""谗"是谗言。《说文解字》解释，"谗"是毁谤。小人经常向在位者进谗言，目的是陷害贤能的人。因为小人都是自私自利，有嫉妒之心，生怕贤德的人受到重用，抢了自己的位置，所以想方设法进谗言，目的是让君主不去重用贤人。这种进谗言的人也不简单，他的谗言为什么能被在位者听进去？他首先把在位者恭维一番，获得好感，然后再毁谤贤人。即使是毁谤人的话，国君听着也顺耳。

韩非子说，一个人亲近君子、远离小人，事业就会发展壮大，国家就会治理好；一个人亲近小人、远离君子，事业一定会衰亡，国家也一定会混乱。怎样识别一个人是君子还是小人？韩非子说，有一个很简单的方法：不管领导者说什么，他一定跟着赞叹、肯定；领导者厌恶的，他一定跟着毁谤。这就是小人。

有这样一个故事，给人很大的启发。关公是一位刚直忠义的人，至贞至刚。有一个喜欢进谗言的小人，他的做法是给人戴高帽，奉承别人。关公说："这个小人，如果我遇到他，一定不会放过他，留着这样的人实在会坏事。"他正说着，这个小人就进来了。关公说："你就是好给人家戴高帽的人啊，今天我不能放你走，不能让你再这样放肆了。"这个小人说："哎呀，这也不能怪我呀，要怪就得怪那些人，他们都喜欢高帽子，所以我才送给他们。要是遇到像关老爷您这样的高人，我怎么戴得上去？"关公一听，觉得这个人说得有道理，就把他放走了。他走后，关公一想："唉！他这不也是给我戴了一顶高帽子？而且这个帽子戴得更高。"进谗言的人总有办法让你听信他的话。小人的特长就是善于观察人的好恶，说的话也让听的人觉得合情合理。

要想不听小人的谗言，自己必须明智，要有知人之明。《论语》讲："巧言令色，鲜矣仁。"要知人，首先必须自知，要有自知之明。如果有人说你是圣人、贤人、大德，你得想一想，我真的是圣人？我真的是贤人？我何德何能？一反省，就知道那些人其实是在恭维你，赞叹过头了。一反省，就不会因人家给你戴高帽而迷惑了。"去谗"，要摒弃谗言，不听他的话，甚至远离邪佞之臣。远离是驱逐他，把他赶走，不让他在身边。

《吕氏春秋》记载了这样一个故事。卫灵公在天气寒冷的时候要开挖一个深池，臣子宛春进谏："天气这样寒冷还征发徭役，恐怕会伤害到百姓。"卫灵公说："天气很寒冷吗？"宛春说："您穿着狐皮大衣，坐着熊皮垫子，而老百姓的衣服破了得不到缝补，鞋子有了缺口也得不到修补。您感觉不到寒冷，百姓却感到寒冷。"卫灵公说："您说得太好了！"下令不再征发徭役。

这个时候，有人来挑拨了："您开挖深池，不知道天气寒冷，但是宛春知道。由于宛春的劝谏，您才下令不再做这件事，恐怕福德都会归到宛春身上，而怨气都会归到君主您的身上。"俗话说："不怕没好事，就怕没好人。"一件好好的事，被挑拨离间，就变味了。好在卫灵公是一个明智的君主，他说："你说得不对，宛春只是鲁国的一个平民，是我举荐他、任用他的。百姓还没有看到他的能力，也没有看到他的德行，我现在让百姓通过这件事看到他的善行，就如同看到我有善行是一样的。他有善行，不就是我有善行吗？"

《吕氏春秋》评论，由此就知道卫灵公明白君主之道。明君应该具备心量大的风范，知道选任什么样的臣子，不被谗言蛊惑。臣子做的好事就相当于是自己做的。领导者的重要品质是有识人之明，不信谗言。听信谗言，不仅会破坏君臣之间的关系，还会破坏父子关系、夫妻关系、兄弟关系。

古人有一首《听谗诗》，说明谗言对人际关系的危害。诗中这样写道："谗言慎莫听，听之祸殃结。君听臣当诛，父听子当决。夫妻听之离，兄弟听之别。朋友听之疏，骨肉听之绝。""君听臣当诛"，领导者听信了诬词谗言，受了蒙蔽，把忠臣给诛杀了。"父听子当决"，父亲听信了谗言，父子之间的关系出现障碍，父亲和儿子要决裂。"夫妻听之离"，夫妻之间听信了谗言，就要离婚。"兄弟听之别"，兄弟之间听信了谗言，就要分开。"朋友听之疏，骨肉听之绝"，朋友之间听信了谗言，关系就疏远了，甚至亲骨肉之间都会恩断义绝。本来朋友之间关系很好，别人在你面前说了朋友的坏话，下一次再看到这个朋友就觉得怪怪的。古人说："堂堂八尺躯，莫听三寸舌。舌上有龙泉，杀人不见血。"都是提醒我们要有自己的判断，不要妄信谗言。

"去谗远色"的"远"，读 yuàn，疏远，作动词。"色"有两种说法。第一种是女色。一个人不能远离女色，德行亏失就太大了。《尚书》说，"惟天福善祸淫""天道祸淫最速"。天道自然的规律，给淫乱的、放纵的人带来灾祸是最迅速的。国君沉湎于女色而不能自拔，就无心朝政，无心治理天下。第二种是"巧言令色"的色。"令色"是故意表现得很友好，把这种态度做出来，让人觉得这个人很好，实际上没有心地的真诚。

不论是哪一种意思，是女色的"色"也好，还是巧言令色的"色"也好，都是想从你这里获得好处。对心口不一的人，一定要注意。自己也得是一个明白人，不要贪色。不能"去谗远色"，品德就不能提升，成圣成贤就成了一句空话。自己没有品德，想亲近贤人，那是不可能的，因为志不同道不合。"同声相应，同气相求"，一个巧言令色的人，想亲近贤德的人是不太可能的。

"贱货而贵德"，"货"是财货。一般人把财货看得非常重要，放眼整个社会，有多少人不是这样？没有钱的人想方设法地发大财；已经发了大财的人还嫌不够，还想再发展，钱越多越好。实际上，人的一生，衣食住行不需要多少钱，但是，人的欲望是没有止境的，钱再多，还是嫌少。被身外之物牵着鼻子走，欲望不能停歇，感觉不到轻松。"贱"就是轻视，劝人不要把钱财看得很重。

古代的读书人都知道"钱财如粪土，仁义值千金"。为什么能把钱财看轻？因为中国传统的教育，包括家庭教育、学校教育、社会教育，都是教导人成圣成贤："读书志在圣贤""读书贵在变化气质"。读书是以成圣成贤、以《大学》所说的"明明德"作为自己的人生目标。要把自己本性中的明德开发出来，本性之中有无量的智慧、无量的财富、无量的相好、无量的德能。把自己本性中的德能财富开发出来，取之不尽，用之不竭，不需要向外去攀求。需要做什么事，不动念则已，一动念就有人提供帮助。因为所作所为不是为了私利，不是为了自己的享受。

而贪图财货恰恰让明德不能显现，这个亏实际上是吃大了。要看破财色名利，古人把这些当成身外之物。一个人连自己的身体都无能为力，连身体都控制不了，对于身外之物又怎么可能控制得了？比如，想要健康长寿，永远年轻，但还是一天天地衰老；想要记忆力很好，常有聪明智慧，但有的时候转头就忘，还是那么愚钝。这个世界上没有一件事是可以控制的，看破了就会放下，就不执着了；放下又帮助人进一步看破，智慧进一步提升。

学圣贤，要修养自己的品格、建立自己的人格。这和追求财货相比，哪一个更重要？财货不过是维持生存的必要条件而已。对一个希圣希贤的人而言，财货只要维持基本的衣食住行就够，多了不仅没有用，反而是累赘。钱财多，又没有智慧，越享受越造恶，对人、事、物的伤害也越多，不是什么好事。

明理的人能做到"贱货而贵德"，以道德为重。但是，很多人是无道之人，追求财色名利，追求权力欲望，造成了种种痛苦，无法脱离。每一天都忙忙碌碌，把自己搞得身心疲惫。圣贤的教育是教人把爱财的心反过来，学做圣贤。这样才顺乎大道，才能达到"君子坦荡荡"的境界。

圣贤教诲的吸引力，就在于读圣贤书、落实圣贤教诲，确实能得到"学而时习之，不亦说乎"的喜悦。把圣贤教诲落实在为人处世、待人接物之中，身心和谐，家庭和睦，社会也自然得到治理。

"去谗远色，贱货而贵德，所以尊贤也。"君主不看重钱财，以道德为重，自己就是有德之人，做任何事情都在道上，自然会感召贤人来亲近。贤人是以道德为重，不以钱财为重。各行各业都有圣贤，在商界，做生意不是专门为了谋取利益，心也在道上。对待员工，对待股东，对待合作伙伴，也是按照圣贤教诲来做。

"爵其能，重其禄，同其好恶，所以笃亲亲也。""亲亲"，对亲属要亲睦。怎样讲究亲亲之道？"爵其能"，给一个名位。比如刘邦做了皇帝，就把他的父亲尊为太上皇。"重其禄"，"禄"是俸禄。做了国君，对于家族的人不能太刻薄，要关心他们，还要给他们好的俸禄。"同其好恶"，根据郑康成注、孔颖达疏，家族内部虽然有亲疏之别，但是要同等对待，给予平等待遇。在亲亲之义这方面不能有所分别，在义务上应该同等，不能有所好恶。有所好恶是有所偏向，同其好恶是不能偏向。

圣人所讲的话记载在经典里面，后人也各有各的理解，不同的人有不同的境界。根据雪庐老人的讲法，"同其好恶"是和。父母所好的、所恶的，我们也要有同样的好恶，和父母达成一致。父母喜欢的，要赞同；父母厌恶的，要摒弃。这就叫同其好恶。不仅是父母，小孩也有好恶，也要同其好恶。当然，"同其好恶"是讲好的、善的方面，好的可以同，不好的不能同。比如琴棋书画，读书人喜欢弹琴、下棋、写书法、画画，这些都是高雅的爱好，如果父母有这方面的爱好，同其好恶是可以的。但是，酗酒赌博，有这些不良嗜好，就不能同其好恶，还要劝谏。《论语》说："事父母几谏。""几谏"是委婉地劝谏，劝父母改掉不好的嗜好。劝谏的态度要柔和，讲求善巧方便，做到"怡吾色，柔吾声"。不能因为父母做错了就疾声厉色，大吼大叫。这不是为人子该做的事。

"爵其能"，刘邦尊他的父亲为太上皇，太上皇的位置很尊贵，但是，刘邦没有让他的父亲干预政治，只是给了一个虚位而已。当然，如果家里人真有能力，可以让他办事。如果没有能力，你还给他一个位置，就会坏事。孔子说，国家的官位等名分不能随便交给家里人，因为他们一旦做错，就会对整个国家、社会造成重大损害。

"所以笃亲亲也"，把"亲亲"这件事情落实，就是"笃亲亲也"。

施行王道，治理国家，都是由近及远，由亲及疏。国君给予这些亲族尊贵的地位，赐给丰厚的俸禄，与他们有相同的好恶标准。他们的位置很尊贵、俸禄很丰厚，就没有怨言，怨恨之心也就消除了。国君与亲族之间能和睦相处，就为天下人做了一个很好的榜样。国家得到治理，也就可以把孝悌的教化推行于天下。

"官盛任使，所以敬大臣也。""盛"是大，"官盛"是高官，"任使"是任用差使。不能让大臣做琐屑的小事，那些事务性的工作让他委派下属来办，不必由他亲自办理。他负责国家大事，心思要用在制定长远的大政方针，至于这些政策如何执行则交给下属。做事务性的工作是很不容易的，可能遇到种种障碍和不理解。这需要让人了解这件事的重要性，要和民众沟通，让民众配合。这些事情不能让大臣来做，而是由他任命下属来做。

这是劝勉大臣的方法。这样，大臣可以把智慧用在国家大事上。如果事务繁多，忙忙碌碌容易出错，因为他的心不定。心不定，就不容易把真相看明白，制定不出合理、长远的方针政策。

"忠信重禄，所以劝士也。""士"，不是大臣，而是一般的臣子，在古代叫作群臣。"忠信重禄"，根据郑康成的注解："有忠信者，重其禄也。"对于拥有忠信品德的臣子，要增加他的俸禄。"忠"，竭尽全力。"信"，他办事你放心，他信任你，你也信任他。对于一般的臣子而言，这也是一种劝勉，让人争先尽忠信、行仁义。

"时使薄敛，所以子百姓也。""百姓"是指一般民众。"百姓"这个词出自《尚书·虞书·尧典》，里面记载了从天子到大臣共一百个姓。这一百个姓代表了所有的姓。"百"有多的意思，不一定就是一百。从现在的统计数字来看，中国有两万多个姓氏，是万姓，所以有些地方举办祭祀活动，是纪念中华民族万姓先祖。"百姓"，包含了所有民众。

对民众要"时使薄敛"。使用民力首先要注意"时使"，"使民以时"。古人认为要按照自然节律饮食起居、生产生活。在农业社会，无论是农业还是手工业、建筑业，都有适宜的时节，要顺着时节来安排工作。春生夏长秋收冬藏，不要在农忙时节役使百姓，让他们去建宫殿或者打仗等。要等到农闲，这就叫作"时使"，适宜的时候使用民力。这是"使民以时"的第一层含义。

"使民以时"的第二层含义是，人这一生处在什么年龄，该有适合其年龄的教导。比如，人在幼年的时候，记忆力是最好的，处于记忆力的黄金时期，这个时候就要适应这个特点，让儿童多诵读一些经典。小孩的记忆力是成人没办法比的，经典读上三五遍就能背诵下来。所以，古时的教育是在孩子小的时候重视经典的诵读，而不求理解义理。现在很多人不明白，让小孩读那么多经典，他也不知道意思，有什么用？让小孩去理解义理，其实是违背孩子的成长规律的。小的时候只是记诵一些经典，到了十多岁，理解力提升了，才给他讲解。这时，往往不用带课本，老师带着他们来到小河边、小山坡上，今天学习《论语·学而》篇的第六章："弟子入则孝，出则弟，谨而信，泛爱众，而亲仁，行有余力，则以学文。"这些内容从小就背得很熟，都知道在第几页第几行。古时的书是雕版印刷，是标准化的，一页排多少行，每一行排多少字是统一的。老师讲解经典，学生学得很轻松、很欢喜，所以孔子才说"学而时习之，不亦说乎"。

古人说："因戒得定，因定开慧。"智慧是从哪里来的？是从定而来。而定是从哪里来的？是从戒而来。戒包括老师的教诫。老师的教诫是"一门深入，长时熏修""读书百遍，其义自见"，老师让学这一本，就学这一本，没有让学下一本，就先不要学下一本。《弟子规》说："此未终，彼勿起。"这件事还没有做好就又来了一件事，他会觉得有压力，觉得脑子不够用，因为心不够专一。

史书记载，汉朝有很多神童出现，他们在十二三岁时就能把经典倒背如流。比如"五经"，随便挑出一段提起上句，他就可以接着背下句，直到让他停为止。这样的人不是一个两个，不是偶然现象。这就是童子功的教育。很多人学习传统文化都是半路出家，没有经典记诵的功夫。过去一些大家讲课都是引经据典、信手拈来，子曰诗云，根本不用看书，因为他们童年时期打下了记诵的基础。

当然，中国古代的教育并不以把经典背下来为目的。记诵是手段，是得定的手段，通过记诵经典，把心定在一处。把经典读得清清楚楚，听得清清楚楚，回到心里也是清清楚楚。定的时间越长，心越清净，心越清净就越有智慧。记诵是方法，目的是把自性的清净心给开发出来。包括听经典、讲经典，都有这个功效。心能定，就能感受到一种清净的喜悦。这是告诉世人，中国传统的教育符合教育的规律，也符合孩子心理成长的特点。

《三字经》开篇就说："人之初，性本善。性相近，习相远。苟不教，性乃迁。教之道，贵以专。"这几句话是中国传统教育的纲领。"贵以专"特别重要，像那些出国之前集中培训英语的人，那段时间英语提升很快。因为几个月的强化学习，是把所有的工作全都放下，一心一意只学英语。这就是"贵以专"的效果。再看那些世界冠军，比如乒乓球冠军、网球冠军、足球冠军等，他们之所以成为世界顶尖的运动员，就是因为他们把所有的精力都用在一项专业上，不是既踢足球又打篮球。既是足球先生又是篮球先生，这样的人基本上没有。所有的精力都用在一门，当这一门达到精通，就能触类旁通。这就是"一经通，一切经通"，一门通，其他也就自然通达了。

古人说："读书百遍，其义自见。""见"是见性了，通达自性。通达自性之后再读这些经典，学过的、没有学过的都能读懂。因为这些经典都是圣人心性的流露，见性了，对于圣人所写的东西，怎能看不懂？古代的教育方法、教育次第、教育理论，目的是"明明德"。这和求知识、求技能是不同的。实际上，只要有知，就会有所不知，知道得多，相对就有不知的地方。怎样才能达到无所不知？中国人的方法是求无知，无知起作用，才能无所不知。

钱穆说："中国教育最大的失误，在于盲目地模仿西方。"之所以会模仿西方，是因为对自己的文化丧失了自信心，没有认识到自己的文化的可贵之处，没有理解它的博大精深。现在我们的国家领导人在很多次重要讲话中都强调弘扬中华优秀传统文化，建设中华民族共有的精神家园，但是，很多人并不理解其中的深意，并没有对传统文化生起坚定的信心。现在有很多纪录片，像《典籍里的中国》等，深入经藏，这是非常值得提倡的。"正法无人说，虽智不能解。"经典很好，但是文字深奥，义理深刻，有的人看不懂，有的给解错了，这就需要有人把它讲出来，再把它用于为人处世、待人接物，乃至治国、平天下，这样才能证明它的有效性、真理性，"人能弘道，非道弘人"。

这是"使民以时"的第二层含义，就是顺着人的成长规律，到什么时候，就给他什么样的教育、给他什么样的工作。比如，人到了壮年，就要有一份工作，能为国家效力、为民众服务；到了老年，要安享晚年，生活有所保障，得到好的赡养，过健康快乐的老年生活，老有所依、老有所乐。古人把养老和育幼都看得特别重要，按照不同的年龄给予适时的引导，把一生都安排好。这是"时使"或者说"使民以时"的应有之义。

"薄敛"，"薄"是比较轻微的意思，"敛"是国家向老百姓征收赋税。在古代，一开始基本上都是征收粮食，到后来才改用货币。国家向老百姓征收赋税，要看老百姓的财力、农作物的收成好不好，要看实际情况。国君体谅民间疾苦，征收赋税不会太重，这就叫"薄敛"。

"时使薄敛"，使用民力要在农闲的时候，收取赋税也要尽量减轻他们的负担。这样，老百姓自然会拥护国君，从而收到劝勉百姓的效果。

"日省月考，既禀称事，所以来百工也。""日省"是每一天都考察，看他做了多少事情。"月考"是每一个月都考核他的工作量。"既"，通"饩（xì）"，生的粮食。"禀"通"廪（lǐn）"，米粟之类的粮食。"既禀"，官府发的粮食，用现在的话讲就是酬劳。"称事"，"称"是相符、相称的意思。根据考核的结果确定这个月应给的酬劳。用现在的话讲就是绩效考核，多劳多得，少劳少得，不劳不得。合理地分配薪俸和奖金才能调动人的积极性。这是招揽各行各业的工匠的方法。

"送往迎来，嘉善而矜不能，所以绥远人也。""绥"是安抚，"远人"是从远方而来的人。在孔子那个时期，对于鲁国国君而言，从鲁国以外的地方，如齐国、魏国、晋国来的都是"远人"。就现在来说，到中国来的外国人都是"远人"，无论他们是来旅游、经商，还是长期定居。怎样对待"远人"？"送往迎来"，他们来的时候要欢迎，他们回国的时候要欢送。关于送往迎来，中国古代有一整套礼仪，以尽地主之谊。来的时候，要做周到的安排，让他们有一种宾至如归的感受；回去的时候，还要考虑到他们的旅途事宜。如果是长期定居，更要善意相待。

"嘉善而矜不能。"他有好处、有善行，品德好、能力强、贡献多，都可以用一个"善"字来概况，对这样的人要奖励、劝勉。"矜"是同情，凡是能力不够的，要关心、协助他。比如外国人来到中国，一开始可能语言不通，这时就要想方设法地帮助他们，使得彼此的沟通没有障碍；他们对中国的风俗习惯可能不甚了解，或者在生活工作上有很多不适应，我们都要热心帮助他们。当他们回到自己的国家，自然会说："我们到中国去，中国人对我们很友善，这是一个礼仪之邦。"

"**继绝世，举废邦，朝聘以时，厚往而薄来，所以怀诸侯也。**"中国人自古以来就讲究孝悌忠信礼义廉耻，其中最重要的就是孝道。而尽孝，不仅是对自己的父母祖宗，如果是天子，还要教天下人都尽孝道；如果是一国的国君，还要教导全国的百姓都尽孝道。天子、国君要教化民众，"上所施，下所效也"，自己要拿出实际行动，居上位者怎么做，老百姓就会效仿。比如周天子得了天下，他首先建立太庙，祭祀始祖，报答祖先，也使得世世代代、子子孙孙都能祭祀祖宗，这是天子尽孝道的表现。不仅如此，他还想到让天下人都尽孝道，天下人也包括前朝帝王。例如，虽然商汤王灭了夏朝，但是他把夏朝王室贵族分封到杞地，建诸侯国——杞国，让杞国世世代代的子孙继续夏朝的香火，祭祀夏朝的祖宗。商纣王被周武王所灭，周武王同样让商朝的后裔建立诸侯国——宋国，让宋国的子子孙孙祭祀其历代祖宗。这就是"继绝世"。从这里可以看到中国古人的厚道，真正是以仁爱之心治理天下，推己及人，将心比心，把仁爱之心尽到极致。

"举废邦"，哪个小国被大国给灭了，其他主持正义的大国想办法让小国继续下去。"举"是把它举出来。比如，这个国家已经亡国很久了，甚至后代都不知道到哪儿去找，如果这个大国的君主是有道之君，讲求孝道，他要想办法把这个小国的后代找到，让他们能继续祭祀祖宗。这都是慎终追远。

"慎终追远，民德归厚矣"，谨慎地办理丧事，追奠亡故的先人，提倡祭祀祖宗，民风自然醇厚。这都是教导人孝道，教导人知恩报恩、饮水思源。人心厚道，社会风气淳朴，就会少有恶事、坏事出现。一切社会问题的根本在于人心，如果能把人心转变，很多问题自然迎刃而解。古人治理天下，都是从根本处下手，制礼作乐、道德教化的目的是扭转人心，使人心变得恭敬和顺。人心恭敬和顺，就不会作奸犯科，更不会成为乱臣贼子。这都是从根本上解决问题。

"继绝世，举废邦"，最重要的是让后代子孙能一直祭祀他们的祖先。如果续家谱的话，无论是百姓还是万姓，一直追溯到最初的时候，祖先都是三皇五帝，都是共同的祖先。现在讲华夏民族、炎黄子孙，中国人不是炎帝就是黄帝的子孙，都是同一个祖宗。中华民族各个姓氏之间的关系就是一家人。中华民族是一个大家族，绵延五千年而不衰。这是"继绝世，举废邦"的真正原因，大家同是一个家族。通达宇宙人生真相的圣人知道，其实不仅是一家人，自他是一不是二，帮助他人就是帮助自己，他人和自己是一体的关系。从这个意义上讲，天下人都是一个共同体。所以，"构建人类命运共同体"的命题也是植根于中华优秀传统文化。真正做到这一点，就能化解矛盾冲突，达到世界和平。

"治乱持危"，看到其他国家有内乱，就要帮助它把内乱平定下来。春秋时期有很多这样的事例，像齐桓公、晋文公创下霸业，一方面是对付外族，所谓"尊王攘夷"，"尊王"是尊奉周天子为王，"攘夷"是对于那些夷狄要共同防范，不让他们侵入境内，这是各诸侯国共同的霸业。另一方面是帮助诸侯国平定内乱，如"陈恒弑其君"，齐国发生了臣子弑君主的事件，孔子就请鲁国的君主出兵讨伐。如果是真正的有道之君，他会帮助其他国家平定内乱，这就叫"治乱"。当然，是真正地帮助别国平定内乱，而不是借着平定别国内乱的名义去干涉别国内政，掠夺别国的资源，这个性质是不同的。"持危"是看到其他国家有危险，或者国内有种种危机出现，要扶持，不要让危险或危机持续下去。"治乱持危"是讲究国际正义，存心是帮助对方。

"朝聘以时。"周天子要求各国诸侯定时来朝见，而诸侯与诸侯之间也要互相往来，这就叫"朝聘"。"朝聘以时"，要讲究适当的时机。今天你去拜访其他国家，然后其他国家又来回访，都要选择适当的时机。这是强调平时就要注重敦睦邦交，建立友好关系，互相往来，互相沟通，这样才能避免误解。在自己的国家有危难的时候，别的国家也会来帮助。"朝聘以时"注重"厚往而薄来"，就是送给他国的礼物一定要比他国送来的礼物更厚重。这体现了古人的厚道，不愿意占人家的便宜。

"怀诸侯"，"怀"是把对方放在心里，不是只注重形式，而是发自内心地、真诚地与对方交往，体现彼此之间深厚的情谊。这种交情存在心里叫"怀诸侯"。心里时时刻刻想着这个诸侯，甚至把他当成朋友一样对待，相应地，他也会这样想着你。天子可得诸侯放在心里，诸侯与诸侯之间也诚心相待，天下怎么会不太平？平时互相来往，且厚往薄来，天下人成了一家人，这就是"怀诸侯"的效果。

"治天下国家有九经焉，其所以行之者一也。"这是讲用来推动落实治国、平天下的九项原则。"行之者一也"，"一"当"诚"讲。后人有很多种解法，这里取"诚"。"诚"是《大学》所讲的"诚意正心"的诚，是《中庸》所讲的真心，是"天命之谓性"的本性。本性在平时是不动的，是静态的，它起作用的时候就是诚；根据本性发动起来，做事情的动力就是诚。

治国、平天下的九项原则要以诚来发动，缺少了真诚心，什么事都做不好。真正由真诚心出发，就会表现得诚实，内外一如，口里所说的话和那颗诚实的心是一致的。所以，司马光修身从不妄语开始。如果口是心非，就是虚假、虚妄的，就和诚相背离了。

《大学》对诚下了一个定义："诚"是"毋自欺也"，不要自欺欺人。提醒人们要时常反省，在为人处世、待人接物方面是不是发自真诚之心。不是发自内心的真诚很难感动人，也很容易被人看破。中国人说"至诚感通""精诚所至，金石为开"，没有诚心，感动不了别人，很难起到教化的作用。

第十一讲　治国以德以法，德主刑辅

　　我们继续《孔子家语·哀公问政》篇。前面的内容阐述了治国的九项原则，以及推行九项原则的效果和具体做法。最后，强调推行九项原则的关键在于一个"诚"字。一个领导者口里说怎样关心大家、爱护民众，关心民间疾苦，实际上心里想的只是得到官位，享受高官厚禄，满足自己的欲求，内外不一，这样的人就是伪君子。自己是否做到了诚，要认真地自我反省。一个人假仁假义，其实别人看得很清楚，瞒不过人，也感动不了人。

　　这个"诚"字是最关键的。做任何事情，包括怎样对待自己的父母家人，对待大臣、贤者，对待百工，对待庶民，甚至对待外国人，缺少了诚，让人看穿，就一文不值了。诚不仅是对天子、诸侯的要求，凡是做领导的，不管什么级别，都要讲诚。即便是普通民众，学圣人也要学诚，缺少诚，什么都不能成就。

　　"凡事豫则立，不豫则废。" "豫"是预备。"凡事"是指推行九项原则所采取的具体方法。按照这些重要的方法去做，要事先准备。比如常见的"迎来送往"，这是一个原则。当真正去接待人、欢送人，要遵循一定的步骤和规矩，事先计划好，这叫"豫"。"凡事豫则立"，"立"是成就。凡事用心，事先预备好，事情才能办好。

　　"豫"是对贤人以下，包括普通人讲的，圣人则不必"豫"。比如圣人讲课，不必预先准备讲稿，想讲多长时间就讲多长时间。可长讲，可短讲，可深讲，可浅讲，契理契机。所谓契理，是和大道相符，不能违背义理，和道相背离；所谓契机，是符合听众的水平，不能讲得太难，也不能讲得太浅。讲得太难，听不懂，不能受益；讲得太浅，没有讲到精髓。讲得太浅或者太难，都是不契机，等于闲言语，对大家没有用。

《论语》中记载，孔子说他自己"七十而从心所欲，不逾矩"。孔子到七十岁"从心所欲"，自己的言语行为，一切的一切，想怎么做就怎么做，却"不逾矩"。"矩"是指礼数、规矩。他自自然然的行为都合乎法度、合乎礼数、合乎规矩。这就是圣人的境界。圣人做事，不必事先准备。

普通人不是如此，凡事要预备才能成就。反过来，"不豫"是想到哪儿做到哪儿，毫无计划。"不豫则废"，"废"是失败，事情办不成。这两句话是总原则，提醒世人凡事要做好充分准备，没有做好准备，做事必然失败。

首先是言语。人生在世，无论办大事，还是办小事，都要使用言语。包括求学、提问、修道，都离不开言语。"言前定则不跲"，"跲"，根据古人的注解，有三种读音。一种读 jiā，一种读 jí，还有一种读 jié，这里读 jiā。"跲"为窒碍、不流畅。言语事先没有想好，说着说着，不知道该说什么，讲起来不流畅，这就叫"跲"。所以，言语必得有事先准备。

"跲"有人读 jié，颠扑、跌倒的意思。说话的时候，如果信口开河，口一张开，就像河流里的水一样流淌，滔滔不绝，想怎么说就怎么说，想到哪里就说到哪里，说了很多错误的话，自己还不知道。没有事先预备好，说着说着说不下去，或者因为想得不周到，遭到别人的反驳，这些都叫作"跲"。这里是用比喻，像跌倒一样。

孔子教学生有四科，第一科是德行，第二科是言语。言语讲求善巧方便。所谓"善巧"，是话说出来让人听得进去；所谓"方便"，是不直接说到那桩事情上，先绕一个圈子。有了前面的善巧方便，人家就愿意听，之后再点到正题，人家就愿意接受。

古代善于劝谏的人往往采取这种方式。《论语》中的"巧言令色"与这里强调的善巧方便是不一样的。孔子在《周易·乾·文言传》里讲"修辞立其诚"，言语要讲"修辞"，"辞"是言辞，"修辞"是"言前定"。"言前定"这个修辞，最重要的是一个"诚"字。有了这个诚，言语的善巧方便会归于正道。

孔门弟子擅长言语这一科的有宰我、子贡，他们的言语是在诚的基础上建立的。他们的言语善巧方便，可以引导人走上正道。后来的苏秦、张仪是纵横家的代表，言语也是不得了，很能说服人，却归到"巧言"上，这是因为他们没有一颗发自本性的诚心。这样一对比就知道，"言前定则不跲"，"言前定"的基础是"诚"这个字，所以不是巧言令色。

"事前定则不困"，办一切事情，第一步怎么办，第二步又怎么办，要事先安排好。无论是办个人的事情，还是办国家的事情，要事先做好计划。计划做好了，每一个计划开始都有一定的步骤，这样在正式实施的时候，就"不困"。"困"是"木"被四面围起来，它在里面伸展不开，引申义是困难。事先一步一步想好，后面任何问题出现都有办法解决，这就叫"事前定则不困"。

"行前定则不疚"，"疚"当"病"讲，"行"是执行、行动。执行的时候要有程序。比如带一个旅行团，正式出发叫行。出发之前，要做一些准备工作。旅行团有多少团员，要乘坐什么交通工具，到哪里用餐，每个景点游览多长时间，每个人有什么特殊需求，在旅途中可能发生什么意外状况，等等，都要事先想得非常周到，这就是"行前定则不疚"。事先尽量想好，则少有后悔的事情。所谓后悔，是事情办错才会后悔。事先尽量都安排好，就会少犯错误。

"道前定则不穷"，"道"是道理。办任何事情，必须懂得办事之道。比如替国家办事，治理国家要遵循"九经"，九项基本原则。无论是"柔远人"，还是"敬大臣""体群臣"，无论是办外交还是办内政，每一桩事情都有其道。就拿办教育来讲，也有教育之道。现在学教育的人要学教育哲学，办政治的人要学政治哲学。现在用"哲学"这个词，过去是用"道"这个词。这些道都要"前定"，要弄明白，这样执行起来才"不穷"。"穷"是面对一桩事情不知道该怎么办才好，困穷。

古时候无论是天子还是诸侯，除了政治，也很重视教育，政治和教育是分不开的。教育之道是教人学做人之道，而做人之道最基本的是不要损人利己，要学做君子。学成正人君子，进一步学成贤人、圣人。"读书志在圣贤"，希圣希贤就是教育之道。办教育的人要明白这一点。这才是有道的教育，是朝着成圣成贤这个目标，而不是"读书志在赚钱"。

这样的教育之道定下来，则"不穷"，学生能教好。虽然可能没到贤人、圣人的境界，但最低限度能成为正人君子，懂得礼，礼尚往来，知道怎样厚道待人，处处为对方着想。一起心动念，就想把人家的钱财贪求到自己的手里，处处为自己着想，或者利用自己所学的高科技手段去违法犯罪，那都是因为教育没有基于教育之道而出了问题。把握教育之道，才不至于把高等教育变成"高等知识和技能的传习所"。教育办好了，国泰民安，这就是"道前定则不穷"，能够可持续发展。教育是这样，其他的事情无一不是这样。

普通人也要懂得做人之道。过去，无论是家庭、学校、社会，教的都是做人之道。《中庸》讲："道也者，不可须臾离也。"做人之道无论在什么时候都不能放弃。一年三百六十五天，三百六十四天守住，只有一天没守住，就把三百六十四天的做人之道给毁掉了。"道也者，不可须臾离也，可离非道也。"很多人犯了罪，亲戚朋友都很惊讶，这个人平常待人很和善，为什么会犯罪？这说明一个人无论什么时候都要守住道，有一时一刻违背道，则前功尽弃，一失足成千古恨。

现代人讲修养之道，不能有一时一刻疏忽、违背，要做到"择善而固执"。《群书治要》讲的就是圣贤之道，自己选择了圣贤之道，一直学下去、守下去，就一定能学成，最后成就贤人、圣人。这就是"道前定则不穷"。

总结一下：说话之前做好准备，不会理屈词穷站不住脚；做事之前做好准备，不会手忙脚乱；行动之前做好准备，不容易出差错；立身处世，先把做人之道搞清楚，就不会有行不通的地方。

【公曰："子之教寡人备矣，敢问行之所始？"孔子曰："立爱自亲始，教民睦也；立敬自长始，教民顺也。教以慈睦，而民贵有亲；教以敬长，而民贵用命。民既孝于亲，又顺以听命，措诸天下，无所不行。"】

公曰："子之教寡人备矣，敢问行之所始？"哀公接着问："您的教诲很全面，请问从哪里开始实施？"哀公很会问问题，正是因为他善问，孔子才回答了这段话，让后世的人受益。

孔子曰："立爱自亲始，教民睦也；立敬自长始，教民顺也。教以慈睦，而民贵有亲；教以敬长，而民贵用命。民既孝于亲，又顺以听命，措诸天下，无所不行。"孔子说："树立仁爱的观念，要从爱父母家人开始，这是教导百姓和睦。""睦"，有相亲相爱的意思。"树立敬爱的观念，要从尊敬长辈开始，这是教导百姓恭顺。教百姓慈爱和睦，百姓会重视亲情；教百姓恭敬，百姓会乐于服从命令。既孝顺父母家人，又恭顺听从命令，将这种教化扩大开来治理天下，没有什么办不到的事情。”可见，教人爱和敬要从孝敬父母和尊敬长辈开始，所谓“孝弟也者，其为仁之本与”。

古人强调孝悌之心的培养。能尽孝道的，其心和；能修悌道的，其心顺。能孝敬父母，培养了心和的品质；能友爱兄弟、尊敬长辈，培养了随顺的品质。“和顺”两个字把孝悌的精神说出来了，这正是古人特别提倡孝敬的原因。古人强调以孝治天下，实际上是从心性的培养入手，从心上解决各种社会问题。我国领导人在讲话中强调，要重视研究王阳明心学，要借鉴他，使共产党员的党性修养能入脑入心。这实际上是从心上来改变一个人的行为。人的行为是心的反映，教育做到改变人心才是成功。

“孝弟也者，其为仁之本与”，《四书蕅益解·论语点睛补注》有一段注解：“为仁，正是为人；不仁，便不可为人矣。作乱之本，由于好犯上；犯上之本，由于不孝弟。”君子求仁、行仁是学做人。一个人没有仁德之心，不能称之为人。

“仁”，《说文解字》解释为“从人，从二”，是会意字，“言己与人相亲爱也”。“仁”是天地同根、万物一体。能这样去对待他人，把他人和我视为一体，甚至没了我与他的区别，才是真正的“为仁”。达到这种境界，儒家称之为圣人。

“作乱之本，由于好犯上；犯上之本，由于不孝弟；不孝弟，由于甘心为禽兽。”孝悌是教育的根本，人和禽兽之所以不同，就是因为人接受教育。不接受教育，人和禽兽没有差别。《孟子》说：“饱食、煖衣、逸居而无教，则近于禽兽。"人吃饱了饭，穿暖了衣服，有了好房子住，过上了安逸的生活，但是没有接受伦理道德的教育，不知道自己在人伦关系中的责任和本分，就堕落得离禽兽不远了。不懂得做人的道理，不能行孝悌，和禽兽没有两样。"若不肯做衣冠禽兽，必孝悌以为人。"不想堕落为禽兽，必须学习做人；学习做人，必须从孝悌开始。

"为人，即仁义礼智自皆具足，故孝悌是仁义礼智之本。"仁义礼智信，被称为"五常"。一个人做不到仁义礼智信，做人的资格就没有。《左传》说："人弃常则妖兴。"如果不讲究仁义礼智信这五种常理常道，是不仁、不义、无礼、无智、无信，不配称为人。孝悌是仁义礼智的根本，仁义礼智是从孝悌之心培养起来的。比如"仁"，爱人。爱人是从爱父母培养出来的。"盖孝悌，是良知良能。良知良能，是万事万物之本源也。"孝悌是人自性本有的性德，被称为良知良能，王阳明讲"致良知"，"良知"就是这个意思。"良知"，俗话说就是良心。人做了错事、恶事，会感到良心不安，说明此人还有救。如果麻木不仁，就说明他堕落得离禽兽不远了。人有良知，人有仁心，才是人之为人的根本。

"论性则仁为孝悌之本，论修则孝悌为仁之本。"从性德上说，仁爱之心是万事万物的本源。在和父母兄弟的关系上表现为孝和悌，在领导与被领导的关系上表现为仁和忠，在跟朋友的关系上表现为信，在夫妻关系上表现为夫义妇德。仁是孝悌之本。从修德上说，"则孝悌为仁之本"。要培养一个人的仁爱之心，必须从培养孝悌之心开始。孝悌之心是仁爱之心的原点。

"天下大乱之原，自不孝不弟始，孝弟则仁慈兴而乱机息矣。"想要真正实现社会稳定、人心安定，一定要提倡孝道，提倡仁义礼智信。不要求别人，从自己做起。很多人经常议论别人，别人不讲信用、不讲仁爱，我这样做是不是吃亏？别人不讲信用，别人贪得无厌，那是别人自甘堕落。如果向他们学习，是随之一起堕落。他们堕落是因为没有学习圣贤之道，我们既然要学做人，就要做到仁义礼智信，才有资格做人。

要问一问自己，想不想未来有一个好的结果？如果想，从自己修起，别人做不做和我没有关系。自己身体力行，得到好的结果，别人看到了，才会对仁义礼智信生起信心。大家看到修仁义礼智信生活得很好，事事顺利，身心安宁，"仰不愧于天，俯不怍于人"，就会效仿。这是给社会大众做表率。

"然则兴孝弟之道奈何？曰：'上老老而民兴孝，上长长而民兴弟，上恤孤而民不倍。'不孝不弟之人而居上位，天下大乱所由生也；孝弟之人而居上位，天下大治所由生也。"要兴起孝悌之道，在位的领导者要力行、弘扬孝悌之道，这样社会才有良好的风气。

隋朝有一位官员叫梁彦光，他去相州做刺史。刚到相州的时候，感到那里的人比较险恶、苛刻。作为地方官，看到百姓的这种状况，他没有指责、轻视、嘲笑，而是生起了怜惜之心。"人之初，性本善。性相近，习相远。苟不教，性乃迁。"因为没有受教育，所以才会言行偏颇，这样的人生实际非常可悲。梁彦光马上请了很多有学问的大儒设立学校，教化百姓。他很了不起，他明白要教化百姓，首先必须尊师重道，"师严然后道尊，道尊然后民知敬学"。老百姓都知道尊师重道，教育才能兴起来。为了保护老百姓的思想观念不受污染，他还规定，在当地只传播圣贤书。经过一段时间，整个社会的风气转变了，人们开始重视礼义廉耻、伦理道德。

有个人叫焦通，不孝敬父母，他的堂兄弟把他告到梁彦光这里。梁彦光没有马上治他的罪，"不教而杀谓之虐"，还没有教育他，告诉他做人的本分，就把他杀掉或者处罚，是虐政、苛政。梁彦光把焦通带到孔子庙，庙里有一幅画讲的是"伯俞泣杖"的故事。梁彦光跟焦通讲，有一次，伯俞的母亲打他，伯俞痛哭不已。母亲感到奇怪，就问他："从小到大你犯了错误，母亲处罚，你从来都没哭过，为什么这一次哭得这么伤心？"伯俞的回答很感人，他说："以前母亲打我的时候，我都能感觉到痛，但是今天我已经感觉不到痛了。这说明母亲年纪大了，身体越来越虚弱。不知道自己还能孝养母亲多长时间，一想到这里我就很难过，所以才痛哭。"梁彦光把这个故事娓娓道来。焦通听了，开始忏悔反省，最后痛改前非，成为当地的一个善人。地方官尽忠职守，一个重要表现是爱民，爱民的一个重要表现是教化百姓，使百姓都能受到圣贤教育，化民成俗。

教育的功德是无量的。因为听课的不仅有父母、有校长，还有企业家。这些人接受了圣贤教诲，学习了《弟子规》，他们自己的人生可以发生改变。而一个校长的背后又有多少老师？一个老师的背后又有多少学生？一个学生的背后又有多少家人？这些学生长大之后要生儿育女，他们当中的一些人又可能成为校长、老师。所以，看似是一个人的转变，实际上影响的人不计其数。在这个世界上，最值得尊敬、最有意义的职业之一就是老师。

良好的教化是"上所施，下所效"。哀公问治国应该从哪里做起，孔子告诉他，应该从孝亲敬长做起。这是希望哀公作为国君能率先力行，进而提倡孝悌之道。

《孔子家语·颜回》篇主要节录的是鲁定公问颜回东冶毕善御之事，故以"颜回"作为篇名。

【鲁定公问于颜回曰："子亦闻东冶毕之善御乎？"对曰："善则善矣。虽然，其马将必逸。"公不悦。其后三日，东冶毕之马逸。公闻之，促驾召颜回。颜回至，公曰："前日寡人问吾子以东冶毕之善御，而子曰其马将逸，不识吾子奚以知之？"颜回对曰："以政知之而已矣。昔者，帝舜巧于使民，而造父巧于使马。舜不穷其民力，造父不穷其马力。是以舜无逸民，造父无逸马。今东冶毕之御也，历崄致远，马力尽矣。然而其心犹求马不已，臣以此知之。"公曰："善哉！吾子之言，其义大矣，愿少进乎？"颜回曰："臣闻之：'鸟穷则噣，兽穷则攫，人穷则诈，马穷则逸。'自古及今，未有穷其下而能无危者也。"公悦。】

鲁定公问于颜回曰："子亦闻东冶毕之善御乎？"对曰："善则善矣。虽然，其马将必逸。"鲁定公，鲁昭公的弟弟，春秋时期鲁国的第二十五任君主。"逸"是奔、纵的意思。鲁定公问颜渊："你也听说过东冶毕善于驾车吗？"颜渊回答说："东冶毕确实擅长驾车。虽然如此，他的马还是会跑掉。"

读《群书治要》，发现像颜回这样有道德学问的读书人，很有预见能力。这并不是因为他们有神通，而是因为他们经常学道，读圣贤书。文以载道，恒常不变的规律记载在典籍之中。"经者，常也。"经典反映的是恒常不变的规律。经常读圣贤书，对于恒常不变的道理和规律看得很清楚，所以看一个人当下的所作所为，就能预知其未来如何。

《群书治要》讲到，楚国有一个会相面的人，其实他不是给人看相，而是看这个人所结交的朋友。如果结交的都是善友，就知道他未来的结果很好。《孔子家语》中鲁国国君问孔子关于风水的问题：向东扩建房屋是不是不吉祥？孔子告诉他，天下有五种不吉祥，向东扩建房屋并不在其中。赵文子预测郤雍会被盗贼所杀，其实是熟读圣贤书的结果。

《易经》很多人喜欢学，目的是想算一卦，看看未来的发展趋势如何，能不能和这个人交往、合作？当然，《易经》有这个功能，但它并不是根本。看一个人的未来、前途，最根本的是把握这两句话：第一句话是"积善之家，必有余庆；积不善之家，必有余殃"；第二句话是"善不积不足以成名，恶不积不足以灭身"。看一个人贪污受贿、违法乱纪、骄横跋扈、骄奢淫逸，不要生起羡慕之心。读了圣贤书，知道他以后会败的。

我们国家在党的十八大之后特别强调"反对四风"，提出"八项规定"。事实上，一个真正明理的人，即使没有"八项规定"，也会以勤俭节约、艰苦朴素来要求自己。因为历史的规律表明，"成由勤俭败由奢"。学习传统文化，对于深入理解、主动贯彻落实习近平新时代中国特色社会主义思想具有重要意义。

公不悦。定公听了颜渊的回答很不高兴。君主大都不愿听违逆自己意思的话，即使是真话、对自己有意义的话，听了也会不高兴。劝谏，有时候要先顺着君主的意思，然后再委婉地进行。

其后三日，东冶毕之马逸。公闻之，促驾召颜回。过了三天，东冶毕的马果然跑了。定公听到这件事，急忙派人去召请颜渊。

颜回至，公曰："前日寡人问吾子以东冶毕之善御，而子曰其马将逸，不识吾子奚以知之？""吾子"，古时对人的尊称，相当于"您"。"奚"，疑问代词"何"的意思。定公说："前日我问您关于东冶毕善于驾车的事，您却说他的马会跑掉。不知道您是怎么预见这件事的？"

颜回对曰："以政知之而已矣。昔者，帝舜巧于使民，而造父巧于使马。舜不穷其民力，造父不穷其马力。是以舜无逸民，造父无逸马。今东冶毕之御也，历崄致远，马力尽矣。然而其心犹求马不已，臣以此知之。""造父"，伯益的后代，是历史上著名的善御者。颜渊回答说："我不过是从政事的经验中明白这件事。从前，舜帝善于利用民力，造父善于驾驶马车。舜不穷尽民力，造父不穷尽马力。因此，舜为君王时没有逃亡的百姓，造父为御者时没有跑掉的马。现在东冶毕驾马，历经险道，又走了远路，马的力气已用尽，但他还想让马使劲奔跑。我是根据这些知道马肯定会跑。"

公曰："善哉！吾子之言，其义大矣，愿少进乎？"定公说："太好了！您的话义理重大，可以再稍加解释吗？"

颜回曰："臣闻之：'鸟穷则啄，兽穷则攫，人穷则诈，马穷则逸。'自古及今，未有穷其下而能无危者也。""攫"，扑取。用脚扑取称为攫，用翼击之称为搏。"诈"，欺诈、诈伪的意思。颜渊说："我听说，鸟处境困窘时会用嘴啄人，野兽处境困窘时会张牙舞爪袭击人，人走投无路时会心生欺诈，马力穷尽时会逃跑。从古到今，没有使下属陷入困窘而自己却能不遭受危险的人。"

公悦。定公听了心悦诚服。

这一段是颜渊以东冶毕的马逃跑来比喻政事不能把民力用尽。

中国历史上，凡是开明的君主都熟读经典，奉行"民惟邦本"的思想，起到作之君、作之亲、作之师的作用，爱民如子，视民如伤，教导、率领百姓。百姓的回报也像孟子所说的："君之视臣如手足，则臣之视君如腹心。""臣"是被领导者，包括臣和民。臣民看待领导者就会如同自己的腹心，加倍回馈。凡是开明的领导者都提倡爱民。

我国领导人在讲话中强调："人民是中国共产党的力量源泉，我们根基在人民，血脉在人民，必须把人民放在心中最高位置，始终以百姓心为心。共产党的干部要坚持当'老百姓的官'，把自己也当成老百姓，不要做官当老爷。在这一点上，年轻干部从一开始就要想清楚，而且要终身牢记。年轻干部无论是立身处世还是从政干事，首先要解决好'我是谁、为了谁、依靠谁'的问题，不断追求'我将无我，不负人民'的精神境界。要拜人民为师，甘当小学生，特别要多交几个能说心里话的基层朋友，这样才有利于了解真实情况，才有利于把工作做好。要牢记我们党为人民谋幸福，为民族谋复兴的初心使命，始终坚守党全心全意为人民服务的根本宗旨。用心用情用力解决好群众急难愁盼问题，让群众有更多、更直接、更实在的获得感、幸福感、安全感。"学习《群书治要》，学习《孔子家语》，对于深入理解领导人的一系列讲话精神，确实很有启发。

《孔子家语·困誓》篇有子贡向孔子请教"赐倦于学，困于道矣，愿息而事君"，故以"困誓"作为篇名。

【卫蘧伯玉贤而灵公不用，弥子瑕不肖而反任之。史鱼骤谏，公不从。史鱼病将卒，命其子曰："吾在公朝，不能进蘧伯玉退弥子瑕，是吾为臣不能正君也。生而不能正君，死不可以成礼矣。吾死，汝置尸牖下，于我毕矣。"其子从之。灵公吊焉，怪而问之。其子以其父言告公。公愕然失容，曰："是寡人之过也。"于是命之殡于客位，进蘧伯玉而用之，退弥子瑕而远之。孔子闻之曰："古之烈谏者，死则已矣。未有若史鱼死而尸谏，忠感其君者也。可不谓直乎？"】

卫蘧伯玉贤而灵公不用，弥子瑕不肖而反任之。史鱼骤谏，公不从。蘧伯玉，春秋时期卫国的贤大夫，因贤德而闻名诸侯，他的"耻独为君子"被千古传诵，被历代尊奉为君子典范。《了凡四训》记载，蘧伯玉在二十岁的时候就知道每一天反省改过。这样一年一年，到了五十岁，还在反省自己四十九岁所犯的过失。反省改过三十多年，依旧能反观觉照自己身上的过失。

弥子瑕，卫国一个很善于谄媚的大夫。史鱼，也称史鳅，字子鱼，名鮀，在卫灵公时任祝史，负责祭祀，所以也称祝鮀。卫国的蘧伯玉很贤能，卫灵公却不任用他，弥子瑕不贤德反而被任用，史鱼为此多次进谏，但卫灵公不听。"骤谏"是屡次进谏。

史鱼病将卒，命其子曰："吾在公朝，不能进蘧伯玉退弥子瑕，是吾为臣不能正君也。生而不能正君，死不可以成礼矣。吾死，汝置尸牖下，于我毕矣。"史鱼病重，临终前嘱咐儿子："我在朝廷没能让蘧伯玉入朝为官，也没能让弥子瑕被罢免，我作为大臣，却不能匡正国君。活着不能匡正国君，死后就不能按正常的礼仪来安葬。我死后，你把我的尸体放在窗户下，这对我来说就足够了。""卒"，古代指大夫死。根据《礼记·曲礼下》："天子死曰崩，诸侯曰薨，大夫曰卒，士曰不禄，庶人曰死。"古人对于天子、诸侯、大夫、士和庶人的死有不同的称呼。

其子从之。灵公吊焉，怪而问之。其子以其父言告公。公愕然失容，曰："是寡人之过也。"儿子按照嘱咐办了。卫灵公前来吊唁，感到很奇怪，就问起原因。儿子把父亲的话告诉卫灵公。卫灵公大惊动容，说："这是我的过错呀！"

于是命之殡于客位，进蘧伯玉而用之，退弥子瑕而远之。"殡于客位"，停殡在西阶。根据《礼记·坊记》记载，孔子说："丧礼每加以远。浴于中溜，饭于牖下，小敛于户内，大敛于阼，殡于客位，祖于庭，葬于墓。所以示远也。殷人吊于圹，周人吊于家，示民不背也。"在行葬礼时，每一个仪式的完成都意味着死者离家更加遥远。人死以后，首先是在室中清洗遗体，接着在南窗之下饭含（把珠玉、谷物或钱放入死者口中的习俗），然后在门内举行小敛，在阼阶举行大敛，在西阶停殡，接着迁柩于家庙之中进行祖祭，最后葬于墓穴，借以表示死者离开生者越来越远。殷人在墓地吊慰死者家属，周人是在死者家属从墓地返回家中以后才去吊慰。这都是教育人们不要忘记死者。这些古礼要求很严格，也很具体，都有教育意义。

卫灵公下令将史鱼的灵柩停放在西阶，这是按正常礼仪来停放，然后进用蘧伯玉，罢免弥子瑕并疏远了他。

孔子闻之曰："古之烈谏者，死则已矣。未有若史鱼死而尸谏，忠感其君者也。可不谓直乎？"孔子听到这件事，说："古代特别敢于进谏的人到死就罢，没有像史鱼这样死后还要借尸体来进谏，以忠诚感动国君。这样的人难道还不能称为正直？"

古代不像今天这样资讯发达，要保证下情上达，使君主充分了解民情，这样，制度政策才不会偏颇。所以，古人特别强调犯颜直谏是忠臣的职责，对这样的大臣特别重视。像史鱼这样的忠臣，即使快死了，还想方设法地去劝谏。因为他没有私心，只是为了君主不犯过失，为了尽到臣子的职责。史鱼最终感动君主采纳了自己的劝谏。

《群书治要·后汉书》记载："昔者晋平公问于叔向曰：国家之患，孰为大？"晋平公问叔向："国家最大的祸患是什么？"对曰："大臣重禄不极谏，小臣畏罪不敢言，下情不上通，此患之大者。"叔向说："大臣重视禄位而不愿力谏，小臣怕获罪而不敢说话，下情不能上达，这是国家最大的祸患。"为了保证下情上达，开明的君主都特别鼓励臣子劝谏。

古代君臣之间的关系在《蒋子万机论》中被比喻为头脑和手足的关系："夫君王之治，必须贤佐，然后为泰，故君称元首，臣为股肱。譬之一体相须而行也。"君王治理国家，必须有贤德的人辅佐才能安泰。因此，君主被喻为头脑，臣子被喻为四肢，同为一个身体，谁也离不开谁。彼此相互需要、相互协调，才能把国家治理好。这个比喻非常形象。"故古之君人者于其臣也，可谓尽礼矣；故臣下莫敢不竭力尽死，以报其上。"所以，古代君主对于臣下可以说是极尽礼义，臣下不会不尽心竭力、鞠躬尽瘁报效君主。这就是孔子所说的"君使臣以礼，臣事君以忠"。

《晏子》记载，齐景公对晏子非常礼敬，对他的话几乎是言听计从。而晏子更是竭尽全力来劝谏齐景公，经常为他讲解治国的道理，不失时机地纠正他错误的言行。通过齐景公和晏子之间的对话，我们可以体会到他们君臣之间的道义。

有一次，齐景公外出游览，向北张望，看到齐国的都城，感叹道："唉！假如自古以来没有死亡，该如何？"晏子听了，说："以前天地将人的死亡看成好事，因为仁德之人可以休息，不仁德的人也可以藏伏。假如自古以来都没有死亡，那么，丁公、太公将永远享有齐国，桓公、襄公、文公、武公都将辅助他，而君主您只能戴着斗笠、穿着布衣，手持大锄小锄，蹲行劳作于田野之中，哪里还有工夫忧虑死亡？"齐景公听了，很不高兴。

没过多久，梁丘据乘着六匹马拉的大车从远处赶来。齐景公说：

"梁丘据是跟寡人相和的人。"晏子说："他和君主只是气味相投。所谓的和，打个比方，君主能尝出甜味，臣子应该尝出其中的酸味。君主觉得味淡，臣子应该尝出其中的咸味。梁丘据却不同，君主说是甜味，他就说是甜味。这只能说是气味相投，怎能称得上和？"晏子又一次拂了齐景公的面子，齐景公很不高兴。

过了一会儿，齐景公向西望去，突然看见了彗星，于是召见伯常骞，想要他通过祈祷让彗星隐去。晏子说："不可。这是上苍在教诲人，用以警诫人不恭敬的行为。君主如果能修文德、纳谏言，即使不祈祷，它也会自行消失。而现在君主您却好酒贪杯，连日作乐，不整改朝政，还纵容小人、亲近谗佞、喜欢倡优。这样下去，何止彗星，就连孛星都会出现。"意思是更不好的征兆会出现。齐景公听了，更不高兴。

没多久，晏子去世了。齐景公走出门外，背靠着照壁而立，叹息道："以前先生伴寡人出游，曾经一日三次责备寡人，现在还有谁来责备寡人？"

晏子感念齐景公的信任，不希望齐景公犯错误，总是抓住一切可能的机会劝导他。一个领导者身边有幸有一位老师般的人物，看到问题能直言不讳地指出来，这个领导者的提升一定会很快，也不容易犯大的过失。古代明君以得到犯颜直谏的臣子为荣幸，想方设法地引导臣子指正自己的过失。

现代社会，除了父母之外，很少有人能直言不讳地指正我们的过失。父母指正儿女的过失，是因为爱子心切，不忍心看到自己的孩子有问题而不去纠正，"爱之深，责之切"。做儿女的却往往不能体会父母的良苦用心，甚至还逆反，和父母搞对立。如果犯了错误也没人愿意指正，甚至还拍手叫好，你就会一错再错。

《吕氏春秋》说："贤主所贵莫如士。所以贵士，直言也。"贤明的君主最重视的莫过于士人，之所以重视士人，是因为他们能犯颜直谏，君主看到自己不当的地方，很容易改正过来。君主想看清自己的过失，自然愿意任用犯颜直谏的人。古人说："士为知己者死。"读书人讲求道义，如果遇到一位真正能尊敬他的君主，就会竭忠尽智报答君主的知遇之恩。最好的回报是帮助君主提升他的道德、学问。

《周易·蹇卦》说："王臣蹇蹇，匪躬之故。"臣子忠厚老实，能犯颜直谏，不是为了自身的安危，而是想匡正君主的过失。君主有过失是危亡的征兆，忠臣不忍心看着君主处于危亡的境地而不顾。如果周围有直言劝谏为自己指正过失的人，甚至置个人安危于度外，还能劝诫、提醒自己，君主应该感到庆幸，因为这才是真正为自己着想的忠贞之人。从晏子对齐景公的谆谆教诲也能体会到晏子的忠心。

晏子的忠心有多种表现，《晏子》中说："晏子相景公，其论人也，见贤则进之，不同君所欲；见不善则废之，不避君所爱；行己而无私，直言而无讳。"晏子辅佐景公，他的原则是看到贤德之人就推荐，不求与君主的想法相同；看到不贤德的人就劝君主罢免，不避开君主所宠爱的人；自己的所作所为不存私心，规劝君主直言不讳。

有一个故事，我们可以从中感受到晏子的无私。晏子上朝的时候，坐着破车，驾着劣马。齐景公看到这种情景，说："是不是先生的俸禄太少了，为何乘坐如此破旧的车？"齐景公很关心晏子，退朝之后，派梁丘据送去一辆大车。去了好几次，都被晏子拒绝了。齐景公很不高兴，派人召晏子进宫。晏子来了，齐景公说："先生如果不接受寡人所赠的车马，寡人以后也不乘车马了。"晏子说："君主让我负责监督群臣百官，因此我节制衣服饮食的供养，为的是给齐国百姓做出表率。

尽管如此，我仍然担心百姓会奢侈浪费而不顾自己的行为是否得当。君主乘坐四匹马拉的大车，我作为臣子，如果也乘坐四匹马拉的大车，百姓当中那些不讲礼义、衣食奢侈的，我便无法阻止了。"

齐景公想送晏子一辆大车，车的级别很高，与齐景公自己所乘坐的车级别相同。这在一般人看来是很大的荣耀，这么高档，又是君主所赐，说明自己受到了君主的礼遇，但是晏子考虑到这样做有违礼义，还会带动整个社会兴起奢侈之风，所以拒绝接受。从这里可以看到，晏子确实没有私心，对齐景公忠心耿耿，一心就想辅佐齐景公把国家治理好。

齐景公也能识人，晏子去世，齐景公非常哀痛。《晏子》记载："景公游淄，闻晏子卒，公乘而驱。"齐景公出游淄川，听说晏子逝世的消息，急忙乘车往回赶。"自以为迟，下车而趋，知不若车之速，则又乘。"齐景公认为车跑得太慢，于是跳下车来奔跑，结果发现自己跑得还不如坐车快，于是又跳上车疾驰。"比至于国者，四下而趋，行哭而往。"到达都城之后，先后四次下车奔跑，边跑边哭。"至伏尸而号曰：'子大夫日夜责寡人，不遗尺寸，寡人犹且淫逸而不收，怨罪重积于百姓。'"赶到晏子家，伏尸痛哭，边哭边说："大夫啊，您经常批评寡人的过错，大事小事无有遗漏。尽管如此，寡人仍然奢侈放纵而不知收敛，因此百姓对寡人有很多积怨。如今上天降灾于齐国，却没有降在寡人身上，先降到了夫子身上，齐国的社稷江山危险了，百官之中还有谁能指出寡人的过失？百姓还能向谁去倾诉他们的苦痛？"

齐景公的哀痛是出于为君者对臣子的一种自然而然的感恩之心。在那一刻，齐景公一定是回想起晏子对自己点点滴滴的教诲、不失时机的劝导、苦口婆心的劝诫，以及忠心耿耿的付出。这种哀痛之情是君臣之间道义的自然流露，是君臣在多年相处的过程中积累起来的。从这里可以看到古代贤君和忠臣之间确实是"以道义相交，天荒而地老"。这是值得现代人学习的。

"史鱼尸谏"的故事告诉世人，进谏不一定非要采取极端的方式，灵活便宜的方式同样可以达到劝谏的目的。《史记·滑稽列传》记载了楚国艺人优孟的两个故事。楚庄王有一匹心爱的马，他给马穿上带花纹的锦绣衣服，把马安置在华丽的房子里，用铺设竹席的凉床给它做卧席，还用蜜渍的枣干来喂养它，结果这匹马得了肥胖症死了。庄王爱这匹马爱得过分，要求按照大夫的葬礼规格安葬它，并且下令，谁敢因葬马的事情来劝谏就处以死刑。命令一下达，没人再敢劝谏，大臣们都闭口不言。

优孟听说这件事，走进宫门大哭说："马是大王所心爱的，以我堂堂楚国之博大、实力之雄厚，有什么事办不到？请按照国君的葬礼规格来安葬它。我请求用雕花的美玉做棺材，用纹理细致的梓木做外椁，派遣士兵挖掘墓穴，让年老体弱的人背土筑坟，再盖一所庙宇，用三牲祭祀，还要拨一个万户的大县来供奉它。诸侯听说了这件事，就会知道大王轻视人而重视马。"

楚庄王听了，才知道自己错了。他说："我的过错竟然严重到这种地步！该怎么办？"优孟回答说："让我替大王用对待六畜的办法把它安葬在人们的肠胃里吧。"也就是把它杀了，给大家吃了。这是一个很好的例子，优孟用非常幽默的方式劝谏楚庄王，让楚庄王看到自己的过失，同样达到了劝谏的目的。

再看另一个故事。孙叔敖曾在楚国为相，建功立业，把楚国治理得很强大。他去世之后，儿子却过着非常贫困的生活，靠给人背柴、卖柴过日子。优孟知道了这件事，就缝制了孙叔敖生前穿戴的衣服和帽子，模仿孙叔敖生前的穿着打扮、言谈举止。模仿了一年多，和活着时的孙叔敖几乎一模一样。楚庄王看了大吃一惊，以为孙叔敖复活了，打算任命优孟做宰相。这时，优孟开口说："楚国的宰相做不得！你看像孙叔敖那样的，忠诚廉洁地治理楚国，使得楚王得以称霸诸侯，但是孙叔敖死了，他的儿子连立锥之地都没有，贫困到要靠给人背柴、卖柴来维持生活。"楚庄王听了，明白了优孟的苦心，对他表示感谢，然后就召见孙叔敖的儿子，把寝丘之地封赐给他。

古代君主对于敬忠的臣子，不仅照顾他的生活，臣子去世，去参加他的葬礼表示对他的感恩，还对他的后人给予关爱，体现尊贤之礼。这样，其他臣子才会受到鼓舞，竭忠尽智地把自己的本分、责任尽到。这就叫君仁臣忠，是中国式管理的特点。

古人把能劝谏的人称为忠臣，忠臣的一个特点是能犯颜直谏，不会一味地顺从君主的意思。无论君主说得对还是不对，都一味地顺从，这样的人被称为愚臣。

《孔子家语·执辔》篇中，孔子以驾车来比喻治国，"夫人君之政，执其辔策而已"，故以"执辔"作为篇名。

【闵子骞为费宰，问政于孔子。孔子曰："以德以法。夫德法者，御民之具，犹御马之有衔勒也。君者，人也；吏者，辔也；刑者，策也。人君之政，执其辔策而已矣。"】

闵子骞为费宰，问政于孔子。 闵子骞在费地任行政长官时，向孔子请教如何治理政事。闵子骞，名损，字子骞，被尊称为"闵子"。鲁国人，孔门十哲之一，以孝著称，以德行和颜渊并称。"费宰"，"费"是山东省临沂市的费县，"宰"是地方行政长官。县宰，相当于现在的县长。

孔子曰："以德以法。夫德法者，御民之具，犹御马之有衔勒也。君者，人也；吏者，辔也；刑者，策也。人君之政，执其辔策而已矣。""法"是礼法，治国的常理常法，和现在所说的"法"有所不同。"衔勒"，马嚼口和马笼头，借指道德礼法。"吏者，辔也"，"辔"，马辔，马缰绳。"刑者，策也"，"策"，马鞭。孔子说："治国要用道德和礼法。道德和礼法是治理百姓的工具，好比驾驭马要用嚼口和笼头。如果把国君比作驾驭马的人，官吏就是缰绳，刑罚就是马鞭。国君治理政事，只要掌握好缰绳和马鞭就可以。"

【子骞曰："敢问古之为政。"孔子曰："古者天子以内史为左右手，以德法为衔勒，以百官为辔，以刑罚为策，以万民为马，故御天下数百年而不失。善御马者，正衔勒，齐辔策，均马力，和马心。故口无声而马应辔，策不举而极千里。善御民者，一其德法，正其百官，均齐民力，和安民心，故令不再而民顺从，刑不用而天下化治，是以天地德之，而兆民怀之。不能御民者，弃其德法，专用刑辟，譬犹御马，弃其衔勒，而专用箠策，其不可制也必矣。夫无衔勒而用箠策，马必伤，车必败；无德法而用刑辟，民必流，国必亡。凡治国而无德法，则民无所法修；民无所法修，则迷惑失道。古之御天下者，以六官总治焉，六官在手以为辔，故曰：御四马者执六辔，御天下者正六官。是故善御马者，正身以总辔，均马力，齐马心，回旋曲折，唯其所之，故可以取长道，可以趣急疾。此圣人所以御天地与人事之则也。天子以内史为左右手，以六官为辔，已而与三公执六官、均五教、齐五法，故亦唯其所引，无不如志。"】

子骞曰："敢问古之为政。"孔子曰："古者天子以内史为左右手，以德法为衔勒，以百官为辔，以刑罚为策，以万民为马，故御天下数百年而不失。善御马者，正衔勒，齐辔策，均马力，和马心。故口无声而马应辔，策不举而极千里。善御民者，一其德法，正其百官，均齐民力，和安民心，故令不再而民顺从，刑不用而天下化治，是以天地德之，而兆民怀之。""内史"，古代官名，《周礼》谓为春官之属，协助天子管理爵、禄、废、置、杀、生、予、夺之法。"一其德法"，"一"是同的意思，即统一。"兆民怀之"，"怀"是归的意思。闵子骞又问："请问古人是如何执政的？"孔子说："天子以内史作为自己执政的左右手，以道德和礼法作为嚼口和笼头，以百官作为缰绳，以刑罚作为鞭子，以百姓作为马匹，所以统治天下数百年也不失去江山。善于驾驭马匹的人，为马戴好嚼口和笼头，备齐缰绳和马鞭，均衡地使用马力，使马齐心一致。所以，口不用出声，马也会应缰绳而动；不用扬鞭，马也能跑到千里之外。善于治理百姓的君王，统一道德和礼法规范，端正百官的言行，均衡地使用民力，使百姓和合安宁。不必三令五申，百姓便会顺从；不用刑罚，便能教化、治理好天下。因此，天地认为他有德，他的德行可以感通天地，天下百姓纷纷归附。"

善于治理国家的人，推行伦理道德的教育，可以不用刑罚而天下大治。这就像驾驭马车的人，虽然准备了马鞭，但是马鞭可以不用。

"不能御民者，弃其德法，专用刑辟，譬犹御马，弃其衔勒，而专用箠策，其不可制也必矣。""辟"是刑的意思。"箠策"是马鞭。不会治理百姓的君王，抛弃道德和礼法，专用刑罚。这就好比驾驭马时，抛弃嚼口和笼头，专用鞭子鞭打一样。这样一来，马车失控是必然的。

"夫无衔勒而用箠策，马必伤，车必败；无德法而用刑辟，民必流，国必亡。凡治国而无德法，则民无所法修；民无所法修，则迷惑失道。"驾驭马匹，若没有嚼口和笼头而专用鞭子鞭打，马必然受伤，车也必然毁坏。治理百姓，若不用道德和礼法而专用刑罚，百姓必然流失，国家必然灭亡。凡是治理国家没有道德和礼法规范，百姓没有修习的法度依据，就会迷惑而偏离正道。

古人治国，首先要统一道德教化。教化百姓是用五伦、五常、四维、八德。五种伦常大道是父子有亲、君臣有义、夫妇有别、长幼有序、朋友有信。五常是仁、义、礼、智、信。四维是礼、义、廉、耻。八德是忠、孝、仁、爱、信、义、和、平。用这些来教导百姓，百姓就知道是非荣辱，知道怎样走上正道。

"古之御天下者，以六官总治焉，六官在手以为辔，故曰：御四马者执六辔，御天下者正六官。"在《周礼》中，以天官冢宰、地官司徒、春官宗伯、夏官司马、秋官司寇、冬官司空分掌邦政，统称"六官"或者"六卿"。古代君主以"六官"来统治国家，把"六官"掌握在手，就如同握住了马缰绳。驾驭套着四匹马的车，要握好六条缰绳，治理天下要统领好"六官"。

"是故善御马者，正身以总辔，均马力，齐马心，回旋曲折，唯其所之，故可以取长道，可以趣急疾。此圣人所以御天地与人事之则也。天子以内史为左右手，以六官为辔，已而与三公执六官、均五教、齐五法，故亦唯其所引，无不如志。""三公"，古代朝廷最尊显的三种官职的合称。在周朝，"三公"是指太师、太傅、太保。"五教"，五常之教。《左传·文公十八年》记载："举八元，使布五教于四方，父义、母慈、兄友、弟恭、子孝，内平外成。""五教"是指父义、母慈、兄友、弟恭、子孝。孟子提出"五伦",五伦大道是指父子有亲、君臣有义、夫妇有别、长幼有序、朋友有信。"五法"是指仁、义、礼、智、信五种常法。善于驾驭马车的人,必须端正自身,总揽缰绳,使马均匀受力,让马齐心一致。即使道路回旋曲折,也可以随心所欲,既可以远行千里,也可以快速奔驰。这是圣人之所以能处理好天地和人事的法则。天子以内史为左右手,把六官当作缰绳,再同三公一起管理好六官,普遍推行人与人相处的五种伦常之教,落实仁义礼智信五种做人的常法。所以,只要君王想引导,没有不如愿的。

这段话是孔子用驾车来比喻治国,主张治国要"以德以法",把德法作为御民之具。这里的"法"是礼法的法,有法则、法度、规章的意思。孔子将德法与刑辟对举,提倡德主刑辅。这段话是孔子德主刑辅思想的集中体现。

德法是道德礼法,是治国之本,而正六官是治国的关键。以内史为左右手,以六官为辔,国家可以得到治理。这个比喻非常形象,告诉世人治国可以使用刑罚,但只是辅助,更重要的是兴起伦理道德的教育,推行道德教化。这样,即使不用刑罚也可以把国家治理好,达到刑具搁置不用的境界。这对于我们今天更好地理解依法治国与以德治国相结合的理念,非常有启发意义。

《群书治要·体论》有段话:"德之为政大矣,而礼次之也。夫德礼也者,其导民之具欤。"道德教化是第一位的,礼法紧随其后。道德与礼法都是引导人们的工具。"太上养化,使民日迁善,而不知其所以然,此治之上也。"古代最上等的教养化育是使百姓日益转向善良,却不知道自己为什么会转向善良,这是最好的治理。**最好的治理是正己化人、无为而治,像春雨一样润物细无声。**百姓没有感觉到受约束,没感觉到受限制，自然而然转向善良。"其次使民交让，处劳而不怨，此治之次也。"次一等的治理是使百姓互相礼让，深受劳作之苦而无怨。"其下正法，使民利赏而欢善，畏刑而不敢为非，此治之下也。"再次一等的治理是用法规来治理，百姓因利益得到保障而欢喜从善，因畏惧刑罚而不敢做非法之事。这是最末一等的治理。

历史上最高的治理境界是"不忍欺"，高出了"不敢欺""不能欺"。达到这种境界要靠伦理道德、圣贤教育。今天的中国强调"法安天下，德润人心"。要深刻地认识德润人心的作用。今天的年轻干部要刻苦钻研新时代党的理论创新成果，做到"知其言更知其义""知其然更知其所以然"。要做到这一点，就要多读经典，这样才能深刻理解其深厚的历史文化底蕴。

第十二讲　以德教民，以文化人

《孔子家语·五刑》篇主要节录孔子和弟子冉有谈论"五刑"的问题，故以"五刑"作为篇名。

【冉有问于孔子曰："先王制法，使刑不上于大夫，礼不下于庶人。然则大夫之犯罪，不可以加刑，庶人之行事，不可以治于礼乎？"孔子曰："不然。凡治君子，以礼义御其心，所以厉之以廉耻之节也。故古之大夫，其有坐不廉污秽而退放之者，则曰簠簋不饰。有坐淫乱男女无别者，则曰帷薄不修。有坐罔上不忠者，则曰臣节未著。有坐疲软不胜任者，则曰下官不职。有坐干国之纪者，则曰行事不请。此五者，大夫既自定有罪名矣，而犹不忍斥然正以呼之也。既而为之讳，所以愧耻之。是故大夫之罪，其在五刑之域者，谴发则白冠氂缨，盘水加剑，造于阙而自请罪，君不使有司执缚牵掣而加之也。其有大罪者，闻命则北面再拜，跪而自裁。君不使人捽引而刑杀之也，曰：子大夫自取之耳，吾遇子有礼矣。是以刑不上大夫，而大夫亦不失其罪者，教使然也。凡所谓礼不下庶人者，以庶人遽事而不能充礼，故不责之以备礼也。"】

冉有问于孔子曰："先王制法，使刑不上于大夫，礼不下于庶人。然则大夫之犯罪，不可以加刑，庶人之行事，不可以治于礼乎？"冉有，名求，字子有，春秋末期鲁国人，孔门七十二贤之一。以政事见称，曾任季氏的宰臣，《论语》中有记载。冉有问孔子："先王制定法令，使刑不上于大夫，礼不下于庶人。既然这样，大夫犯罪是不是可以不受刑罚，百姓做事是不是可以不遵行礼仪？"

通过冉有这一问，我们就知道，古人对"刑不上于大夫，礼不下于庶人"这句话也有疑惑。孔子早已给了很好的解答，但是，很多人没有深入经典，所以还是会有误解。

孔子曰："不然。凡治君子，以礼义御其心，所以厉之以廉耻之节也。""御"，统御。"厉"，磨也，磨砺。孔子说："并非如此。凡治理君子，要用礼义来引导，磨砺他们廉洁、知耻的节操。"

要重视以礼义道德引导君子的心志，不是仅仅用法律制裁就可以。《群书治要·孙卿子》说："法不能独立，得其人则存，失其人则亡。法者，治之端也；君子者，法之源也。"礼法制度不能独立发挥作用，还要有君子圣贤来实施。没有君子圣贤，法律名存实亡，才会出现有法不依、执法不严、违法不究的现象；没有礼法制度，人们不知道是非、善恶、美丑，会出现《墨子》所说的"一人则一义，二人则二义，十人则十义"的情况。遇到一件事，不知道到底应该按照谁的标准来评判，就会发生争执。公正、完善的礼法制度是治理的开端和依据。

"君子者，法之源也。"公正、完善的礼法制度，须具有公正美德的君子才能制定出来。如果以个人或者小集团的利益为考量，是不可能制定出公平合理的法度的。推行的时候，也须具有公正美德的君子才能推行得好。《群书治要·淮南子》说："不知礼义，不可以行法。"不知礼义的人，不能让他去推行法律。忽视了礼义道德教育，即使有了好的法制也难以推行，社会也会出问题。

第一个社会问题是老子所说的"法令滋彰，盗贼多有"。虽然法令条款设计得很完善、很具体，渗透到生活的方方面面，但是，社会并没有因此而安定，违法乱纪、钻法律空子的人依然众多。

第二个社会问题是孔子在《论语》中说的"道之以政，齐之以刑，民免而无耻"。设置各种各样的法令条款用来引导人们，犯了法就处以刑罚，结果是人们因惧怕处罚而不敢去做坏事，但是没有羞耻心，甚至有的做了坏事，还想方设法地逃避法律制裁，不以为耻，反以为荣，认为那是自己聪明智慧的表现。例如，西方社会出现的所谓反社会行为（Antisocial Behavior），有些虽然没有达到法律制裁的标准，但是因为普遍出现，所以也对社会造成了很大影响。

第三个社会问题是难以培养品德高尚的君子圣贤。《淮南子》说："虽然刑法可以把不孝的人处以死刑，但是不能培养出像孔子、墨子那样具有高尚德行的人；虽然刑罚可以惩治窃盗的人，但是培养不出像伯夷、叔齐那样具有廉洁品质的人。"孔子培养的徒弟有三千多人，在家孝敬父母，出门尊敬长辈，一言一行、一举一动都是社会大众的表率，不是因为惧怕刑罚，而是教育所成就的。"人心正则国治，人心邪则国乱。"这一点对任何一个国家都是普遍适用的。

西方国家并没有忽视道德教育。历史上，其社会治理靠的是两手抓，一手抓公平正义的制度建设，一手抓仁慈博爱的道德教育，只不过道德教育的主体是教会，他们的文化传统被称为宗教文化。但是，很多人在向西方学习的时候，忽视了西方的这一特点，误以为只要把西方的制度搬过来，现有的问题就能迎刃而解，结果出现了异体移植的弊端。某些制度在西方国家运用得很好，但是一搬过来就会变味儿、就会走样儿，就是因为忽视了不同文化的差异。中国的文化是伦理道德的教育，是伦理文化。中国特别强调学校教育要承担起立德树人的任务，家庭教育、学校教育、社会教育共同配合才能把人教好，学校教育是道德教育的重要环节。我国领导人强调，要办好思政课，思政课要承担起立德树人的任务。从历史上来看，学校通过礼乐教化，可以把人培养成文质彬彬的君子。

《群书治要·汉书》记载："古之王者，莫不以教化为大务。"古代的圣王没有不把教化人心作为首要任务的。古代圣王是怎么做的？"立太学以教于国，设庠序以化于邑。"在国家设立太学，在乡镇设立庠序，庠序是乡间学校。这些学校"渐民以仁，摩民以义，节民以礼"。这是伦理道德的教育，教导人们孝悌忠信礼义廉耻，目的是立德树人。教导的结果是"故其刑罚甚轻，而禁不犯者，教化行而习俗美也"。刑罚很轻，但是没有人作奸犯科；因为教化盛行，所以社会风气淳厚善良。这说明如果把立德树人的教育做好，国家的治理就会得心应手。

《汉书》记载了古代对太子的教育："昔者成王，幼在襁褓之中，召公为太保，周公为太傅，太公为太师。"周成王很小的时候就有了三位老师。一个是太保，"保，保其身体"，就是让他身心健康。一个是太傅，"傅，傅之德义"，是给他伦理道德的教育，让他成为有德的人。一个是太师，"师，道之教训"，给他一些修身、齐家、治国、平天下的教导。实际上，学校有三个重要职责：一是让学生身心健康，二是对学生进行伦理道德的教育，三是教授学生知识和技能。

现在的学校在"保其身体，傅之德义"这两方面还有欠缺。特别是思政课，长期以来一直处于"说起来重要，做起来次要，忙起来不必要"的状态。这是我国领导人主持召开学校思政课教师理论座谈会，把思政课作为一件重要的事情来抓的原因。实际上，这是要求老师们从治国的高度来认识思政课的重要性，办好思政课关系到国家的长治久安。办好思政课，必须从中华优秀传统文化当中汲取经验、内容和方法。

《周礼》详细记载了应该怎样教育各级官员，其中，最重要的是起到净化人心、防微杜渐、导人向善、促进社会稳定的伦理道德教育。古人说，良好的礼义道德教育可以起到"绝恶于未萌，起敬于微眇"的作用，可以"禁于将然之前"，防患于未然，在事情没有发生的时候予以警醒，在恶没有萌芽的时候予以消除，让人不敢作恶，不能作恶，也不想作恶，不愿意作恶，耻于作恶。

关于礼义道德可以防患于未然的效果，《群书治要·尸子》做了一个比喻。家里着火，有人帮你把火扑灭，你一定会感谢这个人。但是，之前那些上了年纪、有经验的人很早就提醒你，要把烟囱做得弯曲一点儿，把柴火从灶台旁挪开。你听了觉得很烦，不当回事。实际上如果你当时听进去了，根本不会有失火之患。同样的道理，一个人被关进监狱，有人把他救出来，全家族的人都会感谢这个人。因为他出来之后，可以孝敬父母、教育儿子、照顾妻子。但是，那些教导你仁义慈悌道理的，告诉你"仁者爱人""君子爱财，取之有道"的，你却不当回事。实际上如果你当时听进去了，根本不会有牢狱之灾。这是伦理道德教育如此重要的原因，可以防患于未然，也是古人对身体力行伦理道德教育的人特别尊重的原因所在。

"故古之大夫，其有坐不廉污秽而退放之者，则曰簠簋不饰。""坐"，定罪，因什么而犯罪。"饰"，整齐。"簠簋（fǔguǐ）"，古代的祭器、食器。"不饰"，不整齐。大夫如果被定罪为贪污受贿，不会直接说犯了贪污受贿罪，而是为了避讳，称之为"簠簋不饰"，祭器摆放不整齐。这是为了保持人的羞耻之心，也是尊贤的一种体现。

"有坐淫乱男女无别者，则曰帷薄不修。""帷薄"，帷幔和帘子，用以障隔内外。"修"，整饬的意思。有犯淫乱、男女不别之罪的，称之为"帷薄不修"，帐幔和帘子不整饬。这是为了给人保留面子，保持他的羞耻心。

"有坐罔上不忠者，则曰臣节未著。""罔上"，欺骗君上。古人说"欺君罔上"，"欺君"和"罔上"是一个意思。"著"，明的意思。有犯欺骗君主、不忠诚之罪的，叫"臣节未著"，臣子的节操没有彰明。

"有坐疲软不胜任者，则曰下官不职。""疲软"，软弱无能，拖沓涣散。有犯软弱无能、不称职之罪的，叫"下官不职"。不直接斥责本人，而是指责他的下属不务正业、不称职。

"有坐干国之纪者，则曰行事不请。""干"，犯的意思。因违犯国家纲纪而定罪的，叫"行事不请"。做事不向上请示，擅自行动。

"此五者，大夫既自定有罪名矣，而犹不忍斥然正以呼之也。既而为之讳，所以愧耻之。""斥然"，公然斥责的样子。"讳"，隐讳，避讳。这五种情况，对大夫已经定有罪名，却不忍心公然斥责，不直接说他犯了什么罪，还为他避讳，是为了使他们感到羞愧和耻辱。

做错了事，领导不予指责，自己要知耻。孟子说："耻之于人大矣。"羞耻心对人太重要了。之所以重要，是因为"以其得之则圣贤，失之则禽兽耳"。有了羞耻心，能改过迁善，成圣成贤。没有羞耻心，把耻给忘了，做什么事都无所谓，就堕落得离禽兽不远了。

古人云："愧之，则小人可使为君子。"把惭愧心提起，即使是小人，也能提升为君子。相反，"激之，则君子可使为小人"。一味地激他，本来是君子，也会破罐子破摔，觉得既然已经这样，大家已经知道我的丑行，那我就这样吧。本来是君子，也变成小人了。所以，要懂得用"愧之"的方法提起一个人的惭愧心、羞耻心，让他从内心感受到自己的过错，而不是一味地用法律来制裁。

"是故大夫之罪，其在五刑之域者，谴发则白冠氂缨，盘水加剑，造于阙而自请罪，君不使有司执缚牵掣而加之也。""五刑"，根据《尚书·吕刑》记载，是指墨、劓（yì）、剕（fèi）、宫、大辟这五种最重的刑罚。墨，根据郑玄注解："黥也，先刻其面，以墨窒之。"在脸上刺字或者做记号，并涂上墨。劓，割鼻。剕，断足，有的地方叫刖。宫，犯了淫行的人，一般处以宫刑，当然也不只是淫行。"妇人幽闭，男子割势，次死之刑。"比死刑稍轻一点儿的是宫刑。女子是幽闭，男子是阉割。大辟，死刑。辟，法。犯了大法叫大辟，就是死刑。

"谴"，责也。"发"，根据《释名》的解释：拨也。发是"拨使开也"，是罪行被拨开了。"白冠氂（máo）缨"，"白冠"，丧服。氂缨，戴上用兽毛做帽带的白色帽子，自请罪谴。"盘水加剑"，将盘子盛水，上面放一把剑，表示如果有罪，愿受公正的制裁，自刎而死。"阙"，根据《韵会》的注解："宫门、寝门、冢门皆曰阙。"《古今注》："阙，观也。古每门树两观于其前，所以标表宫门也。其上可居，登之则可远观，故谓之观。人臣将至此，则思其所阙，故谓之阙。"古代在门前建两个观台，表示宫门。上面可以居住，登上观台可以远观。臣子到这里反思自己所缺之处，因此又称为"阙"。"牵掣"，牵缠受制，行动不能自由。

大夫所犯的罪行如果在五刑范围内，一旦被问罪，会主动戴上用兽毛做帽带的白色帽子，端着盛水的盘子，上面放一把剑，前往宫门自行请罪。君王不派有关司法人员前去捉拿、捆绑、牵制，是对大夫的尊重。古人尊贤体现在各个方面，这是其中的一个方面。

"其有大罪者，闻命则北面再拜，跪而自裁。君不使人抙引而刑杀之也，曰：子大夫自取之耳，吾遇子有礼矣。""抙（zuó）"，《说文解字》解释为"持头发也"，揪着头发。"引"，拉的意思。犯有大罪的，接到君王的命令后向北方拜两拜，然后跪地自杀。君王不派人揪着他的头发，拉扯他的身体，把他处以死刑，只是说："这是大夫您咎由自取，我对您也算是有礼了。"

"是以刑不上大夫，而大夫亦不失其罪者，教使然也。"虽然对大夫不施行刑罚，大夫也逃脱不了应有的罪罚，这是教化的结果。

"凡所谓礼不下庶人者，以庶人遽事而不能充礼，故不责之以备礼也。""遽"，急忙、仓促的意思。"充"，行也，满也，可以解释为充分地遵行。所谓"礼不下庶人"，是因为百姓忙于生计，所以不能要求他们完全按礼仪行事。

"刑不上大夫"，实际上是古人更重视"御其心"，通过良好的礼义道德的教化，使士大夫明于"廉耻之节"，具有很强的廉耻之心。

尊贤体现在很多方面，如给贤者优厚的待遇、俸禄、爵位等。除此之外，当罪行败露，也不去捆绑、捉拿、押解。如果揪着他的头发、拉扯着他的身体走过大街，路上有很多围观的人，对于一个卿大夫来说，他是受不了的。为了保全他的面子，不去这样做，这是尊贤的一种体现。他们会自行请罪，或者因惭愧而自裁。虽然"刑不上大夫"，但大夫"不失其罪"，并没有逃脱法律的制裁。中国古人的尊贤是通过礼来实现的。唯有尊敬贤者才能吸引德才兼备的精英。"贤者在位，能者在职"，国家才会治理好。

"礼不下庶人"，不要求庶人完全遵守礼仪，这是体谅庶人的一种宽厚的做法。

"刑不上大夫，礼不下庶人"，不是"大夫之犯罪，不可以加刑，庶人之行事，不可以治于礼"。人们误解了这句话，认为这就是落后的传统文化，因而对其进行批判。

类似的情形有很多，比如"人不为己，天诛地灭"。很多人拿着这句话为自私自利找借口。实际上，什么是"人不为己"？"古之学者为己，今之学者为人"，这句话出自《论语》。孔子说：古代的学者求学是为了提升自己的道德学问，提升自己的境界，被称为"为己之学"。现在的人求学是为了给别人看，让别人称赞自己有道德、有学问，是用来炫耀的，被称为"为人之学"。"人不为己，天诛地灭"的意思是：一个人不注重提升自己的道德学问和修养境界就会天诛地灭，因为不提升就会堕落，以至于不配做人。

　　比如"明哲保身"，很多人也误解了，认为是一个人为了保全自己的官位，该说时不说，该犯颜直谏的时候不敢犯颜直谏。"既明且哲，以保其身"，实际上是一个人在明白了天道自然的基础上，谦虚守下，保全自身。"顺天者昌，逆天者亡""得道者多助，失道者寡助"，这叫明哲保身。

　　比如"七不出门，八不归家"。实际上，"七不出门"是讲男主外，丈夫要去赚钱养家糊口，创造经济收入，在出门之前，要准备好柴米油盐酱醋茶七种东西。"八不归家"是讲出门在外做了违背孝悌忠信礼义廉耻这八德之事，不好意思回来。这是约束自己，不要做不符合道德礼义的事。

　　最典型的一句是"女子无才便是德"。很多人说，女子干吗要那么高的学历？女子没有"才"是德。实际上，历史上很多女子是非常有才的，"才"是德。怎么理解这句话？《易经》六十四卦中，唯有谦卦六爻皆吉，其卦象是"地山谦"。高山本来在平地之上，但是在谦卦中，高山居于平地之下。要效法这种德行，虽然才华横溢，功劳很大，但是不居功自傲，谦卑低调。像曾国藩一生"推功于上，让利于下"，把事情做好，功劳推给皇帝；有了利益，不独贪独占，分给属下。这样，无论是上级还是下级，都会支持他。所以，"女子无才便是德"的"无"是动词。女子很有才，但是不自以为有才，仍然谦虚守下。这是"女子无才便是德"的真正意思。

还有"人定胜天"，很多人将其理解为人一定能战胜自然，实际上，地震一来，人怎么战胜自然？大地稍微动一下，人就受不了。"定"是什么意思？《大学》说："知止而后有定，定而后能静，静而后能安，安而后能虑，虑而后能得。物有本末，事有终始，知所先后，则近道矣。""定"是心定下来的定，因戒得定，因定开慧。人定下来，才能超越天命，是这个意思。

中国人即使骂人也骂得很文雅。比如"王八蛋"，中国古人不会这么骂人，实际上是"忘八端"。孝悌忠信礼义廉耻被称为"八端"，把这"八端"给忘了，叫"忘八端"。

很多人批判传统文化，就是基于这样的误解。对传统文化没有深入，戴着有色眼镜，带着先入为主的观念去看待经典，把圣人的意思误解了。所以，批判圣贤要小心谨慎，首先问问自己：真正理解圣贤所说的话了吗？圣贤站在二十层，我们只是站在二层，理解不了圣贤的意思，还要把圣贤拉到二层，说圣贤认识的就是我们认识的境界，这是诬枉圣贤。对传统文化生起信心，前提是要深入经典，让传统文化回归其本来面目。

《孔子家语·刑政》篇是孔子与弟子仲弓谈论刑罚与政教的问题，故以"刑政"作为篇名。

【仲弓问于孔子曰："雍闻至刑无所用政，至政无所用刑。至刑无所用政，桀纣之世是也；至政无所用刑，成康之世是也。信乎？"孔子曰："圣人之治化也，必刑政相参焉。太上以德教民，而以礼齐之；其次以政导民，以刑禁之。化之弗变，导之弗从，伤义败俗，于是乎用刑矣。"】

仲弓问于孔子曰："雍闻至刑无所用政，至政无所用刑。至刑无所用政，桀纣之世是也；至政无所用刑，成康之世是也。信乎？"仲弓，姓冉，名雍，字仲弓，鲁国人，孔子的弟子，以德行著称。仲弓向孔子问道："我听说刑罚用到极处，无法施行政教；政教用到极处，不需要刑罚。如前者，夏桀、商纣的时代就是这样；如后者，成王、康王的时代就是这样。真是这样吗？"西周初期，周成王和周康王统治时期出现的盛世，史称"成康之治"。"成康之际，天下安宁，刑措四十余年不用。"天下治理得非常安定，刑具搁置四十年不用，监狱没有犯人。

孔子曰："圣人之治化也，必刑政相参焉。太上以德教民，而以礼齐之；其次以政导民，以刑禁之。化之弗变，导之弗从，伤义败俗，于是乎用刑矣。""太上"，最上等，最好。孔子说："圣人治理教化民众，必定是把刑罚和政教相互配合使用。最好的办法是用道德教化民众，并用礼法加以约束；其次是用政令引导民众，并用刑罚加以禁止。如果教化之后还不能改变，引导之后还不听从，以至于伤害道义、败坏风俗，在这种情况下才动用刑罚。"

孔子说："不教而杀谓之虐。"没有进行伦理道德的教育，百姓触犯了刑法就处以刑罚，这叫虐政。

现在有些人故意扰乱社会治安，他们没有受到良好的教育，必定如此。学历不等同于教育，有的人是学士、硕士、博士，却没有受到良好的教育。《礼记·学记》说："教也者，长善而救其失者也。""教"

的目的是使人的善良不断增长，使人的过失得以挽救，做人的教育才是基础与核心。"育"，《说文解字》解释："养子使作善也。"仅仅把孩子养大，不叫"育"。必须顺着孩子善良的方面发展，才叫"育"。现在很多大学毕业生，做人的教育、品格的教育很缺乏。不知道孝亲尊师、团结同学；做人不诚实、不守信用；做事不认真负责，急功近利，敷衍塞责，应付了事，缺少诚敬之心。这都是没有受过良好教育的结果。

《弟子规》讲："父母呼，应勿缓；父母命，行勿懒。父母教，须敬听；父母责，须顺承。"现在的孩子，叫他的名字，怎么反应？很多是听如未听，闻如未闻，做着他的事，好像根本没有听到一样。如果有一个孩子，无论他在做什么事，听到父母叫他，马上放下手里的事，跑到父母面前，恭恭敬敬地问有什么事，大家可能觉得很奇怪。因为一般的孩子，父母叫他都是爱搭不理，顶多漫不经心地回答一句："干吗？没看我忙着呢！"孩子很听话，很有礼貌，反而觉得他不正常，这叫"积非成是"。上行下效，自己对父母爱搭不理、漫不经心，结果孩子对自己也是同样的态度。现在的孩子之所以教成了"小公主""小皇帝"，以自我为中心，就是因为父母不懂得什么是"教"。

《说文解字》把"教"解释为"上所施，下所效也"。父母、老师、领导怎么做，孩子、学生、属下就跟着效仿，这才是良好有效的道德教育。为什么有些孩子特别喜欢说谎？母亲接了一个电话，找她丈夫出去应酬喝酒，她不愿意丈夫出去，就说丈夫出去干什么去了，其实丈夫就坐在茶几边喝茶。这一幕恰巧被孩子看到了，孩子也不懂那么多，他以为做人是可以说谎的，说谎是可以给自己带来很多便利的。这样，孩子自然学会了不诚实、不讲信用。所以，希望儿女怎么做，自己要首先做到，这才叫"教。"

《三字经》说："养不教，父之过；教不严，师之惰。"人之所以做错事、做坏事，是因为没有人教，所受的教育是错误的。古代的君王是怎么做、怎么教的？禹王在路上看到犯罪的人，就走下车，哭得非常伤心。旁边的人说："他们都是罪人，是自作自受，您为什么哭得如此伤心？"禹王说："尧舜的时候没有罪人，为什么现在就有罪人了？尧舜的时候，天下人都以尧舜之心为心，为什么现在人们的私心起来了？"禹王觉得是自己没有尧舜做得好。行有不得，反求诸己，上行而下效，整个社会都是遇到问题就反省自己，结果是"各自责，天清地宁"。开明的君王无不把伦理道德的教育作为最重要的事情来抓，起到君、亲、师的作用，他们是"太上以德教民，而以礼齐之"。"以德教民"是自己先做到，像春风化雨一样，教民于无形之中。

【仲弓曰："古之听讼，可得闻乎？"孔子曰："凡听五刑之讼，必原父子之亲、立君臣之义以权之，意论轻重之序、慎测浅深之量以别之，悉其聪明、致其忠爱以尽之。大司寇正刑明辟以察狱，狱必三讯焉。有指无简则不听。附从轻，赦从重。疑狱则泛与众共之，众疑，赦之。故爵人必于朝，与众共之也；刑人必于市，与众弃之也。古者公家不畜刑人，大夫不养也；士遇之涂，弗与之言也；屏诸四方，唯其所之，弗及以政，弗欲生之也。"】

仲弓曰："古之听讼，可得闻乎？""听讼"，审理诉讼案件。古人对于诉讼的审理、用刑非常慎重，所以用了"听"字。古人每个字的用法都非常讲究，什么叫"听"？《释名》解释："听，静也。静，然后所闻审也。""听"，首先要静下来，听什么才听得真切。如果一会儿打个电话，一会儿做个饭，一会儿招待个客人，课听得一定不好，不能入脑入心。摒弃一切外缘，甚至把电话线都拔掉，坐在那里恭恭敬敬、认认真真地听上两个小时，会受益颇多。听讼的时候必须静下心来，然后才能做到闻听审慎，做出明智的判断。

《周礼·秋官》记载了"五听"审狱法，即辞听、色听、气听、耳听、目听。通过五种方法来听讼断狱，获得实情。一是辞听。"言不在理，则辞多而寡要。"言辞很多，说不到理上或者言不由衷、闪烁其词、前后矛盾，说明脑子不清楚。二是色听。通过神色来判断。面带惭色，则内心有愧。三是声听。如果心中不安，则喘气急促。四是耳听。如果理屈，则听不清提问。五是目听。内心慌乱，则眼神游移不定。孟子说，观察人最好的方法是看他的眼睛。如果嫌疑人对答流利，面不改色，心气平和，耳聪目明，举止稳重，他所说的可能是实情。总之，要用心留神，避免冤案。作为法官，断案的时候不能左一个电话右一个电话，刚刚应酬完，想到晚上又要去应酬，这样就断不好案。

仲弓说："古代听理诉讼案件的情况，请老师讲一讲。"

孔子曰："凡听五刑之讼，必原父子之亲、立君臣之义以权之，意论轻重之序、慎测浅深之量以别之，悉其聪明、致其忠爱以尽之。""原"是宽恕、原谅。"权"是权衡。孔子说："凡是听理应判处墨、劓、剕、宫、大辟五种刑罚的诉讼案子，一定要从体谅父子亲情、树立君臣大义的角度认真权衡；要考虑犯罪情节的轻重，审慎分析犯罪动机而加以区别对待；竭尽全力发挥自己的聪明才智，体现忠诚仁爱，尽可能判明案情。"

断案量刑，要考虑是否有利于促进父子之间的亲情，以及领导与被领导者之间的忠义。比如《唐律疏议》设置"存留养亲"的制度，当被判徒刑或者流放的罪犯，家中有年迈的老人，或者病重的患者无人照料，可以适当缓刑，等他尽到伦理责任再予处罚。

《群书治要·蜀志》记载了诸葛亮断案。"服罪输情者，虽重必释；游辞巧饰者，虽轻必戮。"认罪悔改的，即使罪行严重，也必定从宽开释；巧言掩饰的，即使罪行轻微，也必定从严判处。执行刑罚关键是治人心，而不仅仅是治人的行为。如果这个人有悔改之心，确实是发自内心地痛改前非，要给他机会，从轻处罚；如果这个人拒不悔改，还想方设法地巧言掩饰自己的过失，要从重处罚。这样才能引导人们从心上认识到自己所犯的罪过，从心上悔改。这是强调断案和治国一样，最重要的是引导人的心志，培养人的廉耻之心，让人从心底不愿意触犯礼法。

即使用刑，也要有一颗治病救人的仁爱之心，不能以惩罚为目的。像孔子的弟子季羔，即使判了人刖足之刑，被判刑的人仍然对他心怀感恩。因为他有一种君子风范，判他人刑是万不得已，有一颗仁慈恻隐之心。《礼记》说："礼乐刑政，其极一也，所以同民心而出治道也。"虽然是用刑，但它和礼乐政教的道理是一样的、目的是一样的，是为了治理百姓、凝聚民心、国泰民安。

"大司寇正刑明辟以察狱，狱必三讯焉。""三讯"，根据《周礼·秋官》记载，断狱时，特别是判处死刑等五种最重刑罚时，必须询问三方面的人：一曰讯群臣，征询群臣的意见；二曰讯群吏，征询群吏的意见；三曰讯万民，征询民众的意见。要通过三轮会审，三审都没有异议才最终判决。大司寇负责正定刑律、明辨罪行，审理时必须询问三方面的人，依靠群体的智慧找出案件的疑点，避免因执法官个人的主观因素而左右判罚的结果，避免冤假错案的发生。

"有指无简则不听。""指"，意向，犯罪动机。"简"，夹注说："诚也。""简"，核实，符合事实。有犯罪动机，但是没有犯罪事实，不应判罪。

"附从轻，赦从重。""附从轻"，依据刑法量刑，可轻可重的从轻。"赦从重"，赦免的时候，可轻可重的从重。量刑时标准从轻，能轻判尽量轻判；赦免时标准从重，能赦免的尽量赦免。

"疑狱则泛与众共之，众疑，赦之。"有疑点的案子要广泛地与众人商量，众人都认为有疑点的就赦免。

"故爵人必于朝，与众共之也；刑人必于市，与众弃之也。"给人加官晋爵一定要在朝堂进行，与众人共同见证。处决犯人的时候一定是在街市上当众执行，与众人共同唾弃。这是起到激励和警示的作用，鼓励人们弃恶从善。

"古者公家不畜刑人，大夫不养也；士遇之涂，弗与之言也；屏诸四方，唯其所之，弗及以政，弗欲生之也。""刑人"，受过刑罚的人。"屏"，放逐。"之"，到、至的意思。古时候，诸侯国不收容判过刑的人，大夫也不供养。读书人在路上遇到，不与他交谈。放逐四方边远之地，随便到哪里，都不让他参与政事，这是不想让这样的人活在世上。

古人断案，特别是断要判五刑的案件非常谨慎，确实做到了明德慎罚，有效防止了冤假错案的发生。对于屡教不改、顽固不化的犯人，剥夺其政治权利。这样做是本着一颗仁义之心，是为了让民众知道犯罪的严重后果，不敢去触犯刑法，目的是"欲民犯之者寡，而畏之者众"，想让民众犯罪的人少，而畏惧刑罚的人多。

【仲弓曰："听狱，狱之成，成何官？"孔子曰："狱成于吏，吏以狱之成告于正；正既听之，乃告于大司寇；大司寇听之，乃

奏于王。王命三公卿士参听棘木之下，然后乃以狱之成报于王。王以三宥之法听之。而后制刑焉，所以重之也。"】

仲弓曰："听狱，狱之成，成何官？"孔子曰："狱成于吏，吏以狱之成告于正；正既听之，乃告于大司寇；大司寇听之，乃奏于王。"仲弓问："审理案件时，由什么官员负责判决定案？"孔子说："案子由狱吏审理，狱吏将判决结果报告给狱官长；狱官长审核之后，报告给大司寇；大司寇审核之后，上报君王。君王令三公、卿士在树有棘木的外朝共同会审，然后把裁决的结果再报告给君王。"古人其实非常讲究程序正义。

"王命三公卿士参听棘木之下，然后乃以狱之成报于王。""三公"，周朝是指太师、太傅、太保。"棘木之下"，古代听讼的地方。夹注说："外朝之法，左九棘，孤卿大夫位焉；右九棘，公侯伯子男位焉；面三槐，三公位焉。""外朝"，周制天子、诸侯处理朝政的地方，相对于内朝而言。

"九棘"，古代群臣外朝的位置，树九棵棘木作为标识，以区分等级职位。为什么要树棘木？郑玄注："树棘以为立者，取其赤心而外刺，象以赤心三刺也。"棘木有一个特点，它的心是赤色的，外边有很多刺。"赤心三刺"，"三"有多的意思。多刺是犯颜直谏的意思。"三刺"在这里专指"三讯"。"一曰讯群臣，二曰讯群吏，三曰讯万民。""三讯"也称为"三刺"。

"三槐"，周朝宫廷外种有三棵槐树，"三公"朝天子时面向三槐而立，因此，后来用"三槐"比喻"三公"。外朝左面是孤卿、卿、大夫，右面是公、侯、伯、子、男，正对着三棵槐树的是"三公"。站在哪儿都有固定的位置，还有固定的标识。

"王以三宥之法听之。" "三宥"，古代对犯人可以从轻处理的三种情况。根据《周礼·秋官》记载，三宥指的是，一宥曰不识，再宥曰过失，三宥曰遗忘。根据郑司农注解："不识"是"愚民无所识也"，愚昧无知之人不识法令；"过失"是无心而误杀；"遗忘"，郑玄注："若间帷薄，忘有在焉，而以兵矢投射之。"就像中间隔着一道帷帘，里边实际上有人在，但是忘了，而以兵矢投射，结果误伤了人。这三者都不是出于本意。"故宽宥其罪"，"宥"是减轻。

　　三宥之法是对过失犯罪进行减刑。一是宽宥因愚昧无知而杀人者，二是宽宥无心而误杀者，三是宽宥忘了某处有人而误杀者。君王存宽恕之心，罪行虽已确定，仍可以根据三种情况从轻发落；实在没有理由从轻，才最终定刑。

　　从这里可以看到，古代也是通过种种程序保证刑罚的审慎公平。除了三宥之法，还有"三赦"。《周礼·秋官》记载："一赦曰幼弱，再赦曰老旄（mào），三赦曰蠢愚。"《礼记·曲礼》对"幼弱"和"老旄"都做了解释："人生十年曰幼，学。二十曰弱，冠。……七十曰老，而传；八十、九十曰耄。"这是对幼弱者、老者进行赦免。幼弱者的心理和生理没有发育成熟，老者是精神衰退、反应迟钝、老朽昏惑，感官功能也降低。"蠢愚"是指智力低下的人，以及精神病人。

　　三赦，一是赦免年龄幼小而杀人者，二是赦免年老而杀人者，三是赦免痴呆而杀人者。三赦之法实际上已经涉及年龄与犯罪、精神病与犯罪的问题。用三讯、三宥、三赦之法，求得人犯罪的实情，判定罪行的轻重。这说明中国古人很早就有了明德慎罚的思想。

　　再比如，中国历史上还长期实行死刑复核制度，也就是各地判处死刑的案件，都要上奏君王进行复核。隋朝规定，在死刑判决后、死刑执行前、死刑执行当日复核三次，被称为"三复奏"。到了唐朝，更是将"三复奏"革沿为"五复奏"，又有改革，又有继承。京城内的死刑案件要复奏五次。从 2007 年 1 月 1 日起，我国各级法院和军事法院裁决的死刑案件都要由最高法院核准，这体现了当代中国对慎法思想的继承和发扬。

"**而后制刑焉，所以重之也。**"最后才根据审判结果来确定刑罚，慎重行事。为什么如此慎重？古人强调，要按照自然规律、按照天道来治国。古人认为，天地间万事万物都有它运行的法则，按照这个法则去做才能获得吉祥，否则会招致凶殃，"顺天者昌，逆天者亡"。

古人认识的道以及宇宙人生的真相是世界万物都是一体的关系。既然是一体的关系，就应该秉持仁慈之心，像同一个身体，牙齿不小心咬了舌头，舌头不会不依不饶。既然都是一体的，伤害别人就是伤害自己，帮助别人就是帮助自己。有了一体的观念，就没有了对立、矛盾和冲突。

通过对宇宙万事万物规律的观察，古人发现上天有好生之德，天地生养万物是好生而恶杀。喜好生养，厌恶杀戮，这是宇宙万物运行的法则。《周易》说："天地之大德曰生。"《老子》说："天之道，利而不害。"

顺应天道自然的规律，治理国家会重视道德教育，综合运用礼乐刑政的手段把人教成好人、教成善人，因明了伦理道德因果的道理而不去触犯刑法。即使不得已使用刑罚，也不以惩罚为最终目的，而是有一颗仁心在其中。孔子说："听讼，吾犹人也，必也使无讼乎？"孔子在审判案件的时候和别的法官没有什么不同，都是根据案子的实情给予公正的判处。不同之处在于，他一定让诉讼不再发生。做到这一点，就要兴起伦理道德的教育。《尚书》讲："刑期于无刑。"为什么要用刑？目的是不使用刑罚。像"成康之治"，"刑措不用"，刑具搁置不用。司法人员有一份仁心在，是顺应天道。

慎罚是顺治人情。之所以这么说，是因为万物贪生而畏死，包括人类在内，这是与生俱来的本能。《尚书》讲："好生之德，洽于民心。"喜好生养、爱惜生命的品德才符合民众的心意。《傅子》讲："民之所好莫甚于生，所恶莫甚于死。"《管子》讲："民之情莫不欲生而恶死，莫不欲利而恶害。"讲的都是人情。对于大部分人来说，生命权是最根本的权利，身体是最重要的所属，人情本来就是如此。

刑罚是剥夺人的性命，戕残肢体。正如《群书治要·政要论》所讲的："人命至重，壹死不生，一断不属。"刑罚所带来的伤害永远不可挽回。所以，"古今帝王，莫不详慎之也"。受刑是一般人情所不愿，冤狱冤案更是人情所不忍，所以才设立一系列司法制度来保证慎罚的落实。

【仲弓曰："古之禁何禁？"孔子曰："析言破律，乱名改作，执左道以乱政者，杀。作淫声，造异服，设奇伎奇器以荡上心者，杀。行伪而坚，言伪而辨，学非而博，顺非而泽，以惑众者，杀。假于鬼神、时日、卜筮以疑民者，杀。此四诛者，不待时不以听。"】

仲弓曰："古之禁何禁？"仲弓问道："古代的禁令严禁什么？"

孔子曰："析言破律，乱名改作，执左道以乱政者，杀。"孔子说："千方百计地钻法律的空子，巧言曲解法律、篡改规定、巧立名目、以邪门歪道扰乱政令的人，杀。"这属于明知故犯，聪明没有用在正道上。

"作淫声，造异服，设奇伎奇器以荡上心者，杀。""作淫声"，古人用词非常准确，之所以不说作淫乐，是因为声、音、乐是不同的。"作淫声"的准确翻译是邪淫的音声，不能说邪淫的音乐。《周礼·春官·大司乐》记载："凡建国，禁其淫声、过声、凶声、慢声。"泛指惑乱人心之声。《礼记·乐记》记载，声与音、乐是不同的。禽兽知声而不知音，庶人知音而不知乐，只有君子以上境界的人才懂得乐。

　　魏文侯问子夏，音和乐有什么不同？子夏告诉他："德音之谓乐。"郑国的音声使人心志淫邪放荡，男女滥相偷窃，毫无节制；宋国的音声过于安逸，使人心志沉溺；卫国的音声急促快速，使人心志烦劳；齐国的音声狂傲邪僻，使人心志骄逸。这四种音是"淫于色而害于德"，都是使人过分沉湎、放纵情欲，有害于培养美德，不能称为乐。只有有助于提高德行的、心平气和的才叫乐。祭祀的时候，也不能用这些靡靡之音，因其败坏中正之德。不能说靡靡之乐，因为靡靡的不叫乐，德音叫乐。以道为主导的音乐，有益于人心性的提升；以满足感官刺激为目标的音声，会导向社会混乱。

　　《乐记》说："君子乐得其道，小人乐得其欲。以道制欲，则乐而不乱；以欲忘道，则惑而不乐。"

　　音和乐是有所不同的。低层次的音悖逆天道中庸的原则，对人性的宣泄毫无节制，会引导人走向颓废，甚至暴戾的极端，最终毁灭人性，被称为亡国之音。高层次的乐是天道的体现，使人在享受音乐的同时，感受到道德的熏陶，涵养心性，是入德之门。只有符合道的音才称为乐。

　　"奇伎奇器"，"奇伎"，怪异的技巧；"奇器"，奇巧怪异的器物。这些东西会眩惑人心。"荡上心者"，"荡"，动摇。

这句话是说，创作淫乱的音声，制造奇装异服，设计奇巧怪异、眩惑人心的技巧和器物，动摇君主心志的人，杀。

"行伪而坚，言伪而辨，学非而博，顺非而泽，以惑众者，杀。"行为欺诈虚伪却坚持不改，言辞虚伪却善于狡辩，邪门歪道却知识广博，做的是违理之事却能润色伪饰，以此迷惑民众的人，杀。

"假于鬼神、时日、卜筮以疑民者，杀。""假"，借用、利用的意思。"卜筮"，古代预测吉凶，用龟甲称卜，用蓍草称筮。利用鬼神、时日、卜筮来惑乱民众的人，杀。

中国传统所说的"鬼神"，特别是"神"，和西方文化中的"神"含义是不同的。在中国古代，在世时对国家、民族有贡献的人，或者某种德行值得被效法的人，去世之后被尊为"神"，并且建庙加以纪念。庙，相当于现在的纪念堂、纪念馆、纪念碑，如赵云庙、岳王庙、药王庙、关公庙，还有武侯庙、武侯祠等。庙宇建立起来是纪念先人的功绩，教育后人学习他们可贵的品质和精神。

"时日"，如同今天的纪念日，是为弘扬某种精神、某种道德风尚，例如，五一国际劳动节提倡热爱劳动，是同样的意思。包括卜筮，像《周易》是教导人顺道而行，重视道德仁义，才能趋吉避凶。但是，有的人假借这些谋取私利、惑乱人心，这是为国法所不容的。

"此四诛者，不待时不以听。"对于这四种人的处决，不必等待规定的时间，不必按照上述的审判程序。夹注说："不听于棘木之下也。"不必在棘木之下再加审理，因为古人认识到各种社会问题是在人心的引导下产生的。

怎样改变人心才是一个大问题。改变人心要靠文化教育，以文化人，通过学习经典让人明理，理得心安。比如树立了"与天地万物为一体"的观念，就不会去伤害别人，因为伤害别人就是伤害自己；懂得孝道教育，"老吾老以及人之老，幼吾幼以及人之幼"，就能做到爱人如己、视民如伤，就会推行仁政，爱好和平；学了《弟子规》，知道"德有伤，贻亲羞"，就不会贪污受贿，因为怕父母家人蒙羞。这是通过学习经典变化人的气质。

改变人心还要靠礼乐熏陶。礼规范人的行为，"起敬于微眇"。"或饮食，或坐走，长者先，幼者后""揖深圆，拜恭敬"，通过这些动作，这些微小的设计让自己生起恭敬之心，防患于未然。"贫而乐，富而好礼"，这是礼乐教育变化人的气质、变化人的心，让人心气和平。心是顺的，心没有贪欲，不会做出种种不良行为。文化教育、礼乐教育特别重要，可以让人"欲而不贪"。

孔子的政治思想是礼主刑辅，礼义道德教化是政治的根本，刑罚只是辅助，二者统一起来叫"宽猛相济"。德政体现在以伦理道德教化民众，防患于未然；刑罚强调必须依据事实，依据情节轻重、罪行浅深来量刑，在审理的过程中，必须保持慎重的态度。同时指出，犯了哪四种大罪的则杀无赦。这说明古人已经意识到，以外道邪说蛊惑人心，比普通的刑事犯罪对社会的危害更大。

《孔子家语·问玉》篇主要是论述礼治的问题。因记载子贡向孔子问玉之事，故以"问玉"作为篇名。

古人很看重玉，君子佩戴玉，不是炫富，很多礼器和用具也都用玉来制作。玉的质地温和又纯净，圣人的教化也是如此，温和，且把人导向纯净纯善。

下面这段话是子张向孔子请教圣人的教化，孔子答以"礼乐"，可见礼乐教化对于政治的重要意义。

【子张问圣人之所以教。孔子曰："师乎,吾语汝。圣人明于礼乐,举而措之而已。"】

子张问圣人之所以教。子张,复姓颛孙,名师,字子张,春秋末期陈国人。子张向孔子请教君王如何实施教化。

孔子曰："师乎,吾语汝。圣人明于礼乐,举而措之而已。"孔子说:"师啊,我告诉你,圣人通晓礼乐,并将其弘扬推行罢了。"

《礼记》说:"君子曰:礼乐不可斯须去身。致乐以治心,致礼以治躬。心中斯须不和不乐,而鄙诈之心入之矣;外貌斯须不庄不敬,而慢易之心入之矣。"人不可以片刻离开礼乐。致力于乐是为了陶冶心性,乐从内心发出,能陶冶心性;致力于礼是为了调整身体与言行,礼是表现于外的行为,能修正心行,由外而内。一个人的内心有片刻不和顺、不喜乐,卑鄙虚妄的念头就会乘虚而入,利养贪欲就会产生;外在有片刻不庄重、不恭敬,轻忽怠慢的念头就会乘虚而入。

"故乐也者,动于内者也;礼也者,动于外者也。乐极则和,礼极则顺。内和而外顺,则民瞻其颜色而不与争也,望其容貌而民不生易慢焉。"乐调理人的内心,礼规范人外在的行为。音乐至美能使人和畅,礼仪至善能使人恭顺。内心和畅而恭顺,别人看到他的外貌神情不会起抗争之心,看到他的仪容风度不会产生轻视侮慢的念头。所以,学礼和学乐有很多益处。

"是故乐在宗庙之中,君臣上下同听之,则莫不和敬;在族长乡里之中,长幼同听之,则莫不和顺;在闺门之内,父子、兄弟同听之,则莫不和亲。故乐者,所以合和父子、君臣,附亲万民。是先王立乐之方也。"音乐普遍流行,可以在民众中营造一种平和的气氛。具体而言,音乐在宗庙中演奏,君臣上下一同聆听,无不和合恭敬;在宗族乡党中演奏，长幼一同聆听，无不和合依顺；在家门之内演奏，父子、兄弟一同聆听，无不和合亲密。音乐可以和合父子、君臣之间的关系，而使万民归附亲顺，这是古代圣王立乐的宗旨所在。音乐教化的目的是达到"和"，使各种关系和顺。圣人明了礼乐的功用，所以弘扬并推行礼乐。

现代人一同听一听《父亲》《推动摇篮的手》《妻子，你辛苦了》《丈夫，你辛苦了》《儿行千里》等歌曲，夫妻之间能互相体谅；父子之间，儿女懂得孝敬父母，父母懂得教育儿女，父慈子孝达到了。这是音乐教化的效果，潜移默化，润物细无声。

【子张又问。孔子曰："师，尔以为必布几筵，揖让升降，酌献酬酢，然后谓之礼乎？尔以为必行缀兆，执羽籥，作钟鼓，然后谓之乐乎？言而可履，礼也；行而可乐，乐也。圣人力此二者，以恭己南面。是故天下太平，万国顺服，百官承事，上下有礼也。夫礼之所兴，众之所以治也；礼之所废，众之所以乱也。昔者明王圣主之辨贵贱长幼、正男女外内、序亲疏远迩，而莫敢相逾越者，皆由此涂出也。"】

子张又问。孔子曰："师，尔以为必布几筵，揖让升降，酌献酬酢，然后谓之礼乎？""几筵"，也作"几席"。根据《周礼·春官》："有司几筵，专掌五几五席的名称种类，辨其用处与陈设的位置。""几席"乃祭祀的席位，后亦因此而称灵座。"揖让"，宾主相见时互相作揖、谦让的礼仪。"酌献"，酌酒献客。"酬酢"，"酬"，主人向客人敬酒；"酢"，客人向主人回敬。宴席上，主客互相敬酒叫"酬酢"。子张进一步请教，孔子说："师，你认为一定要布设几筵，相互作揖谦让，上堂下阶，相互斟酒敬献，这样才叫作礼？"这句话和《论语》中的"礼云礼云，玉帛云乎哉"是一个意思。

"尔以为必行缀兆，执羽籥，作钟鼓，然后谓之乐乎？""缀兆"，古代乐舞中舞者的行列和位置。根据《礼记·乐记》："屈伸俯仰，缀兆舒疾，乐之文也。"郑玄注："缀，谓酂舞者之位也。兆，其外营域也。""羽籥（yuè）"，古代祭祀或者宴飨时，舞者所持的器具和乐器。"羽"，指雉羽。"籥"，一种编组多管乐器。舞者手执羽籥起舞，以示君王重视文治。"钟鼓"，编钟、乐鼓等乐器的统称，有时候借指音乐。孔子说："你认为一定要按照舞者的行列和位置行进，手执雉羽和乐器，击鸣钟鼓，这样才叫作乐？"这和《论语》中的"乐云乐云，钟鼓云乎哉"是一个意思。

"言而可履，礼也；行而可乐，乐也。圣人力此二者，以恭己南面。是故天下太平，万国顺服，百官承事，上下有礼也。"说出的话可以践行，是礼；所做的事使人欢喜，是乐。圣人能力行这两件事，然后可以恭敬庄严地坐北向南临朝当政。天下太平，万国顺服，百官尽职尽责，是上下有礼的缘故。

"夫礼之所兴，众之所以治也；礼之所废，众之所以乱也。"礼兴盛是民众安治的原因；礼废弃是民众混乱的原因。因为没有礼乐道德的教化，人心不和顺，种种社会问题自然产生。

"昔者明王圣主之辨贵贱长幼、正男女外内、序亲疏远迩，而莫敢相逾越者，皆由此涂出也。"从前圣明的君王分辨贵贱长幼、确定男女内外之别、排列亲疏远近关系，而民众能恭敬服从，不敢逾越界限，都是根据这个道理来的。

这些是通过礼来实现的。《乐记》讲，礼有定亲疏、决嫌疑、别同异、明是非的作用。没有礼，会出现是非、美丑、善恶的混淆，甚至颠倒。礼把什么人应该在什么位置，应该做什么事，应该尽什么职责，都明确下来。大家按照规矩来做，井然有序，礼意味着秩序。反过来，社会出现很多逆伦现象，如父子互相诉讼、兄弟因财产而起纷争、夫妻同床异梦、朋友无信，归根到底是缺少礼乐道德的教化。中国传统文化被称为礼乐文化，礼乐教化可以使父慈子孝、兄友弟恭、夫义妇德、朋友有信，最重要的是让人心平气和、文质彬彬，不会违法乱纪。

《孔子家语·屈节》篇主要是讲孔子对屈节问题的看法，故以"屈节"作为篇名。

【宓子贱为单父宰，恐鲁君听谗人，使己不得行其政，于是辞行也，故请君之近史二人，与之俱至官。宓子戒其邑吏，令二史书。方书，掣其肘，书不善，则从而怒之。二史患焉，辞请归。鲁君以问孔子，孔子曰："宓不齐，君子也，意者其以此谏乎？"公寤，大息而叹曰："此寡人之不肖也。寡人乱宓子之政而责其善者数矣。微二史，则寡人无以知过。微夫子，则寡人无由寤。"遽使告宓子曰："自今日以往，单父非吾有也，从子之制。有便于民者，子决为之。五年一言其要。"宓子遂得行政于单父焉。躬敦厚，明亲亲，尚笃敬，施至仁，加恳诚，致忠信，百姓化之。】

宓子贱为单父宰，恐鲁君听谗人，使己不得行其政，于是辞行也，故请君之近史二人，与之俱至官。宓子戒其邑吏，令二史书。方书，掣其肘，书不善，则从而怒之。二史患焉，辞请归。宓子贱，春秋鲁国人，孔门七十二贤之一。鲁哀公时，任单父宰，即一邑之长。"为政三年，单父大治。""近史"，君王左右的史官，左史记事，右史记言，也有说左史记言，右史记事。"邑吏"，地方官府的小吏。宓子贱被任命为单父宰，担心鲁国国君听信谗言，不让自己按自己的方法行使政令，于是他在辞别鲁君去上任时，特意请鲁君身边的两位史官一同前往。宓子贱训诫手下官员时，命令两位史官记录。史官刚要动笔，宓子贱却拉扯他们的臂肘，史官写得不工整，宓子贱又怒斥他们。两位史官为此忧愁烦恼，请求离开单父返回都城。

鲁君以问孔子，孔子曰："宓不齐，君子也，意者其以此谏乎？"公寤，大息而叹曰："此寡人之不肖也。寡人乱宓子之政而责其善者数矣。微二史，则寡人无以知过。微夫子，则寡人无由寤。"遽使告宓子曰："自今日以往，单父非吾有也，从子之制。有便于民者，子决为之。五年一言其要。""寤"，通"悟"，觉醒。"微"，非。鲁国国君就这件事向孔子请教，孔子说："宓不齐是个君子，他这样做的意图大概是以此进谏吧？"鲁国国君幡然醒悟，深深叹息道："这是我的不对。我曾直接干预宓子处理政事，而又要求他干好工作，像这样的情况已经有多次。若无二位史官此番前去，我无法明白自己的过错。若无夫子提醒，我无法醒悟过来。"于是，马上派人告诉宓子贱："从今以后，单父这个地方就当不归我所有，一切按您的方法去治理。只要有利于百姓，就按您的决定去办。五年向我汇报一次情况就行。"

宓子遂得行政于单父焉。躬敦厚，明亲亲，尚笃敬，施至仁，加恩诚，致忠信，百姓化之。"躬"，亲自，亲身。宓子贱由此能在单父顺利地推行政令。他奉守淳朴敦厚的行为，阐明亲爱父母家人的道理，推崇诚敬的品行，施行至仁的政策，教导百姓要恳切诚实，做到忠诚守信，百姓都受到良好的教化。

所以，用人不疑，疑人不用。如果真正认为这个人德才兼备，要放手让他去做。作为地方官，他对当地的状况了解得最清楚，国君不应对他有怀疑。宓子贱治理单父，最后达到了"不忍欺"的境界。

宓子贱有一个同学叫巫马期，很想了解他治理单父到底有多好，于是趁着夜色去探访。有个人正在捕鱼，但是很奇怪，捕上来很多鱼，看了一看，又放回河里。巫马期上前询问，这个人回答说："因为我们的长官子贱告诉我们，不要捕杀那些还在生长中的小鱼。"巫马期听了非常感叹，回来向孔子禀告："子贱治理单父，能做到即使没有人在旁边监管，百姓也像受严刑峻法的威慑一样。不知道他是如何达到这个境界的？"孔子回答说："子贱说过，一个人对身边的人有至诚恭敬之心，自然影响到远方。我想，他就是把这种方法运用到管理中了。"

这个捕鱼的人可能并没有见过宓子贱，但是他知道宓子贱的每一个政令、每一个举措是为老百姓的长远利益着想。所以，宓子贱发布任何一道命令，老百姓都给予配合，发自内心地拥戴，达到了"不忍欺"的境界。这是宓子贱受孔子教诲，把伦理道德的教化推广到地方治理上所取得的成效。

《孔子家语·正论》篇节选的是孔子关于尊老的论述。因规范了社会等级与秩序的问题，故以"正论"作为篇名。

【哀公问于孔子曰："大夫皆劝寡人，使隆敬于高年，可乎？"孔子对曰："君之及此言也，将天下实赖之，岂惟鲁而已哉？"公曰："何也？"孔子曰："昔者有虞氏贵德而上齿，夏后氏贵爵而上齿，殷人贵富而上齿，周人贵亲而上齿。虞、夏、殷、周，天下之盛王也，未有遗年者焉。年之贵于天下久矣，次于事亲。是故朝廷同爵则上齿。七十杖于朝，君问则席；八十不仕朝，君问则就之，而悌达于朝廷矣。其行也，肩而不并，不错则随；见老者，则车从避；斑白者不以其任行于路，而悌达于道路矣。居乡以齿，而老穷不匮，强不犯弱，众不暴寡，而悌达于州巷矣。古之道，五十不为甸役，颁禽隆诸长者，而悌达于蒐狩矣。军旅什伍，同爵则上齿，而悌达于军旅矣。夫圣王之教孝悌，发诸朝廷，行于道路，至于州巷，放于蒐狩，修于军旅，则众同以义，死之而弗敢犯也。"公曰："善。"】

哀公问于孔子曰："大夫皆劝寡人，使隆敬于高年，可乎？"金泽文库本《群书治要》原本作"定"，定公，但是在旁边注了"哀"；四部丛刊本的《孔子家语》写作"哀"，这里依据的是通行本。"高年"，老年人，上了年纪的人。哀公问孔子："大夫们都劝我大力提倡尊重老年人，可以吗？"

孔子对曰："君之及此言也，将天下实赖之，岂惟鲁而已哉？""及"，至的意思。孔子回答说："君王您能做到这一点，能说出这番话，从此以后，普天之下的百姓要仰赖您的无量功德，哪里仅仅是鲁国受益？"

公曰："何也？"哀公问："为什么这么说？"

孔子曰："昔者有虞氏贵德而上齿，夏后氏贵爵而上齿，殷人贵富而上齿，周人贵亲而上齿。""有虞氏"是舜帝，姚姓，名重华，因建国于虞，故称"虞舜"或者"有虞氏"。"上齿"，"上"通"尚"，"上齿"是敬老的意思。"夏后氏"是大禹，夏朝开国君主，其号曰禹，史称"夏禹"，又称"夏后氏"。孔子说："在过去，有虞氏尊崇道德，同时特别尊重老年人；夏后氏尊崇爵位，同时格外尊重老年人；殷商人尊崇富贵，同时尤其尊重老年人；周朝人尊崇血缘关系，但仍对老年人特别尊重。"

"虞、夏、殷、周，天下之盛王也，未有遗年者焉。年之贵于天下久矣，次于事亲。"虞、夏、殷、周是天下的盛世王朝，没有遗忘老年人。老年人受到天下的重视已经很久了，仅次于对自己父母的侍奉。

"是故朝廷同爵则上齿。七十杖于朝，君问则席；八十不仕朝，君问则就之，而悌达于朝廷矣。"古人对老年人的尊崇是通过礼来体现、保证的。在朝廷，爵位相同时以年长者为尊。七十岁以上的人拄着拐杖上朝，国君询问事情要给他安置座位；八十岁以上便不用上朝，国君询问事情要亲自到他家里请教。这样，敬老之风就会扩展到整个朝廷。

"其行也，肩而不并，不错则随；见老者，则车从避；斑白者不以其任行于路，而悌达于道路矣。""车从"，车骑和侍从。"肩而不并"，不敢与长者并肩而行。"不错则随"，不是错后而行，而是跟随在后面，"错"是像大雁一样以人字形跟队。"父党随行，兄党雁行"，跟父辈走则随后而行，跟兄长走则错行于侧。遇见老年人，车马、侍从要避让；头发斑白的老年人不用挑担子，由年轻人代劳。这样，敬老之风就会扩展到道路之上。

"居乡以齿，而老穷不匮，强不犯弱，众不暴寡，而悌达于州巷矣。""匮"，匮乏，也有竭的意思。在乡里提倡敬老，年老贫穷者生活不会匮乏，强者不侵犯弱者，人多的不欺负人少的。这样，敬老之风就会扩展到州郡、街巷。

"古之道，五十不为甸役，颁禽隆诸长者，而悌达于蒐狩矣。""甸役"，田猎的意思，古代天子田猎则要征发徒役。"蒐（sōu）狩"，春天打猎称为"蒐"，冬天打猎称为"狩"。"蒐狩"泛指狩猎。古代有规定，五十岁以上的不承担打猎的差事，但是在分发猎物时，要给年长者多分一些。这样，敬老之风就会扩展到狩猎的队伍中。

"军旅什伍，同爵则上齿，而悌达于军旅矣。"军队中爵位相同的以年长者为尊，这样，敬老之风就会扩展到军旅。

"夫圣王之教孝悌，发诸朝廷，行于道路，至于州巷，放于蒐狩，修于军旅，则众同以义，死之而弗敢犯也。"圣贤的君王用孝悌教化百姓，从朝廷开始，推行到道路上，至于州县、街巷，传播于田猎的队伍中，盛行于军队，天下百姓以此作为道义的准则，宁死也没有人敢违犯。

公曰："善。"哀公称叹道："真是太好了！"国家提倡长幼有序、尊敬老者，就不会出现"强者胁弱、众者暴寡、知者诈愚、勇者苦怯、疾病不养、老弱孤独不得其所"等乱象。正是为了避免天下大乱，圣人才制定礼仪，从上至下培养人的敬老意识。

《礼记·祭义》记载，虞舜、商周时，天下最伟大的帝王都没有忽略对老年人的尊敬。当天子巡行视察的时候，诸侯会率领众人在边境上迎候。天子到达之后，首先询问该诸侯国百岁老人的住所，亲自前往探望。这是天子从自身做起，引导百姓尊敬老年人。

《礼记·乡饮酒》记载，党正掌管一党的道德教化和祭祀活动。古时候每五百家称为一党，管理这一党的官员叫党正。在党正举办的乡饮酒礼上，敬老精神是通过仪礼表达出来。"乡饮酒之礼，六十者坐，五十者立侍，以听政役，所以明尊长也。六十者三豆，七十者四豆，八十者五豆，九十者六豆，所以明养老也。民知尊长养老，而后乃能入孝悌。"在乡饮酒礼上，六十岁的人坐于席上，五十岁的人须站在一旁陪侍听从差遣，由此表明对长者的尊敬。食物的供养也不一样。六十岁者陈设三豆，七十岁者陈设四豆，八十岁者陈设五豆，九十岁者陈设六豆。长者的年龄越大，所获得的食物供养越多，品种花样越多。

在乡饮酒礼上，处处透露出按照年龄长幼形成的秩序，以此向当地参加这种礼仪活动的百姓传达养老尊老的道德观念，从而形成养老尊老的风气，长养百姓孝悌的德行。一个人参加了乡饮酒礼，看到大家对老人如此尊敬，连陌生的老人都尊敬，受到熏染，他对自己的父母长辈又怎能不孝顺？

古人为什么不通过讲道理的方式对乡人进行孝悌的教育？《乡饮酒义》有这样一段耐人寻味的阐释："君子之所谓孝者，非家至而日见之也；合诸乡射，教之乡饮酒之礼而孝弟之行立矣。"君子所说的孝，不是挨家挨户讲道理加以引导，而是集合百姓观看乡射礼，通过乡饮酒礼来教导长幼有序。这样，百姓自然而然懂得如何行孝悌。

事实上，百姓也许根本不懂得多少关于孝悌的深刻道理，但是在这种既庄重又亲切的宴饮上，无论宾客是什么身份，都是根据年龄而享受相应待遇。这让在场的百姓直观地感受到一种尊老敬老的气氛，百姓心中对老者的尊重之情会油然而生。

古人提倡某一种德行，相应地，会有一种礼仪把它规定下来。尊老敬老是中华传统美德，对于社会风气的培养很重要。老人对国家社稷做过贡献，所谓"前人栽树，后人乘凉"。尊老敬老，也是一种不忘本，能知恩报恩、饮水思源。这是为什么这样强调尊老敬老。

【哀公问于孔子曰："寡人闻之，东益不祥，信有之乎？"孔子曰："不祥有五，而东益不与焉。夫损人而自益，身之不祥也。弃老而取幼，家之不祥也。释贤而用不肖，国之不祥也。老者不教，幼者不学，俗之不祥也。圣人伏匿，愚者擅权，天下不祥也。故不祥有五，而东益不与焉。"】

哀公问于孔子曰："寡人闻之，东益不祥，信有之乎？"孔子曰："不祥有五，而东益不与焉。""东益"，向东扩建旧居，"益"，增加。

哀公问孔子:"寡人听说,向东面扩建房屋是不吉祥的,真有这么一回事吗?"孔子回答说:"不吉祥的事有五种,而向东扩建房屋并不在其中。"

哪五种不吉祥?**"夫损人而自益,身之不祥也。"**损人利己是自身的不吉祥。损害别人,其实根本不会利己,因为损害了别人,别人怨恨你,下次会找你的麻烦,这在无形中就给自己埋下祸根。帮助别人才是真正地帮助自己,吃亏是福,因为这次你吃了亏,别人觉得对不起你,心里有愧疚,下一次再有事,他想着如何弥补你。损人不会利己,反而会给自身招致不吉祥。

"弃老而取幼,家之不祥也。"弃老人于不顾,只知道照顾孩子,是家庭的不吉祥。现在很多人对老人不赡养、不孝顺,所有的关爱都放在孩子身上。结果把孩子教成了"小公主""小皇帝",以自我为中心,自我意识很严重,十件事有九件事给他做了,一件事没有做好,他就会哭闹。这是没有以身作则,为孩子做出孝亲的榜样。

用大树来做比喻,枝叶花果是孩子,树干是父母,根是祖父母。希望枝繁叶茂、硕果累累,就要把水和养分浇在根上。现在很多父母是直接浇在了果实上,果实吸收不了,反而会腐烂,这是教育出现问题的症结所在。孔子一句话就讲透了,"弃老而取幼,家之不祥也"。不祥是因为把孩子教成了"小公主""小皇帝",家道、家风、家业不能承传。

"释贤而用不肖,国之不祥也。"舍弃贤德的人不用,而用不贤德的人,是国家的不吉祥。孟子说:"是以惟仁者宜在高位,不仁而在高位,是播其恶于众也。"应该把有仁德之心的人选拔到领导的位置上,一个人没有仁德之心而高高在上,等于把他的过错传播给广大民众,因为"上行而下效"。

"老者不教，幼者不学，俗之不祥也。"上了年纪的、有经验的人不愿意教导，年幼者不肯虚心学习，是社会风俗的不吉祥。"满招损，谦受益。"年轻人骄傲自满，自以为是，不愿意向老人虚心学习，不愿意学习传统文化，汲取历史的经验教训，就会出现逆伦现象，"人弃常则妖兴"。

"圣人伏匿，愚者擅权，天下不祥也。""擅"，专的意思。圣人隐匿不出，而愚蠢的人专权，是天下的不吉祥。愚蠢的人不明理、不明道，他是自私自利、自以为是，不用道来治国，也不用道来修身要求自己，贪污受贿，还居高自傲，一副小人得志的样子。这是天下的不吉祥。

"故不祥有五，而东益不与焉。"最后孔子强调："因此，不吉祥的事有五种，而向东扩建房屋并不包括在其中。"古人说："福人居福地，福地福人居。"风水到底有没有用？有用，但不是根本。好的环境赏心悦目，但是，心地不善，好的风水也会被破坏。这句话强调从心上改变，培养德行。这才是长保吉祥之道，才能从根本上趋吉避凶。

《孔子家语·子夏问》篇节选的是周公教育成王的故事。因为是以"子夏问"为首章，故以"子夏问"作为篇名。

【子夏问于孔子曰："《记》云：'周公相成王，教之以世子之礼。'有诸？"孔子曰："昔者成王嗣立，幼，未能莅阼，周公摄政而治，抗世子之法于伯禽，欲成王之知父子君臣之道，所以善成王也。夫知为人子者，然后可以为人父；知为人臣者，然后可以为人君；知事人者，然后可以使人。是故抗世子法于伯禽，使之与成王居，使成王知父子君臣长幼之义焉。"】

子夏问于孔子曰："《记》云：'周公相成王，教之以世子之礼。'有诸？""周公"，文王的第四个儿子，周武王的弟弟，名旦，也称叔旦。周公两次辅佐武王东伐纣王，并且制礼作乐，被尊为"元圣"。"成王"，武王的儿子，年幼即位，周公摄政。周公制礼乐、立制度，营建东都洛邑，七年后还政于成王。"世子"，天子、诸侯的嫡长子。子夏问孔子："《礼记》说，周公辅佐成王，用世子的礼节教导他。有这回事吗？"

孔子曰："昔者成王嗣立，幼，未能莅阼，周公摄政而治，抗世子之法于伯禽，欲成王之知父子君臣之道，所以善成王也。""嗣立"，继承君位。"莅阼"，指天子即位。"抗世子之法"，"抗"，举。孔子回答说："周成王继承王位后，因为年幼，不能临朝处理国事，由周公代理。周公用教太子的方法教儿子伯禽，是想让成王知道父子、君臣相处的道理，目的是成就成王做一个圣王。"

"夫知为人子者，然后可以为人父；知为人臣者，然后可以为人君；知事人者，然后可以使人。"明白了如何做儿子，然后才知道如何做父亲；明白了如何做臣子，然后才知道如何做君王；明白了如何侍奉人，然后才知道如何使用人。

"是故抗世子法于伯禽，使之与成王居，使成王知父子君臣长幼之义焉。"周公把教太子的方法用在伯禽身上，让他与成王居住生活在一起，从而让成王明白父子、君臣、长幼之间的礼仪。

成王的父亲武王已经去世了，于是，周公与儿子伯禽演示世子之礼给成王看，让他从中体会到父子、君臣、长幼之道，培养谦卑之德，进而懂得如何用人、如何治国，成为一代贤君。中国传统的孝道、师道、臣道的教育非常深奥、有效。

从小没有接受侍奉人、孝敬人的孝道教育，从小没有培养谦敬之德，不知道什么叫谦卑恭敬，会觉得所有人理应为自己服务，养成以自我为中心的习惯。

真正能奉事好父母、领导，奉事好他人的人，一定是放下自己，念念为对方着想，没有自己的意思。没有我执，放下自己，放下自己的感受、意见，站在对方的角度去想，才能把父母、君王奉事好，把领导交代的工作圆满完成。能放下自己，才能看懂属下的意思、看懂儿女的意思，看到他们的需要。这是从奉事父母、奉事领导的过程中培养起来的。知道他们在想什么，当然能奉事好，能很好地满足他们的需要。

如果一个人没有当过下属，不知道下属的需要，不了解下属的心态，不懂得换位思考、将心比心，就不会懂得体恤关爱下属。当他当了领导，可能会颐指气使，想当然，要求对方、指责对方、挑剔对方，就很难把领导做好。

可见，一个人的经验确实是很重要的。很多领导都是从基层一级一级干上来的，确实情商很高，可以把方方面面的关系处理好，特别善解人意。因为在这个位置上干过，知道下属的心态和需要，下属需要肯定、需要体恤、需要鼓励。没有当过下属的人，没有这种换位思考的心。下属付出了很多，当领导的认为是理所应当，觉得做得还不够，想当然地认为应该做成什么样，这样很难把下属带好，也很难把事情做好。

人生经历是一笔宝贵财富，重要的是从中学到工作的方法、为人处世的态度。这需要有一颗好学的心，不仅从经典中学，还要从人生的方方面面去历练。